CHARACTER
人物

文本、舞台、银幕角色与卡司设计的艺术

[美] 罗伯特·麦基 著
周铁东 译

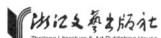

献给

米娅

吾妻吾命

果麦文化 出品

目 录

引言 001
序 002

PART 1 | 人物礼赞 007

第一章　人物 vs 人 008
第二章　亚里士多德辩题 026
第三章　作者准备 046

PART 2 | 人物创作 071

第四章　人物灵感：由表及里 072
第五章　人物灵感：从内到外 085
第六章　角色 vs 人物 107
第七章　外在人物 137
第八章　内在人物 166
第九章　多维人物 190
第十章　复杂人物 210
第十一章　完成人物 243

| 第十二章 象征人物 | 271 |
| 第十三章 极端人物 | 293 |

PART 3 人物宇宙   313

第十四章 类型人物	314
第十五章 行动人物	346
第十六章 表演人物	360

PART 4 人物关系   385

| 第十七章 卡司设计 | 386 |

结语：革命性作家	446
名词解释	448
鸣谢	455
译后记	456
附录1：尾注	465
附录2：人名	476
附录3：剧作与书名	490

引言

人物不是人。人物之不是人,恰如《米罗的维纳斯》《惠斯勒的母亲》和《甜美的佐治亚·布朗》之不是女人。人物是一件艺术品——是对人性的一个深情的、有意味的、值得纪念的比喻,它出生于作者的心智子宫,安卧于故事的怀抱,注定要得永生。

序

对大多数作家[i]而言，过去的便是过去了，所以，他们聚焦于未来趋势，指望通过迎合潮流来提升其作品投拍或出版的机会。作家确实应该与时俱进，但是，尽管文化和审美时尚会来去不定，人性却并无趋势。正如汗牛充栋的进化科学研究所示，人性在几百万年来并无进化。四万年前在窑洞壁上刻下自己手印的那些男男女女，当年的所作所为与我们当今并无二致：塑造自我（自拍）。

千百年来，艺术家和哲学家一直在描摹和研究人性，但是，从十九世纪末期开始，科学便聚焦于那人性背后的心智。研究者阐发出了关于人类行为的各种理论，从心理分析学到行为主义到进化论到认知论。这些分析给数十种特性和缺陷贴上了分门别类的标签，毫无疑问，他们的认知激发了

---

[i] writer：本书通篇均将其译为"作家"，但其语义价值和语用价值并不限于"小说家"，而是包括了"银幕剧作家"（即中文语境中的"编剧"）和"戏剧作家"乃至"诗人"在内的"全媒体头衔"（麦基语，见本书第四章"媒体即灵感"一节）。（本书正文脚注均为译者注）

作家关于人物和卡司[i]的创造性思维。然而，本书并不偏好于任何单一的心理学流派，而是博采众长，冶多学科概念于一炉，以触发想象与直觉，为天才作家提供灵感与指南。

《人物》的首要目的是要丰富你对虚构人物的人性的见解，锐化你的创作技巧，助你发明一整套复杂而又见所未见的人物卡司，从你的主人公开始，然后向外拓展到第一圈、第二圈和第三圈支持型角色，最终以位于剧集的遥远边缘的无名过场人物作为完美收官。想要达到这一目的，就得不断修改。一章又一章，一节又一节，某些原初的原理会在新的上下文中回响。我之所以要反复重申这些理念，是因为艺术家每次从新的角度来再思考其所熟知的东西时，她的理解便会加深。

在随后的章节中，矛盾论将是人物设计的几乎每一课的基石。我会将其相对而论：人物 vs 人、机构 vs 个人、特性 vs 真相、外在生活 vs 内在生活，如此等等。当然，你和我都知道，在两极之间连续不断的光谱上，各种可能的渐变色度将会交相重叠、彼此融合为一个模糊的混沌体。但是，为了对人物的复杂性有一个简便清晰的认知，作家需要对"对照"

---

[i] cast：根据好莱坞的语用实践和本书语境，cast一词完全囊括了《韦伯斯特大辞典》的相关释义：作为动词，指"分派（戏剧制作中的）角色给演员"或"指派（某人，如演员）扮演某个角色或人物"；作为名词，指"戏剧制作中的演员阵容"或"一套人物或人员"。国内的中文定译有动词"选角"和名词"卡司"。在本书的标题及内文中，cast主要指一个作家在一部作品中所创作（cast，选角）的一整套人物或人员集合（a set of characters or persons），相当于电影中的演员阵容，所以为了涵盖这个概念的所有语义价值和语用价值，本书将其音译为"卡司"。

和"悖论"有一个敏锐的感知，有一只矛盾之眼，以洞穿创作可能性的全域。本书教的就是这一技巧。

一如既往，我将列举当前案例，包括正剧和喜剧，从获奖电影和电视剧、长短篇小说、舞台剧和音乐剧中摘取实例。除这些当代作品之外，我还将补充过去四千年的文学创作中的典范作家们所创作的人物——以莎士比亚为其中翘楚。这些作品也许你从未读过或见过，但我希望你能将其加入你的个人学习计划之中。

从所有时代摘取的人物能达到两个目的：（1）例证的任务就是要展示并阐明手头的话题，而最明晰犀利的例子往往碰巧是史上首例。（2）我要你以自己的职业为豪。你写作的时候，便是加入了一个古老的、崇高的、讲真话的传统。过去的精彩卡司将会为你的未来写作铺设舞台。

《人物》分为四个部分：第一部，人物礼赞，从第一章到第三章，探讨人物发明的灵感源泉，并为塑造你的才华奠定基础，以创作出具有超级想象力的虚构人物。

第二部，人物创作，从第四章到第十三章，阐述见所未见的人物创作，从"由表及里"的方法开始，过渡到"从内到外"，拓展多维度和复杂性，最后以最为极端的角色作结。正如萨默塞特·毛姆所表达的，"唯一取之不尽的主题就是人性"。

第三部，人物宇宙，从第十四章到第十六章，书写类型人物、表演以及读者/观众/人物关系。

第四部，人物关系，第十七章，通过铺陈五部散文[i]、戏剧和影视作品中的"剧中人物"来阐明卡司设计的原则和技巧。

综上，我会将人物宇宙解析为银河系，将银河系解析为太阳系，将太阳系解析为行星，将行星解析为生态，将生态解析为生命力——一切均旨在帮助你揭示神秘人性的创作意义。

没人能教你如何创作故事、人物或其他任何东西。你的创作过程具有专属于你的个人特质，我所教的一切都不能替你写作。本书并不是一部秘籍，而是一本箴言。我所能做的只是给你美学原理，并用实例来对其进行阐释，铺陈部分、整体及其关系。对这一学习课程，你必须添加你的大脑、趣味以及经年累月的创造性工作。我不能牵着你的手，而只能提供知识来撬动你的才智。为了达到这一目的，我建议你对本书细嚼慢咽，读读停停，以充分吸收你的所学，并深思如何将其应用于你的工作。

《人物：文本、舞台、银幕角色与卡司设计的艺术》力图深化你对人物复杂性的见解，锐化你对表现性特质的洞察力，在那些灵感需要朋友的黑暗日子里，充当你的牧者，助你配置出一整套卡司。

---

i prose：中国通常是把文学分为"诗歌、小说、散文、戏剧"四大类别，而西方传统文学理论分类法则是将文学分为"诗、散文、戏剧"三大类。所以，本书中的"散文"一词并非指称中文语境中的狭义的"散文"文体，而是指一切"非诗""非剧"的包括"小说"在内的文本创作。

代词问题

"他或她""他和她"以及"他们或她们"等力图性别中立的冗赘而令人头痛的表达,尽管可能是出于一片善意,但肯定会影响阅读。"他"这个单数人称代词也许可以假装性别中立,但"他"实际上并不中立。所以,在奇数章节中,非特指的人称将为女性;在偶数章节中,将为男性。

PART 1

IN PRAISE OF CHARACTERS

人物礼赞

　　人物能以我们的人类同伴所不能的独特方式来塑造我们的人生。我们的成长过程会激发我们的内在动力，但一旦我们开始吸收故事，人物便会成为同样重要的向导和模型——远超我们的父母和社会敢于承认的程度。被发明的生灵能启迪我们，使我们对自己及身边的人获得宝贵的认知。

　　前三章会深潜于人性诸因素，以及故事讲述人的艺术原理，而这便构成了虚构作家的职业基础。第一章将对想象出来的人和真人之间的区别进行审视，以作为这一学习课程的开篇。

Characters Versus People

第一章 人物 vs[i] 人

人是一个正在进化的"发展中作品";人物是一个已经完成的"表演中作品"。真人对我们的影响是直接而明确的;人物会潜入我们的想象,并含蓄地感动我们。人有社交生活;人物生活在作者发明的卡司中。人代表他们自己;人物象征着人类精神。

然而,一旦进入文本、舞台或银幕的表演中,这些比喻将会变得像人一样,独一无二。不同于人的不透明本性,被戏剧化了的精彩人物,较之你可能认识的任何人,都会更加清晰而又更加复杂,更加引人入胜而又更加平易近人。而且,一旦被框定于她的故事边界之内,她将会一直保持着她所变成的样子,绝不会超越其故事高潮。

人若溢出现实,便是进入坟墓,而一个人物若溢出一个故事,便是进入另一个故事。例如,吉米·麦克吉尔离开了《绝命毒师》,却激发出前传《风骚律师》;杰西·平克曼同样激发了《绝命毒师》的电影版《续命之徒》。

---

[i] 为表达明确,避免歧义,原文中罗列相对概念的 versus 一词一律采用其国际通用缩略标识 vs,而不硬译为有多种含义的中文"对"。

你不用看太远，就能一窥人物和人之间的分野。只需比较一下演员及其角色即可。即使最优秀的表演者也很少会像他们的人物感召全世界观众那样在日常生活中激励人们。为什么？因为人们的经历远远超越他们的表达，而人物则表达了他们所经历的一切。一个人物进入一个故事，就像是拎着一桶"过去"，内装一块吸收"未来"的海绵，通过写作和表演，将其人性表达到极致，从外表到内核都昭然若揭，令人刻骨铭心，永世难忘。因此，伟大的人物，无论从层次、维度还是延展度而言，都要远超构建他们的人性材料本身。

人存在于每天二十四小时中；人物存在于幕启幕落之间，淡入淡出之间，首页尾页之间。人有一个尚需继续生活的人生，其终结由死神决定；人物的终结由作者来决定，其生命起止于读者开合书页或观众进出影院。[1]

如果一个人物能够进入我们的现实，她将会走出故事，且永不回返。她会选择去做其他更加愉悦的事情而不是去忍受其虚构人生。

人物与见识

较之我们周围的人，人物会给我们带来丰富的见识，因为他们愿意静待我们对其进行研究。当一个人物在我们面前说话动作时，似乎有一股通灵的力量在引领我们穿越其言谈举止，直达其尚未言说的思想和欲望，然后再更深一层地进入终极潜文本中的静默暗流——她的潜意识。然而，当我们转而凝视自我时，我们的潜意识却总是冥顽不化地潜而不显。正因为此，关于我们到底是谁的真相一直是一个千古之谜。即如罗伯特·彭斯对这一问题的阐述："哦，但愿有某种力量，赐给我们一种天赋，能让我们像别人看我们一样，看清我们自己……"我们有时候会对我们自己迷惑不解，而一套人物卡司便能提供一种集体疗法。

人物会趋向未来，聚焦于个人目标，其自知之明会因其追求而变得褊狭。但是，当我们拿起一本书或买了一张票，我们会首先靠在椅背上去考察围绕着卡司的那个360度的世界，然后再前倾身子去窥探其心理深处。得益于这些审美角度，我们便能获得关于人物及其社会的见识，这常常会比我们看待自己和自己的社会更加深刻。我常常希望我能够像我了解沃尔特·怀特和《绝命毒师》那样了解我自己和美国。

人物极限

无情不绝的矛盾穿插着整个人性——善与恶、爱与仇、慷慨与自私、智慧与愚蠢，如此等等，对立清单永无穷匮。但在日常世界，很少有人会去突破性地探究其内心悖论。我们谁敢像托妮·莫里森的小说《真爱》里的塞丝那样痛苦地将自己的破碎自我剖析到暗黑深处？谁曾像《风骚律师》里的双面人吉米·麦克吉尔/索尔·古德曼那样在道德罗盘上进行多点游弋？威廉·伦道夫·赫斯特的日常生活是否曾像他在《公民凯恩》里的电影化身那样充满着致命的激情？

即使是名人——马库斯·奥里利乌斯、亚伯拉罕·林肯、埃莉诺·罗斯福——人们对他们的铭记也更多地将其作为人物而非人，因为其立传人对他们进行了小说化，作家对他们进行了戏剧化，演员赋予了他们死后的重生。

人物与焦点

人都戴着面具；人物引人探秘。我们经常会遇到要么太难理解，要么与我们太不相关而无意去理睬的人，但作者却能将一个讨厌的人物角色化为一个人格谜团。最优秀的虚构人物需要作家进行严苛的浓缩和敏锐的心理透视。就像我们会纠结于生活中的难缠之人一样，我们的重心会偏向能让我们烧脑的人物。这便是为什么费解的人物反而会令人感觉到更加真实，这倒是一个甜美的反讽转折。人物越吹毛求疵、维度越多、越不可预测、越难理解，反而会显得越引人入胜、越真实。越一般化、越言行一致、越可预测、越易理解，则越不真实、越无趣、越卡通。[2]

人物与时间

从人物的视点而言，时间的长河从她只有一半记忆的过去中倾泻而出，奔涌进一个未知未来的海洋。但从我们的视点而言，故事讲述将时间空间演化于第一个和最后一个影像的框束之中。由于作者冻结了时间流，读者/观众的明察之心会在日月年之间纵横恣肆,自由滑行,循着故事线直探根底,挖掘埋藏在过去的因由,在人物的命运到达之前便预测未来的结局。

故事是生活的比喻,表达的是"存在的本质";人物是人性的比喻,表达的是"生成的本质"[i]。故事通过一个又一个事件来展开,而一旦被讲述,它便自成一体,就像一尊时间雕塑作品,进入一种永恒存在的状态。而另一方面,一个多层面的角色却会通过冲突来改变并重塑人物的内在和外在自我,直到高潮将她送入故事高潮之外的未来,无论是实质还是境遇,都将大为改观——这便是一道生成弧光。

观念是有寿命的,通常短命。这便是故事为何容易锈蚀的原因,其寓意越贴近时代,其寿命则越短。即使是最伟大的故事,若要幸存于后世,也需要对其主题进行持之以恒的与时俱进的重新解读。

能够永生的是人物。荷马的奥德修斯、莎士比亚的克里奥帕特拉、詹姆斯·乔伊斯的利奥波德·布鲁姆、阿瑟·米勒的威利·洛曼、马里奥·普佐的迈克尔·柯里昂、玛格丽

---

[i] 语出柏拉图,乃其形而上学术语。"存在的本质"(the nature of being),"生成的本质"(the nature of becoming)。柏拉图发展了观照现实的两层视点,"生成的世界"(the world of Becoming)和"存在的世界"(the world of Being)。生成的世界是我们通过感官感知到的物理世界,这个世界是不断运动、不断变化的。存在的世界则是形式或观念的世界,它是绝对的、独立的、超验的。它永无变化,却能促成我们在生成的世界里所感知到的事物的本质。

特·阿特伍德的侍女奥芙弗雷德以及查尔斯兄弟的弗雷泽和奈尔斯·克雷恩在他们的故事淡出记忆很久很久之后，仍将存活于世人的想象之中。[3]

人物与美

当人物的特性和深度弥合得天衣无缝时，她便能散发出美。美不是漂亮。漂亮是装饰性的；美丽是表现性的。这一品质被描述为和谐（柏拉图）、容光（阿奎那）、崇高（以利亚·约旦）、清秀恬静（拉斯金）、一种无为的平静（黑格尔）——一切均旨在定义从美术中散发出来的感觉，无论这些作品是如何的动荡或暗黑。一个人物也许十恶不赦，甚至如恐怖片中一样丑恶不堪，然而当其特性被和谐为一个有意味的整体，她便能辐射出一种美，无论其多么古怪。正如柏拉图教导我们的，我们对美的反应感觉非常像爱，所以我们从精彩刻画的人物那儿所得到的愉悦已经远超于理性的判断——它是一种喜爱的感受。美能放大我们的内心生活；低俗只会令其麻木。[4]

人物与移情

对一个人物的移情要求精妙地感悟。代入式认同能够激发我们的感官，并激励我们的心智。人物赋予我们反射的能力，让我们从里到外地认识自己。在我们对自己感到陌生时，在我们言行不一时，在我们口是心非时，在我们掩饰自己的美丽时，他们能够让我们明白我们到底是谁，以及我们为什么是我们这个谁。[5]

亨利·詹姆斯说过，写小说的唯一原因是要跟生活竞争。同理，创作人物的唯一理由就是要跟人性竞争，炮制出一个比我们可能遇到的任何人都更加复杂、更有启迪、更具磁性的人。如果故事和人物不去跟现实竞争，那我们便不会去写它们。[6]

从一个讲好了的故事中[i]，我们想要什么？去一个我们永远不可能经历的世界中生活。从一个讲好了的人物中，我们想要什么？通过一个我们永远不可能忘记的人去经历一个我们永远不可能过上的人生。

难忘的人物能在我们的心灵中找到家园，把我们拽进一种共通的人性。得益于移情的连接，一个人物能够引领我们游弋于他人情感生活中的那种让人感同身受而又刻骨铭心的经历。一个难忘的人物能够游离于她的故事，然后留存于想象中，鼓励我们将自己的思想送进她的场景的缝隙之间，送进她的过去和未来。

不像我们，人物总能左右逢源。在纸上，生动的散文描

---

[i] 典出作者本人的《故事》一书中"把好故事讲好"（good story well told）一说。在作者的三部曲（《故事》《对白》和《人物》）中，相关概念和表述都是一以贯之并交互参照的，读者可对三部曲进行系统研读，以加深对作者独特智慧的全面理解。

写和对白能够点亮我们的镜像神经元，赋予人物高度的存在感。在舞台和银幕上，演员能把作家的创作演活。作为观众的一员，我们能够从个人视点来深化、提炼并封存每一场表演。其结果是，每一个人物在步入我们心灵的过程中，都将获得独一无二的明暗亮度。确实，就像梦中的影像，写好了的人物要比现实生活中的真人更加生动，因为无论如何对其进行自然主义的刻画，人物在内心深处都象征着人类精神。

人物与作者

尽管人物似乎是在以人们的现实生存方式而生活在虚构的世界，但一个故事的卡司的人造性就像一个芭蕾舞团一样——一个为了满足作者的目的而精心设计编排的社会。[7]这个目的是什么？作家为什么要写这个？为什么要创造人类的传真版？我们为什么不跟朋友和家人共度时日，而满足于他们的陪伴？

因为现实永远不够。心灵需要意义，而现实却无法提供鲜明的开始、中间和结尾。故事可以。心灵需要对自己以及他人的隐秘自我进行不羁的窥视，但人都戴着面罩，无论内外。人物没有。他们是裸脸入场，半透明退场。

事件本身是没有意义的。雷电击中一个空场是毫无意义的；雷电击中一个流浪汉便有了意义。当一个事件加上一个人物，自然的冷漠便突然充满了生机。

当你创作你的人物时，你会自然地搜集人性碎片（你的自我意识，你对似乎像你却又不太像你的人的感悟，周围的各色人等——时而陌生，时而陈腐，今天和蔼可亲，明天却拒人千里）来创造虚构生灵。然而，你完全明白，你所构思的人物并不是真实生活给予的灵感。尽管一个作家生活中的真人能够撞击出思想的火花，就像一个母亲会以爱丈夫时从来没有过的方式来爱她的儿女，一个作家对生长在她的故事花园中的人物之爱，也会完全不同于她对种子的爱。

那么，人物需要从他们的创作者那儿得到什么？以下便是作家必须配置的十种能力的备选清单：

1. 品位

学会鉴别别人写作的好坏并不难，但要看清自己的优劣，则需要勇气和判断力，其力量源泉便是对陈词滥调的本能厌恶以及对活力 vs 死气的洞悉慧眼。因此，一个艺术家需要对恶俗具备敏锐的洞察。[8]

坏作品充斥着比陈词滥调的角色和中规中矩的对白更加令人欲哭无泪的写作瑕疵。写手行活儿则会遭遇多愁善感、自恋主义、暴力残忍、自我放纵等源自作家本人的道德缺陷，其中以虚情假意为最甚。坚强的意志不仅会激发真诚写作的灵感，同时还会支撑一个真诚的人生。你越是能在你的字里行间发现这些讹误，并以其应得的厌恶将其扔进垃圾筐，你就越能避免在生活中犯同样的错误。

敏锐的虚构作品表达的是供我们消遣的奇幻与被它们模

糊的现实之间、幻觉与事实之间的鸿沟。[9]这样的作品能够启迪生活，就好像被一种遥不可见的智慧之光照亮一样。所以，你对优秀作家涉猎越广，看的精彩戏剧影视越多，你的品位就会更加拓展并加深。

2. 知识

要写出一部优秀的虚构作品，作者必须对其故事背景、历史和卡司获得神一样的知识。于是，人物创作便需要作者对她自己及其周遭的人性进行持之以恒的观察——需要穷尽她对生活的所有认知。当她感知到一个丢失的过去时，她便可以调取她最生动的记忆。为了填补其间的空白，她可以研究心理学、社会学、人类学和政治学等生活科学。如果这些还不能提供足够的教益，她还可以买一张机票去旅行，去亲自发现和探索未知的世界。[10]

3. 原创

原创需要见识。一次观察也许能激发作者的灵感，但为了丰富表象，她还得补充她独特的慧眼所看到的并不显眼的东西，隐藏在表象底下的、从未被他人发现的真相。

对原创容易产生一个屡见不鲜的误解，这便是将已被世人遗忘的曾经具有影响力的事件进行简单回收。"前无古人"这个说法很少能名副其实。准确而言，这是暴露作家无知的一个症状：她在决定下笔之前，对其他作家此前所做过的一切一无所知。通常的结果就是，标新立异的强烈欲求往往导致细枝末节的奇诡，反而会削弱故事的讲述张力。大多数对创新的刺探之所以会失败，就是因为它们实际上不过就是过去熬剩的一锅陈腐的老汤而已。

原创与改编并不矛盾，尽管原创 vs 改编作品的奖项使得人们对这一误解根深蒂固。除《暴风雨》这一个例外，所有的莎士比亚戏剧都把一个捡来的故事改编成了一部新戏。

真正的创新是一种"内容"，而不是一个"技巧"——是一件新事，而不是用一个新方法去做一件旧事。在任何媒体或类型中，一个故事必须生成预期，追加赌注，创造令人惊异的结局。这是规定动作。现代主义与后现代主义的原创性可谓惊世骇俗，因为它们揭示了过去见所未见的主题，颠覆了公认的智慧，对我们看待生活的方式进行了重新聚焦。那样的日子已经一去不返。尽管电影中的转换生成特技、文学中的碎片化手法以及戏剧中的观众参与创意，可谓五花八门，风格繁杂，无所不用其极，但近几十年来却毫无革命性的进步。企图抢救艺术形式的各种技巧早已丢失了其很久以前曾经有过的锋芒。如今，先锋派精神撕裂的是内容，而不是形式，利用故事来彰显这个世界已经学会听之任之并习以为常的谎言。

4. 表演才艺

故事讲述要兼有走钢丝的胆魄和魔术师的禀赋，要善于巧藏惊出。因此,一个作者首先就必须是一个艺人。她得带给她的读者/观众既真且新的双重兴奋:其一,与危险的真相狭路相逢;其二,由见所未见的人物来面对这些真相。

5. 对读者/观众了然于心

虚构和现实所能导致的经历仅仅是质量不同,而非类型相异。读者/观众对一个人物的反应需要调动的智慧、逻辑以及情绪感悟等素质与人们在日常生活中所采用的并无二致。主要区别就是,一次审美经历并无超越其自身的目的。虚构需要长期的、不间断的精力集中,并以有意味的情感满足作为结局。因此,作家在炮制所有人物的时候,都必须着眼于其每一个瞬间对读者/观众产生的影响。

6. 精通形式

想要创造出一个艺术品,你必须见过它长什么样。你的灵感源泉不是他人的生活,也不是你的生活,只能是艺术形式本身。故事是生活的比喻,是用极少素材表达极大意义的大规模象征。你对故事形式的第一次体验打动了你,促使你用人物内容去填充它——这一内容便是你在自己和他人身上发现的人性、你在社会和文化中感悟到的动态价值。[11]

问题是:形式是内容的沟渠,但二者最终还是会互相锁定。我们将在下一章看到,故事即人物,人物即故事。所以，你若想掌握其中任何一个，你首先必须对它们进行解锁。人物可以从故事中摘出，进行心理和文化的审视，赋予其独立的意义。例如，沃尔特·怀特便象征着企业腐败。但他们一旦回到故事之中，其意义也许会大为改变。所以，在我看来，若要开始写作，就必须从故事手中拿到钥匙。

7. 对陈词滥调的痛恨

陈词滥调是一个想法或技巧，第一次被发明的时候，非常精彩，事实上堪称伟大，于是乎，人们便对它进行反反复复反反复复反反复复的回收，如是者历数十载。

对艺术形式的历史知识的了解是一个基本的必需条件；当你看见某种陈词滥调，而且更重要的是，当你写某种陈词滥调时，你必须能第一眼发现它，这便是一个艺术命令。

例如，周游世界的富豪，年轻帅气，终日与毒品和美色为伴，而实际上却压抑而悲苦，这并不是一个揭示。重弹这种老调的戏剧、电影、小说和歌词何止千万？纵欲的空虚，无论在高雅艺术还是在流行文化中，自从F.司各特·菲茨杰拉德的黛茜和盖茨比以来，便一直都是一种陈词滥调。[12]

如果你的主题就是富豪，那么你不但要研究菲茨杰拉德所创造的人物，还得调查伊夫林·沃、诺埃尔·科沃德、伍迪·艾伦、惠特·斯蒂尔曼、蒂娜·菲，以及以弗兰克·辛纳特所演唱过的科尔·波特的歌曲为主题曲的所有电影、戏剧或电视剧，包括在HBO的系列剧《继承之战》中所创作出的形形色色的人物。

8. 道德想象

我所谓的"道德",不仅仅指是非善恶。我指的是雕琢着我们以及我们社会的人性经历的正负二元,从生/死到爱/恨,从正义/非正义到贫/富,从希望/绝望到兴奋/无聊,如此等等。

我所谓的"想象",不仅仅指白日梦。我指的是作者对其创作视觉[i]所激发的时间、地点和人物的全盘了解。当一个作家在想象她的故事世界的人物图景时,她的价值视觉必须引领她去感知何为本质,何为枝节。

一个作家的价值观能塑造其独一无二的生活视觉,令其洞明其身边的正负价值分庭抗礼的全景图。什么东西值得我们为之而生?什么东西值得我们为之而死?她的答案便能表达其道德想象,使之得以深挖人性经历的二元,构想出更加深刻、更加细腻的人物。

---

[i] vision:如同"比喻",是作者在《故事》《对白》和《人物》三部曲中一以贯之坚持使用的独特概念,特指创作者对故事诸要素的"视觉化",犹如电影创作前期"故事板"的视觉呈现。这是属于麦基以及整个西方电影文论的一个影像艺术的专用术语。可参照果麦版精装《故事》第491页译注3:"对作为视觉艺术的电影故事所进行的视觉化构想,有别于泛泛的广义想象(imagination)。麦基在本书下文中反复提及并强调的'视觉'概念,均取此义。"

我的关切不是主日学校的道德说教，而是负责创作并打磨人物的作家对价值敏感的想象力。你会在构筑人性的"存在内核"中找到属于你的这种想象力。这股驱动你的力量，同样能够驱动你所创作的人物。

9. 理想自我

不写作的时候，一个作者完全可能是作家常有的样子：一个有缺点有烦恼的家伙，令人讨厌，难以交往。但是，当作者坐下来写作的时候，她就能摇身一变。随着她的手指触碰键盘，她就会进入其智慧和敏锐度的最高境界。她的才智、注意力，尤其是她的真诚，将会达到顶峰。如此尽善尽美的自我将会把她最真挚的见解注入她的人物。

10. 自知

下面是三个著名作家对索福克勒斯的"自知"追问的三重回应："自知乎？如果我知道我自己，我就得逃离。"——沃尔夫冈·冯·歌德。"一只想要了解自己的毛毛虫永远不可能变成蝴蝶。"——安德烈·纪德。"我所知的关于人性的一切，都是从我自己身上学到的。"——安东·契诃夫。我坚信，这三人都对自己有着深刻的认知，但契诃夫是最不愤世嫉俗，最心明眼亮的。他知道，我们的人生基本都是孤独而终。

不管我们对他人是爱是恨，不管我们对社会是否有充分的观察和研究，孤独的真相便是，我们永远不可能像了解自己一样去了解任何人。除非科学发明了一种技术可以让我们生活在另一个人的意识中，我们将永远只能在远处度日，试图解读他人脸上的蛛丝马迹，虽有良伴，却也只能基本孤独地安坐于我们的视线后面。

所有精彩的人物塑造都始于并终于自知。无论作家如何描画她自己的本我——无论是作为社会人物画廊背后潜藏的一个隐秘自我，还是作为现实生活流中心的一个亘古不变的内核——她都会相对自持并独一。从其自我意识的内核深处，作家必须外推出她所创作的人物的内在突变性。换言之，我们每个人所拥有的唯一心灵只有在我们摘下面罩之后才能看到。因此，所有精彩的人物塑造都始于并终于自知。

不过，一丝反讽的微笑会情不自禁地洋溢到我们脸上，因为尽管人与人之间的不同显而易见——年龄、性别、基因、文化的区别——我们之间的共同点远远多于不同之处。我们都基于同样的基本经验而生存：爱的愉悦和死的恐惧。所以，你可以肯定，穿透你脑海的思维和情感无论是什么，它们也会同样穿透大街上向你走来的每一个人，只是时间和方式各异而已。

你对自己的人性秘密洞察越深，你对你的人物的人性的认知也会越深，也越能表达你对人性的见解。结果便是，你的人物能回响于移情的读者和观众。更有甚者，当人们在阅读和观看的时候，他们还能发现他们自己，因为你的人物脱胎于你的品质，而这些品质对他们来说是耳目一新的。

在第五章，我们将探讨内在人物的写作，这是一个如何将你的内在生活转化为人物内在生活的技巧，于是乎你的人物便变成了你认识的人，你知她犹如知己。[13]

结语

写得糟糕的人物能向我们表明其他人不是谁[i]；陈词滥调的人物能向我们表明其他人更喜欢谁；独一的人物能向我们表明我们更喜欢谁；移情人物能向我们表明我们是谁。

因为我们的日常生活不允许我们去实现危险的满足，如复仇，所以我们会饕餮于故事的愉悦满足。我们召唤故事来将我们运送到无数个不同的世界，但能将我们带到凡人境界之外的司机则是人物，而驱动着我们这种想象之旅的燃料便是移情。

千百年文学虚构所提供的复杂人物的多样性远远超越了我们一辈子所能遇到的真人的范畴，并且丰富了我们对所遇之人的见解。而且，由于我们对人物比对真人更加了解，所以我们对他们的那种爱便很少施于真人。当然，我们从一开始便对真人不太了解，哪怕是跟我们最亲近的人，所以这

---

[i] who other people are not：意即写出的人物人不人鬼不鬼，并不像生活中的任何人，而是西方文艺评论中所谓的"纸板人物"——人物虚假，没有灵魂和血肉，如同纸板剪贴的一样，平面而单维，毫无生命力。

一点也就不足为奇了。另一方面，如果你不相信我刚才说的话，如果你并不觉得虚构的会优于实际的，那么你可能要重新考虑你的职业选择了。

The Aristotle Debate

第二章 亚里士多德辩题
情节 vs 人物

"情节驱动"和"人物驱动"这样的术语由影评人在二十世纪中期发明,以标志好莱坞影片与欧洲电影的区别——抑或其视野中的大众娱乐与高端艺术之别。随后不久,书评人也开始依葫芦画瓢地以此来评说严肃文学和畅销小说的分野。外百老汇原本有百老汇检验场的功效,但在1960年代,纽约的戏剧界便沿着四十二街画出了一道艺术与金钱之间的分界线。这一型制亦被英国戏剧复制,伦敦西区的传统舞台与周边的先锋派形成区隔。多年之后,美国电视也分为订阅节目与广告资助节目,使得流媒体为成人观众而创作的人物驱动艺术与商业电视网为家庭观众而制作的情节驱动娱乐形成分庭抗礼之势。

亚里士多德的排序

这种分野古已有之。在其《诗学》中,亚里士多德对戏剧艺术的六个构件,根据其创作难度和对作品的权重,进行了从高到低的排序：（1）情节；（2）人物；（3）意义；（4）对白；（5）音乐；（6）奇观。

他相信，比之人物，事件的创作需要更大的艺术匠心，并能以更大的力度打动观众。他的金科玉律统领了两千年，但从《堂吉诃德》开始，小说进化为统领性的故事讲述媒介，而且到了十九世纪末，作家对写作的认知便颠覆了亚里士多德清单的前两项，宣称读者真正想要的是刻骨铭心的人物。他们主张，情节的事件线只不过是作家展现其人物的晾衣绳。

这一理论认为情节是物理位面和社会位面上的作用与反作用，而将人物限定于意识和潜意识范畴的思想和情感。事实上，这四个场域是互相影响的。

当一个人物目睹一个事件，他的知觉便会立即将其传导到他的脑海，于是乎该事件便会在他的外部世界发生的几乎同一瞬间发生于他的内心。反之亦然：当一个人物做出一个决定，这一内在事件便会随着他将其付诸行动而变成外在的。外在事件和内在事件通过知觉而在不同层面自由流淌，从内到外，由表及里，循环往复，互相影响。将情节的定义限定于外部行动便漏掉了人类生活中所发生的绝大部分内容。情节驱动vs人物驱动之辩便是似是而非的诡辩，而且自从亚里士多德提出他的榜单以来便一直都是。

质问情节和人物到底哪一个更难创作，哪一个更有审美意义，便是犯了一个范畴错误。询问二者到底谁多谁少、谁强谁弱是不合逻辑的，因为它们本质上是同一的：情节即人物，人物即情节。二者是同一枚故事硬币的正反两面。

一个角色直到一个事件将其行动和反应激活之后才能变成一个人物；一个事变直到一个人物导致和/或经历了其变迁之后才能成为一个故事事件。一个未被事件触动的人只不过是一个独立的、没有生活的、静态的肖像而已，其最好的归宿是挂在墙上。一个没有人物的活动就像是大海上的一个下雨天——一个重复琐碎、毫无相关性的非事件。为了深入了解这一区别，我们需要定义术语。

人物、情节、事件

人物指称的是一个虚构生物，他要么导致事件发生，要么在他人或他事导致事件发生后做出反应，要么二者兼有。

情节指称的是故事对事件的安排。因此，一个没有情节的故事是不存在的。堪称故事者，必须有一个事件型制，亦称情节；堪称情节者，则必须将事件铺陈为一个型制，亦称故事。无论故事多么简略，所有的故事讲述人都要将发生在人物身上的事件编织为情节，并据此而设计事件。

由于一部虚构作品是透过时间来进行演绎的，其讲述形式便可以变幻无穷，并与经典形式背道而驰：视点转换，直奔主题的事件堆砌，因果有序地事件进展，故事套故事，闪回，重复，省略，可信情节，奇幻情节——一切皆取决于如何才能最好地表达作家的视觉。但是，无论一个故事的事件设计如何挑逗好奇心，读者和观众最终都只会锚定于通过人物而进行的故事讲述本身。

上述两个定义所共有的一个术语便是事件，所以咱们必须对其进行精准定义：词典对日常事件的释义是发生的事。然而，在故事中，如果一件发生的事没有任何价值变化，该事件便毫无意义。例如，一阵微风吹过，对草地上的树叶进行了重新排列，事情的确发生了变化，但那一事件却毫无意义，因为它毫无价值。

对故事讲述人而言，价值被定义为人性经历的二元，其负荷可由正极变为负极，或由负极变为正极：生/死、正义/非正义、愉悦/痛苦、自由/奴役、善/恶、亲昵/冷漠、对/错、意味深长/毫无意义、人道/非人道、团结/不团结、美/丑，如此等等。这一能给生活充电，使之发生意义重大的极化改变的二元清单事实上是无穷无尽的。因此，故事艺术通过在事件中灌注价值而赋予其意义。

例如，如果发生了一件事情，导致一个人物对另一个人物的感情从爱（+）变成了恨（−），这一事件便变得有了意义，因为其爱/恨的价值负荷[i]从正极变成了负极。或者反之，如果一个事件导致一个人物的财务状况从贫穷（−）摇身一变为富有（+），这一改变便有了意义，因为贫困/财富的价值负荷经历了从负极到正极的位移。

---

i　value charge：麦基从《故事》开始便一直坚持使用的一个独特概念，脱胎于"电力负荷"（electric charge）。麦基将"电力"替换为"价值"，使其成为一种形象类比，其传神之处相信读者一定能够明察。

因此，一个故事事件便是一个人物生活中的一个价值负荷的瞬间改变。导致这一改变的原因要么是一个人物所采取的一个行动，要么是一个人物对其控制力之外的一个事件所做出的反应。无论何种情况，该事件颠覆了其生活中的一个利害攸关的价值负荷。

同一枚硬币的两面

当转折点围绕着揭示或决定旋转的时候，一个事件的硬币两面效应便变得生动而清晰。

就揭示而言：在《唐人街》的第二幕高潮中，主人公J.J.吉提斯（杰克·尼克尔森饰）指控伊芙琳·穆瑞（费·唐娜薇饰）谋杀了她的丈夫。作为反应，她坦白了，但不是承认了谋杀，而是承认跟她父亲乱伦生下了女儿。吉提斯立刻意识到是她的父亲诺亚·克罗斯（约翰·哈斯顿饰）杀了他的女婿，因为他要非法占有他的外孙女/女儿。这一对真凶的揭示突然之间便将情节从负极颠覆到了正极。与此同时，我们对伊芙琳便有了洞若观火的了解——她所遭遇的一切，以及她与变态狂父亲做斗争的勇气。

就决定而言：在这个节点上，吉提斯可以打电话报警，把他的证据交给警方，自己退居幕后，让警察来逮捕诺亚·克罗斯。但他没有这样做，而是决定亲自追捕凶手。这一选择将主人公的情节转化为危险的负极，同时将聚光灯对准了他的致命缺陷：盲目自傲。吉提斯是那种宁愿冒着生命危险也不轻易求助于人的男人。

事件和人物这两个术语指称的只不过是转折点上的两个角度。由表及里地审视故事，我们会将其视为事件；由内而外的话，我们便将其作为人物来体验。若无事件，人物便无所作为，抑或什么也没有在他身上发生；若无人物，则无人导致事件或对事件做出反应。

即如亨利·詹姆斯所言："除了事变的决定性，人物还能是什么？除了人物的说明性，事变还能是什么？一个女人用一只手撑着桌子站着，用某种眼神看着远处的你，这便是一个事变。如果这还不是一个事变的话，我认为就很难说它到底是什么了。从我们所能理解的任何意义而言，人物便是动作，而动作便是情节。"[1]

假设你在写一个故事，里面有一个亨利·詹姆斯式"事变"：你的主人公身处巨大的个人危难之中，知道一个谎言便能救他，但他却一手撑着桌子站着，用某种眼神看着一个女人，意图表达一种暗黑的痛苦真相。他的决定和动作将他的人生从正极旋转到了负极，因为他要承受一切后果。与此同时，他的选择、动作及其后果表达了他的性格真相：英勇真诚的男儿本色。

可以说，这是你的故事中最好的场景，尽管很有力量，在其下游却会产生一个问题。当你完成故事讲述的时候，你意识到你的最后一幕高潮失之平淡，而由于你的结局失败，你从开始所做的一切创造性工作也会随之而终告失败。怎么办？你可以在以下两个地方找到补救办法：人物或事件。

事件设计：你可以颠覆转折点。你不要让你的主人公讲真话，而是利用谎言来博取权力和金钱。这一改写也许可以为满意的高潮设置伏笔，但它同时也彻底地颠覆了他的道德内核。他现在成了一个腐败的富豪。如果你喜欢这个人物变化，问题就解决了。

人物设计：当你回首去研究你的主人公的心理的时候，你意识到你的高潮缺乏冲击力，因为你的人物过于天真甜美，你的结局很难令人信服。所以，你降低了他的道德亮度，然后将其改写为一个强悍的幸存者。你如何表达这一人物真相的改变？重新设计事件，将其新的狡诈的双重自我戏剧化。如果这些新的转折点能为高潮处的一个强劲分晓埋下伏笔，问题就解决了。

为了明确起见，我们还必须重申：一个情节事件会扭转一个人物生活中的价值负荷；一个人物要么导致这些事件的发生，要么对外部力量所导致的事件做出反应。所以，要改变一个人物的本性，你就必须重新设计事件，以表达他所变成的样子；为了改变事件，你必须重新发明你的人物心理，使其做出令人信服的新的选择，采取新的行动。因此，无论是情节还是人物的创作，根本不可能存在孰重孰轻的问题。

亚里士多德为何没有看到这一点？一个可能的答案也许在于他对索福克勒斯的《俄狄浦斯王》的赞赏。俄狄浦斯调查一个可怕罪行，结果却发现他自己同时是受害者和作恶者。其控制力之外的事件，他想方设法逃离却逃无可逃的事件，无情地推进着他的命运，并将其碾轧。

《俄狄浦斯王》是亚里士多德时代出类拔萃、无与伦比的最优戏剧，震撼于其悲剧之美，他便恳请其他剧作家向其崇高魅力看齐。所以，索福克勒斯对命运的不可抵御之力的刻画便很可能打动了这个哲学家，使其高估了事件的价值，而低估了人物的价值。

不过，还有第二个可能性更大的原因，这便是审美常规：雅典的剧作家在写作时并不知道潜文本为何物。事实上，演员都戴着面罩来表达其人物的本质。如果一个人物对另一个人物撒谎，观众当然会意识到没有说出的潜文本，但在大多数时候，人物所言都是完全彻底的心声。因此，亚里士多德便更看重所发生的事，而不是事件作用的对象。

今天的作者，由于受着千百年的心理学洞察的引领，便得以将人物真相和人物塑造区分开来。

人物塑造 vs 人物真相

人物塑造：所有可观察到的特性和外部行为——年龄、性别、种族、言谈与手势、工作与住房、穿着与时尚、态度与个性等的综合——简言之，一个人物在践行其与他人关系时所佩戴的面罩或所扮演的角色。这些细节为人物的身份提供了线索，但读者和观众都知道，外表并不是真实，人物不可貌相。

人物真相：一个角色的不可见的内在本质——他的深层

动机和价值底线。当面临着人生最大的压力时，这一内核便能在他追求自己最强烈的欲望时所做出的选择和采取的行动中进行自我揭示。这些决定和行为便能表达他的核心身份。

人物塑造的外部特性能锚定一个人物的可信性，而人物真相的内在品质则塑型人物及其未来。如果读者/观众不信他会做出他所做的事情，不信他会说出他所说的话，不信他会追求他所追求的欲望，故事讲述便告失败。他的本我做出选择并采取行动，演绎出一个故事所发生的一切，并为未来事件设置伏笔。人物真相和人物塑造在一个令人信服的讲述中联手创造出一个令人信服的角色——此理古今亦然。但是，由于《诗学》并没有将其功能分开，情节vs人物之辩便成了一个苹果/橙子谬误。[i]

人物的设计宗旨要么是要解决，要么是无力解决他们所面临的问题；故事的设计宗旨是要表达人物在与其问题做斗争的过程中所表现出来的特性和品质。一个情节的事件就是其人物的所作所为；人物是导致和/或实施情节事件的载体。当我们权衡两者的时候，它们互相之间是完美平衡的。一个多世纪以来，从亨利·詹姆斯到戴维·洛奇的作家/学者都宣告过这一逻辑上的互相依存关系。那么，人物驱动/情节

---

[i] apples and oranges fallacy：又称"虚假等同谬误"（false equivalence fallacy），指夸大两物之间的相似性而无视其本质区别地对二者进行等同类比的逻辑谬误。其最生动而形象的例证为："苹果和橙子都是水果，且皆为圆形，所以其味必同。"故名。

驱动这一争论为何还能迁延到二十一世纪？

因为这一看似为审美范畴的辩题实际上掩盖了关于趣味、阶级和金钱的文化政治，尤以金钱为最。"人物驱动"这个短语可以解码为"一个高端艺术品，不以营利为制作目的，而是出于情怀，学术评论家会对其进行最佳阐释，唯有知识精英方能欣赏，并以公共基金作为理想融资来源"；其反义词则是"情节驱动"，亦可解码为："一部低俗作品，由雇佣枪手写作，充斥着陈词滥调，目标受众为下里巴人，过于平庸陈腐，根本入不了评论家的法眼，完全是为了企业利润而制作。"

很显然，更加强调所发生的事而不是事件作用的对象会导致二流艺术，这一信念是何等荒唐。荷马的《奥德赛》、莎士比亚的《仲夏夜之梦》、海明威的《老人与海》、斯坦利·库布里克的《发条橙》，还有（如果我们将"势利值"调低的话）迈克尔·费雷恩的闹剧《糊涂戏班》，都是情节驱动的大师杰作。另一方面，你在纸上、舞台和银幕上所遭受的肤浅、冗赘、浅薄、堆砌的人物塑造的折磨是否数不胜数？真相就是，这两条路径都不能确保万无一失。

撇开政治不谈，这两个构件之间的深层差别在于故事的因果源泉。人物驱动和情节驱动这两个术语只有在指称故事的支配性因果关系时才有创作上的言说意义，而无关其审美价值。当你正在伏案写作的作品遭遇卡壳时，你可以通过追问那个大问题来找到创作上的解决办法：是什么导致了事情的发生？

情节驱动故事将重大转折点，尤其是激励事件，置于人物的控制之外。而且，通常的情况是，这些事端会施加一种负面冲击，而且来自以下三个层面之一的冲突：（1）自然原因：极端天气、疾病、火灾、地震、外星人入侵以及其他所谓的"不可抗力"。（2）社会原因：犯罪、战争、人造灾难、公私腐败、种族、性别或阶级之间的各种不公行为，诸如此类。（3）时运：彩票获奖、汽车事故、与生俱来的基因，而最最常见的是，瞎猫碰到死耗子般的撞大运——所有这些层面都流淌着或好或坏的各种巧合。

人物驱动故事所做的则正好相反：它们把重大事件交到人物手上。在这些讲述中，人物所做的选择以及采取的行动会导致事情的发生。不是机缘巧合，不是无法抵御的全球性力量或自然威力，而是以自由意志为动力的个人选择在驱动着故事的讲述。

因此，情节驱动故事和人物驱动故事之间有如下六个关键差别：

1. 因果

在情节驱动故事中，触发关键转折点的力量产生于人物的掌控之外：罪犯犯罪，独裁者宣布战争，瘟疫肆虐世界，外星人侵略地球，太阳从天空陨落。

人物驱动故事则反其道而行之。其支配性的因果发端于各种有意识和潜意识的能量，驱策着人物去得到他想要得到的东西，去做出他想要做出的选择，并采取他想要采取的行动：他坠入情网，实施犯罪，吹哨举报老板，离家出走，轻信他人的谎言,寻求真相。

2. 身份

在随后的章节中我们将看到,欲望有助于塑型人物的身份。情节驱动故事需要一个被外在欲望所驱动的主人公;人物驱动故事则更喜欢一个跟随其内在欲望而行事的主人公。

3. 价值

在一个纯粹的情节驱动故事中,主人公的奋斗目标就是要给世界带来它所欠缺的东西,这种东西的价值表达便是和平/战争、正义/非正义、财富/贫穷、江湖豪情/自私自利、健康/疾病,如此等等。在一个纯粹的人物驱动故事中,主人公的奋斗目标就是要实现他个人所欠缺的东西,这种东西的价值表达是爱/恨、成熟/不成熟、真相/谎言、信任/不信任、希望/绝望,如此等等。

4. 深度

情节驱动类型很少去深挖人物的潜意识或非理性层面。例如伊森·亨特臣服于一种有意识有逻辑的欲望:去修复一个破败而不公的世界。于是,他和他的国际货币基金组织团队发明了一个计划,聪明地实施其每一个步骤,修正了错误,恢复了正义。如果在这一切的中途,伊森还要被一个从未痊愈的童年创伤所困扰的话,那么他的高速娱乐就会比陈牛奶酸得还要快。

情节驱动故事会用从社会环境和物理环境中抽取的细节来丰富其讲述。从山巅到燕尾服的影像,从鸟儿歌唱到机械轰鸣的音效,皆可成为视听盛宴。

人物驱动类型以心理矛盾来增添其讲述层次。它们在人物内心埋设未知的欲望,然后让这些冲动与其理智形成冲突。随着这些聚焦于人物的故事进入深层时,它们至少会触及,甚或侵入到潜意识。在田纳西·威廉斯的《欲望号街车》中,主人公布兰奇·杜波依斯不断重复地说道,她所要的一切就是幸福地生活在这个世界。但是,其贫民窟生活的残酷和丑陋却使这个成为不可能。真相是,她潜意识中所要的正好相反,而且在该剧的高潮时最终达成了那一深层欲望,从现实逃避到了疯狂中。

人物深度是一个内心复杂性的度量衡,但一个人物的复杂性不能大于他在生活中面临的对抗力量。如果不通过其矛盾来揭示,我们怎么可能感知到其深度呢?

5. 好奇

人物驱动作品会将其物理冲突和社会冲突最小化而聚焦于人物内心和人物之间的个人战争。"这个人物会做什么?"这一问题会攫住读者或观众的好奇心。如果写得好的话,其答案是不可预测的，能带来突然的惊奇。

作为心理现实主义宗师的莎士比亚，在他的所有主要人物心中吹进了一缕不可预测的精气神。例如，他的浪漫夫妻有小丑般的塔奇斯通和奥德丽（《皆大欢喜》），有复杂的碧翠丝和本尼迪克（《无事生非》），有悲情的安东尼和克里奥帕特拉，人性各异，格调有别，而所有这些情侣却都超出了我们的预期，就连他们自己都莫名其妙。

塔奇斯通不明白他为何要娶奥德丽，而仅凭一时冲动；碧翠丝要求本尼迪克去杀人时，把他吓坏了；英勇的马克·安东尼却在一次激烈的海战中突然变成了胆小鬼，转而去追求他所爱的女人。无论是喜剧、浪漫剧，还是悲剧，由于被其本能冲动冲昏了头脑，他们都看着自己，追问："我都干了些什么？"

因为情节驱动作品摒除了内心冲突，所以作为补偿，它们必须对其主要人物进行社会上的极化处理：动作英雄匡扶正义，临危救难；动作反派施行残暴，滥杀无辜。因为我们知道他们是谁，会做什么，这些作品驱策好奇心的方法是发明极端武器，令我们惊叹发问："他们会怎么使用这些武器？"

DC和漫威的超级英雄，如神奇女侠与超人、蜘蛛侠与暴风女，皆有其独特而神奇的魔力，用以除暴安良，扶危救困；反英雄，如死侍、洛基、黑寡妇和猫女，也有独特的神力来驾驭人类，涂炭生灵。

6. 自由 vs 命运

自由与命运虽难以捉摸，却是无时不在的信仰。对自由的信仰暗示着一个未知的未来，一个神秘的终极目标，是诸多可能的终点之一，但它总是藏而不露，直到生命的最后一刻。而另一方面，命运或宿命却感觉像是一股无形的、不可避免的力量，它在生命的终点将我们的人生塑造成无法逃避的事件。对古希腊人而言，命运显得那样真实，他们将其拟人化为三个女神。直到今天，人们还在采用"命运之手"的短语。

命运和自由这两个概念以令人迷醉的方式与故事技艺相互交织。当故事开始时，读者/观众会展望一个一切皆有可能的未来；在追求其命运的旅途中，故事的讲述似乎可以朝着千百个甚至是随机的方向自由驰骋。但是，一旦故事到达高潮，我们回望开头时，我们便意识到，故事讲述所采取的路径是不可避免的，命中注定的。这两个视点在情节驱动故事和人物驱动故事中会有不同的表现方式。

在一个纯粹的情节驱动的动作故事中，激励事件刚刚发生时，人物所追求的命运，要么是正面的，要么是负面的。到高潮时，既然读者和观众已经领悟了人物的本性和战术，他们便发现故事的讲述只能完全按照其命中注定的方式来发生。命中注定的人以命中注定的方式互相碰撞。英雄以无私的善举来满足一种利他主义的需求：这就是他们的宿命。坏蛋以施虐的行为来喂哺其权欲：这也是他们的宿命。这两种单维人物的刻板本性驱策着他们走向自己的命运。

与此相反,在一个人物驱动的作品开始的时候,我们便感觉到未来被锁定在复杂人物内心竞相决斗的各种矛盾力量上,这些人物在追求欲望的过程中必须在不断的挣扎中做出选择并采取行动。

例如,在赫南·迪亚兹的《在远处》中,小说的主人公哈坎花了一辈子时间以各种人力所能及的方式去寻找他失踪的兄弟。到了故事的高潮,当我们回望开头时,我们通常能够又一次感觉到命运的不可避免,但在这个故事中,由于在中心人物内心争战的矛盾力量,他在充满压力的转折点上的选择表达了他的本性,但命运却显得并不是那样不可避免。故事讲述完全可以奔向千百个不同的方向,因为哈坎总是可以自由地选择一条不同的路径。

在所有的故事中,对命运vs自由的感知取决于我们站在讲述过程的什么位置。在激励事件发生时,我们想象中有无数可能的命运供我们自由选择;在高潮时,我们便感觉到了命运的不可避免性,其程度有深有浅。真相是,对我们而言,一切都没有任何计划;命运没有女神,没有手。它只不过是当我们通过回溯时间对事件进行回顾凝望时显现出来的海市蜃楼。

融合情节和人物

对命运和自由的这两种处理方法便是情节驱动讲述和人物驱动讲述的两个极端。另一方面,生活是通过一整套复杂的缘由而流动的。优秀的故事讲述人很少会仅仅选择一个因果源头而忽略另一个。

平衡原因

大多数作者会寻求一种平衡，将有动机的选择和无动机的偶发事件进行搭配混合。他们将人物控制范围内外的事件进行混合，因为无论是什么原因导致某事发生，一旦发生，人物必须对变化做出反应。事故一旦砸进生活，对幸存者来说，立即就会成为检验性格的试金石。

莎士比亚的每一部戏剧都是从情节驱动开始的。他的工作素材要么是英国、希腊或斯堪的纳维亚编年史家，如霍林斯赫德、普鲁塔克和萨克索·格拉玛提库斯所记载的历史，要么是其他剧作家，最常用的是意大利剧作家所发明的虚构情节。结果是，斗剑与自杀、幽灵和女巫、海难与战争，以及男孩和女扮男装的女孩一见钟情，便成了他最喜欢的主题。他将这些故事拿来进行重塑，改编成自己独一无二的事件设计，发明了精彩的主人公和配角卡司，对剧情进行了充分演绎。

例如，约瑟夫·康拉德也是如此。他创作了诸多宏大叙事的情节驱动的探险小说——《海隅逐客》《黑暗之心》《吉姆老爷》《诺斯特罗莫》《间谍》——但到最后一页时，这些小说就像莎剧一样，有了人物驱动的感觉。

在长篇小说《威廉·麦斯特的学徒岁月》中，沃尔夫冈·冯·歌德警告他的小说作家同行们，随机的外力对艺术家来说跟人物内心中有如狂风骤雨般的深思熟虑的冲突具有同样的活力。他敦促达到一种因果平衡，希望抵消德国狂飙运动的负面影响，因为这一运动倾向于将所有故事讲述沦为反常心理学的情感极端。[2]

因果平衡的问题，可以用情节驱动最甚的类型进行阐释：战争故事。荷马的《伊利亚特》堪称所有战斗史诗的鼻祖，将其天平倾斜于巨大的军事力量和物理力量，并辅之以争斗诸神的狂乱抽打；而尼古拉斯·蒙萨拉特的二战经典作品《沧海无情》则靠向了相反的方向，聚焦于人物心理。在汹涌的北大西洋海面上，在海战的过程中，面对时时刻刻的死神威胁，恐惧战争的船长和船员必须选择，如何应对和行动。更近期的还有卡尔·马兰蒂斯的越战小说《马特洪峰》，在激烈的丛林战和人物的道德力量之间保持了精妙的平衡：前者撕心裂肺，后者则需要对其进行反击，让自己活下来，并保持心性。

人物驱动故事并不一定要刻画复杂心理；情节驱动故事也不一定要求有陈词滥调的英雄和恶棍。

例如，《男孩别哭》表现的就是一个单维主人公被一帮开皮卡的狠角色所包围，然而影片还是可以定性为人物驱动，因为无论其反派人物是如何的心胸狭窄，控制事态发展的却是他们。另一方面，尽管约瑟夫·康拉德将其《吉姆老爷》的主人公缀上了各种复杂心理分析的花边，然后却让环绕吉姆的社会力量来感染其深负罪责的内心焦虑，限制了他做出适当的反应并最终将其吞噬。

无论如何平衡,所有情节问题的答案归根结底还是必须从人物身上去寻找。千万不要问这种开放结局的问题,如:"将会发生什么?"而要问:"我的人物身上将会发生什么?这些事将会如何在他身上发生?为何只在他身上而没在她身上发生?是什么东西改变了他的生活?为何会以那种特定的方式改变?他的未来将会发生什么?"将所有情节问题都指向你的人物的生活。不然的话,这些问题将毫无意义。[3]

统一原因

一个故事的外在因果和内在因果无论如何平衡,理想的结果就是在读者/观众心中将人物和情节统一起来。一个人物改变主意移情别恋,其所造成的冲击力将等同于甚至超越一个士兵在战场上对战友的背叛。在两种情况下,事件不但扭转了价值负荷,同时还揭示了人物真相。

在优秀的写作中,无论何种类型,外部事件会导致内心变化,暴露并改变人物真相;内心欲望驱动的选择和行动导致外部事件。人物和情节于是便天衣无缝地合二为一。

结语

如果你不知道你的故事在亚里士多德辩题中的站位——到底是情节驱动还是人物驱动,抑或二者之平衡——只需简单地罗列出你的所有场景并将其转折点划分为由人物选择所导致vs由人物无力掌控的外力所导致。无论你的故事讲述倒向哪个方向，没有一个因果源泉会比其他的更能启迪灵感。到最后，事情发生的方式将会在你心灵深处的某个地方不言自明。

An Author Prepares

第三章 作者准备

在我们深入探讨人物创作之前，让我们用这一章来检视一下支撑一个作家创作的基础信念。你如何看待人性的本质、文化的影响、作者的责任感？

作者的创作观

创作即疯魔

古人常把创作刻画为一种痴迷出神的状态，处于疯魔的边缘。现代喜剧，如汤姆·斯托帕德在《戏谑》中对詹姆斯·乔伊斯的讽刺，便强化了这些神话，因为他们都把艺术家塑造成了神经病患者，一边痴迷于演绎其幻想，一边将自己置于尴尬之地。

创作即幻想

以弗洛伊德更为悲天悯人的观点而论，创作肇始于逃避现实的需求。因为快乐总是与其后果构成矛盾；因为蛋糕味道甜美却腐蚀你的牙齿；因为浪漫将微笑注入你心，然后便破碎之；因为希望很少能实现，人类便耽于幻想。在童年，我们便学会了通过退居想象来逃避生活中的摩擦，梦想出各种以自己为主角的探险经历。成年之后，这些白日梦便变得相当奢侈。所有的人类个体都会这么做。而创作便将幻想推进了思辨性的一步。

艺术家也都做梦，就好比构思剧本情节一样，但他们却能将其构思从想象中输送出来，变成电影、小说、戏剧和流媒体系列剧。尽管其讲述常常会刻画伤痛的经历，但虚构场域却不会构成实际的威胁，所以人物的痛苦便能简单地升华为读者/观众的愉悦。

创作即发现

作为占卜创作力的一个步骤，神经科学已经将大脑绘制成两个半球并确定了其各自的功效：左脑负责执行推理与归纳逻辑、线性思维、数学、图案识别和语言；右脑负责指挥因果与类比逻辑、视觉化、听觉想象、非言语表达、直觉、节奏、感觉、情绪。[1]

例如，咱们可以看看卡尔·桑德伯格的诗《雾》：

雾来了
在小猫的脚上。

它坐着，俯瞰

海港和城市

静默地坐卧

然后继续前行。

在想象这首诗的时候，"猫"和"雾"的形象浮现于桑德伯格的脑海。他的左脑看见了两个毫无关联的生物学和气象学例证，他的右脑注意到了一种只有创作性思维才能发现的关联，并将二者在突然之间融合为一个全新的第三物，以一种静默意识将其勾连在一起。当我们读这首诗的时候，其切中要害的比喻之美便以一种前所未有的感官冲击丰富了我们的内心生活。对一种见所未见的相似性的发掘是一个心灵能够传递给另一个心灵的最美好的礼物。

究其本质，创作便是发现那个第三物。才华是一个二元性探测仪，能够找出事物之间已经存在却藏而不露的类比关系。然后，通过创作性的灵机一动，艺术家便能把已知变为新知，将两种事物熔铸成一种见所未见的融合物。

创作力要向哪个方向流动才能发现那个第三物？从右脑到左脑，还是从左脑到右脑？从特殊到普遍，还是从普遍到特殊？答案是：天才是双向流动的——时而缓慢交替，时而突如其来——由理智和想象相互激发。[2]

例如，我们可以看看"幻想"。在创作神奇人物时，作家常常会从原型开始（"智者""勇士""大地母亲"），然后把他们带进凡尘，令其跟普通人一起摸爬滚打、交流谈笑（这是一种从概念到实际的位移）。或者在写一个"社会剧"的时候，作家可能会从一个取材于新闻报道的实际案例开始，然后设计出一个卡司来表达正义和非正义之间规模宏大且极具象征意义的争战（从实际到概念的升华）。例如，我们可以比较一下2017年的两部电影：《神奇女侠》和《三块广告牌》。前者是一个女神从天而降，为人类而战；后者讲的是一个礼品店主为被谋杀的女儿的复仇变成了一个象征性的行为。

就像赫耳墨斯神一样，创作力是一个足生双翼的信使，在两个世界之间来回飞翔——理性/非理性、左脑/右脑——用审美秩序来驯服现实生活的混乱。

就像一个外出玩耍的孩童，创作力把理智留在家里，骑着自由联想的坐骑，扬鞭疾驰。当两个随机的思绪突然碰撞并融合为一个第三想法时，右脑便能抓住这枚珍宝，将它交托给左脑，以便作家运用其有意识的技巧将这枚原创的亮石嵌入一个正在进行的大纲之中，将其打磨成一个令人刻骨铭心的人物。

人物创作的双重理论

这个过程如何展开，是一个富有争议的话题。人物是不是作家的发明，或者说，人物是不是作家自己生出来的？人物到底是有意识的创作品，还是潜意识的自我呈现？

发明

有些作家是从故事灵感开始的,然后通过头脑风暴,即兴创作出具有特性和维度的人物,来实现其原始视觉中的期望值。

以下是《饥饿游戏》的作者苏珊·柯林斯的阐述:"一天晚上,我躺在床上,累极了,在电视上搜寻频道。我快速浏览了一些真人秀的影像,无非是年轻人竞夺百万美元或学士学位什么的。然后我看到了伊拉克战争的片段。这两件事以一种令人不安的方式融合在了一起,就在那一瞬间,我得到了凯妮丝故事的创意。"

小说家帕特里克·麦克格雷斯常常能在饶有趣味的现实生活行为中发现其故事火花,也许就是简单如怪异的口音或戴的角度比较扎眼的帽子这样的琐事。然后他便自问:"什么人会用那样的口音说话,把帽子戴成那样?"他把手指放在键盘上,将其创作天才和他对人性冲动的平生观察与个人感悟融合在一起,将某一特性的趣味性转化为一个具有不可抵御的心理力量的人物和故事。

生育

其他作家会将自己视为旁观者,一个人格沟渠,让人物自己经由这一通道按图索骥地进入一个有待书写的故事。他们的人物就像是在另一个场域的独立存在,然后通过一个精神产道进入作者的认知之中。伊丽莎白·鲍恩在其《小说写作笔记》中说，人物创作这个概念有误导性。她觉得，人物是预先存在的。他们是在小说家的认知中慢慢地自我显示出来的——就好比是在一个光线暗淡的车厢内一起聊天的旅伴一样。

普利策奖获奖小说《奥丽芙·基特里奇》作者伊丽莎白·斯特劳特说，她的人物从来都不是其个人经历的回响，而读者却常常误以为是。实际情况是，这些人物都是神秘降生的，完全是自然天成，出自偶发的场景或碎片式的对话，然后通过一个她自己也觉得很难解释的程序，最终聚合成形。她会在小纸片上划拉出她的杂思断想，并将这些纸片积攒起来。弃其糟粕，取其精华，一直等到"……人物自己做出其小动作，然后我把真东西留下"。

小说家安·拉模特指出："我一直相信，我内心深处的这些人——这些人物——他们知道他们是谁，他们是干吗的，将会发生什么，但他们需要我把他们写到纸上，因为他们不会打字。"

对大多数作家而言，日复一日的角色创作工作需要启用双重模式——来自潜意识的惊奇（生育）和在房间踱步时的即兴创作（发明）。在创作每一个新人物的过程中，作家必须像杂耍艺人一样，将其所有的灵感源泉操控于股掌之中，试图达到一种精妙的平衡。

毫无疑问，创作力有其神秘莫测的一面，但声称人物会拒绝按照作家的意图去行事，这在我看来便是一种文学自恋。

作曲家会不会声称一根他想要弹奏的弦会拒绝出声？画家会不会声称红色颜料会有它自己的思想？某些作家，一心希望将自己神秘化，总想让我们相信其写作有如梦幻，相信作者只不过是对天然冲动的妥协，相信他们是某种超出其控制力的本能力量的沟渠。这种浪漫奇想听着总是有那么一点虚伪矫情，有那么一点自命不凡。

假设，你的角色之一，就像伍迪·艾伦或路伊吉·皮兰德娄所创作的人物一样，走出你的故事讲述，进入现实。我并不是说进入《开罗紫玫瑰》或《六个寻找作者的剧中人》那样的幻想现实，我说的是进入真正的现实。假设她夺过了你的键盘。然后再假设，这个姑娘发现她并无才华。此时你将何去何从？

人物是艺术作品，但不是艺术家的作品。他们在作者的脑海中自我呈现，会完全按照作者的想象来行事，尽管常常是足以令人惊奇的方式。对自己的创意感到惊奇，这是天才作家的日常经历。大脑的潜意识吸收了艺术家的直接生活经历和事实研究成果，以及艺术家的梦想和想象，然后将这一切素材搅拌成新的形式，再送回到大脑的意识之中。这些工作都是在无形之中进行的，直到对行为的各种感悟以及人物特性的各种彻底融合在突然之间出人意料地令作家大吃一惊。在艺术家奋力想要挣脱这门技艺的传统羁绊的同时，这些天才的闪光便能在她的知觉背后所发生的潜意识的搅拌中油然而生。

就像拉玛泽呼吸法[i]，创作力是在一个完全清醒的世界中生育出来的。没有神秘精灵，没有宙斯的女儿，从奥林匹斯从天而降来给你灵感。写作从来都是其自古以来的样子：催生你已经知道的东西。

创作饥渴

艺术家积累了从平生的学习、经历和想象中得到的各种知识碎片，这一切的一切都像涡流一样在其潜意识中不停地旋转。一个天才的右脑便能将随机的片段聚集起来，发现彼此之间的关联，并将其合二为一，然后将这些创意传递到左脑，以备后用。不过，如此一来，一个困扰艺术家的始终挥之不去的问题便产生了：因为你只能依据你脑海中已有的东西进行创作，你的作品便被你的思想未能触及的内容所严格限制。

你知道和经历的东西越少，你的才华产生原创性的可能性便越小；反之，你的理解和见识越多，你的才华发现新创意的可能性便会越大。一个无知但颇有才华的作家也许能炮制出简短的华章，但复杂长篇作品的创作则需要广博而深邃的知识储备。

---

i　Lamaze method：亦称"拉玛泽减痛分娩呼吸法"，是分娩过程中的一种技术，由法国医生拉玛泽发明。拉玛泽呼吸法的目的是增强产妇在分娩过程中的信心，同时能够部分减轻因分娩引起的疼痛。

在你的灵感给出了一个有趣而陌生的人物的瞬间,你突然意识到你的知识储备完全不够。知识储备从来就没有够的时候。为了不辜负你的才华,你就需要扩充知识储备。一个作者绝不能是一个冒牌货,不是一个文学骗子,而是一个见识广博深邃的人,一个有足够的脑力夯实真理的人。正因为如此,想要创作出独一无二的人物,作家就必须做足案头研究工作,来支撑其创作力。

假设有一天晚上,你做了这样一个梦:一家人穿着实验室的白大褂狂热而焦躁地在摆满一排排眼花缭乱的试管的实验台上伏案工作。这个场景中的某个东西把你惊醒了,让你出了一身冷汗。第二天早上,你开始划拉笔记,想要追寻这一神秘家庭。你在笔记上会写什么呢?提出问题,寻求答案:

这些人物都是谁?母亲?父亲?儿子?女儿?他们是科学家还是破坏者?他们的具体任务是什么?是为了创造还是为了毁灭?或者说,穿实验室白大褂的人物是不是象征着某种个人化的东西,而与科学毫无关系?无论你怎么回答,新的问题都会出现,又需要新的答案,你也许能回答,也许不能回答。如果没有一个独一无二的知识宝库,那你就只能去模仿其他作家。那你怎么可能创作出一个由原创人物构筑的令人迷醉的卡司阵容?

你可以从填写人物及其世界的档案开始入手,把你知道的一切都写下来。你也许以为你什么都知道,但是如果你不把它写下来,你就不可能知道你知道。写在纸上的语词把你从自欺自慰中拽了出来,让你进入现实,为你指明了创作调研的方向。因为，如果你发现你不能将自己的知识形诸文字，这只能意味着一件事：是时候该学习了。

喂哺创作力的四种研究

研究有四个旅行路径：个人的、想象的、事实的和现实的。

1. 个人研究

你的记忆会收集你在现实和小说中所遭遇过的一切有意义的情感经历。随着时间推移，这两种信息的源头会开始模糊，因为记忆会把它们储存在同一个心智库里面。这就是我们为什么经常会把真事儿当故事，而把故事当真事儿。结果呢？我们所知道的要远远超过我们以为我们所知道的……如果我们愿意不厌其烦地去探究我们的过去的话。

对记忆进行分门别类的梳理，是第一个最基本的研究。当你奋力想要使真相大白时，只需简单地问："我有什么直接的生活知识能够帮助我创作出这些人物？"

假如你是一个女作家，正在构思一个围绕一个父权家庭而展开的故事，你的预设是让儿子反叛其严酷的父亲。你的记忆怎样才能帮助你创作出这两个人物，让这个反叛场景充满惊奇，既有启迪作用而又摒弃陈词滥调？

回想一下你的童年吧。毫无疑问，你肯定被训诫过，但也许从未那么严重。不过，你肯定违反过父母的规定。惩戒 /

反叛的动力学,辅之以痛苦与愤怒的核心情绪,是一种普遍经验。问你自己:我所遭受过的最恶劣的情感痛苦是什么?我所经历过的最愤怒的事情是什么?我在痛苦的时候都做了些什么?愤怒的时候呢?

把你过去的这些场景重演一遍,用生动的日记体文字把它们记录下来。聚焦于你在情感上的内心震撼及其身体上的行为表征——你的所见、所闻、所感,而最重要的是,你的所言和所为。把这些影像和动作用能够让你手心出汗、心跳加快的语言表达出来,犹如昨日重现一样。

现在回到你的人物,把你的回忆作为指南,想象你的过去经历怎样才能通过转移、转换甚至颠覆变成他们的经历。

2. 想象研究

记忆从过去摘取完整的事件,然后在当下将其重演。另一方面,想象则是将你五岁时发生在你身上的某件事情提取出来,与你二十五岁时发生在你身上的某件事情进行对接。它将你从新闻报道中读到的一个事物与你在一天夜里做的一个梦进行比对,然后将二者与你在街角听到的某些话语进行混合,最后再将这三样东西用丝带绑接到你在某部电影中看到的某个影像中。你的想象就是用你的类比功力将过去的碎片创作为今天的整体。

所以,在你的父子开始剑拔弩张地对峙并试图支配对方之前,先把他们带进你的脑海。看他们,听他们,围绕他们

360度地走一圈。不要列出他们的特性清单，不要分析他们的动机，也不要将台词塞进他们的嘴里——还没到时候。你应该做的是，带他们在你的想象中好好地散个长步。

在这个早期阶段，你会试图获取整体印象，就是那种你在某个聚会上跟某人聊过之后可能会留存于脑中的模糊印象。但是，一旦你确定一个人物值得创作，你就不得不将你的想象在深得多的水中浸透。

3. 书本研究

如果你准备写一对互相冲突的父子，你可以取材于你生活过的家庭、你观察过的家庭以及你可能想象的所有家庭。但是，无论主题是多么熟悉，你很快就会发现，记忆和想象不能带着你走得太远。你在一个项目开始时所拥有的知识很少能够让你用到最后完成它。为了弥补这个不足，你就得看书学习，辅之以书本知识。

如果你读一点关于亲子关系的心理学和社会学方面的鞭辟入里的著作，就像要写论文一样地做好读书笔记，两个大事件将会发生：

1. 你将会在所有被研究的家庭中发现你自己的家庭，确认你所知道的一切中哪些是真相，哪些是假象。你会看到不同文化背景下的家长和孩子都会经历共同的压力并度过相似的阶段。每一个家庭会以其特殊的方式做出反应和适应，但人类个体的共同点要远远多于相异点。因此，你的写作若有真实悦耳的回响,你的特殊性就会变成普遍性,因为人们会在你的虚构宗族中看到他们自己的个人家庭。换言之,你的写作将会找到自己的读者或观众。

2. 你自己绝不可能独自获得的见解将会从书本的字里行间喷薄而出。当你把你的所学和你的所知融会贯通时,你的脑海中将会充溢着创作选择,这些独一无二的选择将会帮助你赢得对陈词滥调的战争。

4. 实地研究

你的父子较量需要一个背景。你可以把他们想象为骑手,在为参加马术比赛的训练中吵了起来;或者是在运马的拖车下面,在修理断裂的拖杆时开始争论;或者是在回家的公路上,为拖车脱杆的事儿大声嚷嚷,互相指责。这是三个很有前景的场景,但你却从未亲眼目睹过其中任何一个。

现在,就像是一个纪录片制作者一样,你在现实世界中去找到这些场景,实地观察真实情况,跟亲历过这些事件的人交谈,记笔记,直到你对你的主题了如指掌。千万不要轻易定稿,除非你觉得你对你的主题的研究已经比此前写过此类题材的任何人都要更加深入,觉得你已经成为关于你的人物及其背景的绝对权威。

作者的人性视觉

独创人物脱胎于对人性的独特认知，所以每一个优秀作家都会发展出她自己的一套个人理论：是什么东西促使人们以其自己的方式去行事。这个问题并无配方秘籍，艺术家不一定要循规蹈矩或墨守成规。所以，每一位作家都必须以她自己特有的方式将其零散概念连缀成一个独特视觉。

然后，你的个人理论就会流淌进你的人物，影响其对意义和目的的感知，什么是他们应该做的，什么是他们绝对不能做的，什么是他们应该为之奋斗或奋力抗争的，什么是他们也许希望建设或毁灭的，他们的爱情观是什么，努力追求的关系是什么，他们想要促成什么样的社会变化，他们想要做出什么样的选择，采取什么样的行动。

你的理论如何成型将取决于你如何看待人类。你是相信人性乃先天注定，为人类所共享，还是相信人性的后天可塑，是由父母、经济和文化力量模塑而成？人性是否亘古不变而绝不因人而异，还是会因男女、文化、阶级和人己之别而有所不同？

"人类个体为什么会去做他们做出的那些事情？"面对这一个宏大问题，有两种截然相反的观点，下面这节文字将对其进行分庭抗礼的呈现，以帮助你对照历史上的这些主流信念对你的个人理论进行检验。

这一二元论提出了"先天生成 vs 后天培养"这一辩题：什么更重要？是一个人与生俱来的基因和禀赋——她的内在本

性,还是她被抚养和教化的方式——她的外在培养?换言之,人性的各种成功该归功于谁?人性的无情失败该归咎于谁?

两大宏论

当人类开始对自己进行深度思考的时候,它便发展出各种信仰来圆说各种混乱。对"人类个体为什么会去做他们做出的那些事情"这个问题,这些主导信条便分裂为两种完全矛盾的观点。它们要么采取一种由内而外的主观而内在的自我观,要么秉持一种由表及里的客观而外在的社会视角。换言之,即"先天生成 vs 后天培养"。

印度
我们先从印度的两种信仰开始:

内在的
佛教教导信众说,人的内心并不存在一成不变的灵魂或永恒的身份。实际情况是,当我们倾听我们的思想时,被我们误以为是思想主体的"我"这个东西,亦即一个有意识的自我,事实上只是一个幻象,一个非自我。简言之,现实是真实存在的,而自我却是一个幻觉。

外在的
印度教提出了相反的信仰:自我是存在的,但现实是一个幻象。现实的存在依据是未知的也是不可知的。玛雅女神以其虚幻的力量化无形为有形却掩盖并扭曲了其源头。我们用感官所体验的世界是存在的,但仅仅是对终极现实的苍白模仿,而那个终极现实却一直隐藏在玛雅的幻象后面。这个场域是不可解释的,因为语言本身也仅仅是玛雅的副产品。

希腊

形成于大略相同时期的希腊哲学则与这两种信仰完全矛盾:

内在的

苏格拉底的观点与佛教的观点针锋相对,他辩称,自我绝不是幻象,而是稳坐于存在的中心位置。"未经审视的人生不值一过,"他教导说,因此,"要认识你自己。"如果我们连跟自己的内心世界都不能调和的话,我们怎么可能有希望得到我们周围的外部世界的智慧?我们连对我们自己的人性都没有认知的话,我们怎么可能去理解其他的人类个体?

外在的

亚里士多德的观点则与印度教的观点针锋相对,他坚信世界既真实,亦可知。在内心深处,我们都是政治动物,我们的自然家园便是社会。我们要将自己的聪明才智积极地用于公共事务,以改善他人福祉为目的,以此实现我们的自我完善。一个没有虚度的人生必须在一个志同道合的社群内展示美德、卓越和与众不同的理性思维,并一辈子持之以恒。

中国
中国哲学则同时与希腊和印度遥相呼应:

内在的
道家就像苏格拉底与佛教一样,主张从自我的内心深处来观照外部现实。这一哲学强调的是要跟自然世界而非社会世界的实质和模式和谐相处。道教并不提倡繁琐的公共礼仪,而是崇尚简朴、随性、悲悯和谦卑——这是完全符合自然的内在精神的行为。道家教导说,掌握他人需要武力,而掌握自我则需要力量;了解他人是一种智慧,而了解你自己则是一种启迪。[i]

外在的
孔子,就像亚里士多德和印度教一样,相信生活的富足取决于社会秩序的良好。儒家以社会视点来强调公共道德、家庭忠诚、祖先崇拜以及一个严格的等级制度:长幼有序,父为子纲;男女有别,夫为妻纲。而且在一切情况下,都是正义获胜。[ii]

---

[i] 可能是因为翻译之误和文化之别,西人对《道德经》的认识多有以讹传讹的误读,此意典出《道德经》第三十三章,原文为:"知人者智,自知者明。胜人者有力,自胜者强。"与作者的解读显然大有出入。

[ii] 西人对孔子的解读,亦与儒家的原教旨有所出入。

十九世纪

两千五百年之后,哲学还是沿着同样的分隔线保持着分裂状态:

外在的

卡尔·马克思,就像亚里士多德一样,相信社会力量决定意识。就像佛家,马克思觉得一个固定的自我是不存在的:"历史的一切都是人性的一种持续不断的变形。"

内在的

西格蒙德·弗洛伊德颠覆了马克思的观点。在他的理论中,潜意识是宇宙的指挥中心;家庭之外的社会结构是没有相关性的。他的内在生活模型由三个部件构成:本我(id,生命能量的源泉或力比多)、自我(ego,自身或身份意识)和超我(super-ego,意识)。自弗洛伊德以来的心理分析学家一直在争论,如果真的存在这三个部件的话,那么其中的哪个才是真我。

二十世纪

外在的

在二十世纪中期,人类学家约瑟夫·坎贝尔发明了其神话学的激进理论。他采用了卡尔·荣格对潜意识原始模型的观念,并将其作为角色投射到一个普世故事之中。坎贝尔主张，他的单一神话已经经过了一代又一代的文化传承，而实际上，它与其说是传说，不如说是发明。[3] 对这一单一神话的笃信误导了很多作家将动作人物沦为毫无维度的陈词滥调。

内在的

心理学家威廉·詹姆斯将内在生活视为一个正在进行的矛盾：有时候，私我就像是一种固态的内在认知，然而白日梦和困惑会将意识液化为一种不断变化的影像流和印象流。詹姆斯感叹道："我们每一个人都会同时具备两种意识：一种持续存在的独一身份，外加我们过去曾经有过的各种非常不同的自我，这怎么可能呢？"我们怎么可能既是我们所知道的一个人，又是散乱留存于我们记忆中的所有故我？这种詹姆斯式悖论便有助于激发创作复杂人物的灵感。

二十一世纪

近几十年来，这种关于人性的极化对话采用的是如下形式：

外在的

"批判理论"（Critical Theory），又名后现代主义，是一种基于后天培养理论的系统，它将大脑视为一个受社会条件制约的器官。因此，用一个文化的主观信仰去判断另一个文化的行为和价值观，则难免失之偏狭。这一信条走得太远，甚至过分到了拒绝科学方法本身——证据收集、试验、理性推论——的程度，将其视为偏见，是对文化的歪曲。

内在的

"认知科学"（Cognitive Science），属于"批判理论"的对应物，它脱胎于语言学、信息技术和计算机研究。在这一基于先天生成的理论中，大脑是一台由进化程序设计出来的生物计算机。"认知科学"相信，一旦我们破解了大脑的密码和网络，人类行为的终极导因便能完全明白，这得感谢科学的昌明。

我对这一内在/外在辩论的理解是，生活总是在二者中摘取一些材料搅拌而成，但基因和文化产生的影响在质量和数量上却具有广泛的差异。然而，更重要的是，历史上的信仰系统没有一个曾经思考过巧合的影响。

可以考虑一下对同卵双胞胎的研究成果：两个人的出生基因完全相同，但随着时间的推移，却会形成显著不同的人格。无论其被抚养长大是一起在同一个家庭还是分开在不同的家庭，他们总会保留一定的相似性，但不会完全一样。因此，从双胞胎到双胞胎，无论先天还是后天，都不会导致关键的不同。那么到底是什么东西导致的呢？随机性。

从出生这个事件开始，对每一个人类个体而言，世俗力量的随机碰撞便成为一种生命之常：一个孩子的基因会跟父母以及兄弟姐妹的常常属于冲动的行为发生交互作用；一个并非由她自己选择的文化会对她进行弯折和塑型；她的教育完全取决于一个又一个不同的老师；她的宗教生活也同样取决于一场又一场不同的教堂礼拜；游戏有胜有负；她独一无二的个性与公司政治遭遇，令其事业在权力金字塔上沉浮；最后还有包括天气在内的物理环境。在蓝天下自由狂奔、皮肤被太阳晒得棕褐的孩子，与在阴雨气候中长大、终日不见阳光而只能在电视上观看自然节目的孩子，是完全不同的。

她的人生会朝哪个方向运转——上、下或不上不下——完全仰赖于机缘巧合以及其他任何因素。一旦机会来临，人物便会做出反应。在对机缘巧合进行反应的过程中，先天生成与后天培养的各种力量便终于会发生作用。

打开创作之门的三把钥匙

在上述关于信仰的调研中，你可以任选你愿意相信的部分，或者对它们全部嗤之以鼻。这并不重要，只要你对人性的见解能够比普遍经验和常规教育更加深刻。想要发展出你自己的个人理论，就必须聚焦于你内心深处的一个官能三重奏："道德想象""逻辑暗示""自知之明"。写作的最基本的终极准备就是要将你的独特才华聚焦于这三个难题上。解决了这三个难题，你就能更加广博、更加深刻地理解你的人物为什么会做出他们做出的事情。

1. 道德想象

道德想象指的是对人生价值的敏感度，识别不断移位的价值负荷（正 vs 负）、不断移位的价值层面（意识 vs 潜意识）、不断移位的价值强度（微妙 vs 公然）的能力。正是这些不断变化的特质强迫并推动人们在面对（或规避）冲突的努力中做出决定并采取行动（或犹豫不决和裹足不前）。

要创作出复杂人物，作家的道德想象必须窥探进人物的内在场域以识别并度量在其个人的私密生活中发挥作用的各种价值——成熟 vs 不成熟、诚实 vs 不诚实、慷慨 vs 自私、博爱 vs 残忍——人性的所有动态的价值负荷。

想要创作出复杂背景，作家必须将其社会环境与物理环境中的正负价值进行碰撞——何为善 vs 何为恶，何者生死攸关 vs 何者无关紧要，正义 vs 非正义，有意义 vs 无意义，如此等等，以至穷尽人生中包罗万象的各种价值。

如果没有冲突价值的话，一个故事的社会背景无论怎么堆砌，也不过是一个图版游戏而已；如果没有作者的道德想象，对各种特性列阵对垒，一个角色无论怎么添枝加叶，也都不如"大富翁"的一个游戏币。所以，无论作家是先设置一个背景然后再在上面勾画人物，还是先设计出人物然后再用背景来包裹他们，她最终都必须以其对人生价值的认知让这两种情况都充满价值负荷。[4]

2. 逻辑暗示

一个故事讲述人必须生就一副这种类型的头脑：给她一个手指尖，她就能想出一条胳膊；给她一条胳膊，她就能想出一支部队。同理，就像一个作曲家听到一声和弦就能创作

067

出一篇乐章一样，就像一个画家看到一行收割后的刈痕就能在整个画布上填满神奇一样，一个作家得到一个暗示便必须能想象出一个真人。

在讲述故事的一生中，你绝不可能去亲自面见你为了填充你的诸多卡司所需要认识的每一个人。所以，作为依凭，你必须发展出推理暗示和归纳暗示的思维能力：学会化零为整的工作方法——看见一个孩子便能想象出他的部落；还需要拆整为零的工作技巧——梦见一个热闹的城市，便能找到一个丢失的灵魂。

3. 自知之明

所有的写作都具有自传性质。来自你内心的每一块即兴创作碎片，来自你身外的每一瞬灵感触发，都会通过你自己而跃然纸上，通过你的心智、你的想象和你的情感的过滤。这并不是说你的人物就是你的自我化身，而是说自知之明是人物创作的本源主根。

你是唯一一个你这辈子能够深入并广泛了解的人类个体。你是唯一一个能够客观看待自己的主观性的人。你是唯一一个能够倾听你的内心声音让自我和自我进行对话的人。你生活在你自己心设的牢房里，你与另一人的私密关系无论可以持续多长时间，你永远也不可能真正了解其内心世界所发生的一切。你可以猜测，但你永远不可能确知。

你一辈子能够了解的"自我"，只有你自己的，而且即使如此，还是颇有局限。因为自欺也会扭曲自知，你真正的自己与你以为你所了解的自己永远不可能同一。自知之明也并非完美，而且在很多方面还充满谬误。不过，这已经是你拥有的一切了。

所以，如果你连对自己也只能部分了解，对他人则知之更少，那你怎么才能创作出新颖复杂的人物？通过自问"如果我是这个人物，在这些情况下，我自己的所思、所感和所为会是什么"这个问题，然后再倾听诚实的答案，因为它总是正确的。你肯定会去干人事。你对自己的人性奥秘穿透得越深，你就越能理解他人的人性。

尽管人和人之间具有明显的差异——年龄、性别、种族、语言、文化的差别——但我们所有人的相似之处却远远多于我们的不同之处。我们都是具有相同基本人性经验的个体。因此，如果你内心深处正在想到和感到某个东西，你便可以肯定在大街上向你走来的每一个人也同样能够想到和感到，只是方式各异而已。

当我们意识到打开人物创作之门的钥匙是自知之明，然后再看看那些从世界最伟大的作家——威廉·莎士比亚、列夫·托尔斯泰、田纳西·威廉斯、托妮·莫里森、威廉·惠勒、文斯·吉利根、英格玛·伯格曼等等——头脑中昂首阔步走出的成百上千的人物队列，这些人物是那样独具个性，那样令人迷醉，那样刻骨铭心，而且全都是一种想象的产品，你一定会眼花缭乱，叹为观止。

PART 2

BUILDING A CHARACTER

人物创作

> 我的人物是古今文明各个阶段的聚合物：书报断章、人性残渣、锦衣碎片，缝补在一起，呈现出人类灵魂的原貌。
>
> ——奥古斯特·斯特林堡[1]

人物创作的最佳角度是什么？由表及里，还是从内到外？作家是应该先创造一个背景，然后再设置一个卡司来居住其间，还是从想象出一个卡司入手，然后再在他们周围建设一个世界？

无论何种情况，一旦某一具体人物现形于焦点，同样的问题将会对二者皆准：作家是应该创作表面特性，然后再回溯到人物的内核，还是从内核开始，然后外延到他的特性？下面两章将对这些对照鲜明的技巧进行审视。

Character Inspiration: Outside In

第四章 人物灵感：由表及里

灵感很少能够燃烧成一个卡司齐备的完成故事。艺术家的本能通常只能触发出一星半点的直觉火花或神秘暗示。这些饶有趣味的碎片断屑会发送出自由联想的连锁反应，在想象中盘旋。起初，某一貌似具有突破性的灵机一动通常会在陈词滥调的死胡同中惨撞南墙，但假以时日，宝贵的慧眼会探寻到一条通向成功的蜿蜒蹊径。

灵感能够从环绕作者的诸多场域的任何一个中喷薄而出。所以，咱们不妨把故事讲述人的宇宙描画成五个套娃式的同心圆球：

1. 最外一层的外壳是由现实构成——时间和空间，人物和事件，过去和现在。
2. 在现实世界内部旋转的是纸、舞台和银幕上的虚构媒体。
3. 在那个球体中心盘旋着故事讲述的类型及其惯用技法。
4. 这些类型装载着前史故事，可以回溯到人物的出生、讲述过程中发生的各种转折点，以及统合这一切事件的主题。
5. 在同心圆球的最中心，矗立着作者的创作自我，凝目四望，找寻灵感。

让我们从最外层开始，慢慢切入，直达作家本人。

现实即灵感

当缜密的现实（物体、影像、话语、声音、气味、风味、机理）与一种横无际涯的想象进行碰撞时，人物创作的一个冲动往往就会迸出火花。任何随机的感动或经历都能触发出一股有如瀑布般奔流倾泻的印象，最终成熟汇流为一个复杂的人物。不过，对故事讲述人而言，最常发生的灵感却是来自他人。

人之于作家，有如声音之于音乐家。当作者即兴创作一个人物时，人性便能提供足够的音符，使作家用以谱出一曲行为交响乐。其结果是，虚构人物和真人便被划分为两种非常不同的人类种属。

真人神秘而并不完整——尚有余生需要度过；人物是一个艺术品——是其原创灵感的一个完整而富有表现力的版本。人是真实的存在，而人物的栩栩如生却常常显得更加活泼紧张。当人直接朝着我们扬帆而来时，我们会改变航程，以避免碰撞。人物却只会兀自滑过，该忙什么还会忙什么，全然不知我们在注视着他们的每一个转折。人会与我们对峙，我们会影响他们；人物令我们兴趣盎然，我们会吸收他们。

二十世纪早期的作者，如亨利·詹姆斯和路伊吉·皮兰德娄觉得，尽管对人物的可知性犹如上帝视点（即如其小说和戏剧所示），而他们对真人的客观观察却几乎毫无信心。因为其目光所及者仅仅是身体姿态和外在特性，所以他们对能否深刻了解一个人是持怀疑态度的。他们觉得，对隐秘动机的诊断充其量仅仅是一种猜测而已，尽管也许是一种据理推测，但也难免产生讹误与偏见。

而且他们是对的。譬如，如果你在写一个回忆录，你的卡司自然会包括你所认识的人，但直接把一个熟人变成一个人物，会像一张快照那样肤浅。当你从生活中直接吸取养分时，要穿透浅表，挖掘沉默的真相，用你的见解来令我们惊奇。不要照搬生活，而是要把真人重新想象为我们能够相信的引人入胜的人物。

换言之，在一个真人身上找寻灵感并不能保证其可信性。如果一个作家不信任或不相信某人，他肯定就不会有要去写他的迫切需求。但是，如果各种特性不断叠加，人物的可信性在作家的脑海中不断增强，其对人物的信念不断加深，然后作品就自然开始了。时有发生的情况是，一个独一无二的截面突然就能暗示整个人性，而且这一"鲜明细节"会让一个有趣的灵感振拔于事实本身，令其升华为充满无限可能性。

对人物的背景、社会和特性所知有限的作家，只会进行一般化的概括，于是乎，其信念便会故步自封，其发明创造的能力也会因此而萎缩。能对现实可能性进行"全球购并"的作家则能创造出独一无二的人物，将其置于绝无仅有的背景下，令读者和观众瞬间心往神驰。

媒体即灵感

媒体的选择,即灵感的第二个源泉,不仅会影响作者对故事的塑型,还会对生活于其间的人物的特性和行为构成影响。例如,为了取悦镜头,银幕人物的表现往往会更注重视觉而不是话语。因此,银幕剧作家会倾向于创作出能够用外表和姿态来进行自我表达的人物。为了取悦剧场观众,舞台人物的表现往往会更注重话语而不是视觉。因此,戏剧作家会倾向于赋予其人物极富表现力的对白。

舞台和银幕人物是用现在时进行表演,将其话语和视觉行为瞄向其未来欲望。散文的声音则是用过去时进行叙说,回首往事,回顾性地解说过去发生的细节。因此,散文作家常常会赋予其第一人称的叙述者敏锐的记忆、洞察的慧眼和对潜文本的敏感。

除了角色塑造之外,媒体选择还会影响到作家的个人身份意识。我是谁?戏剧作家?节目制作人?银幕剧作家?小说家?每一个头衔都有其崇高的传统,但我敦促作家们必须能在文本、舞台和银幕之间自由跨越。将你的作家身份收缩为单一媒体,便会限制你的创作范畴。

譬如,如果没人主动来投拍你的银幕剧本,那么干吗不将其重新改写为其他媒体?改为戏剧在舞台上排演,或者改为小说给出版社出版。将你的人物置于公众视野,并观察读者和观众如何反应。如此而获得的见解,绝不是你独坐案头所能窥知的。把你的故事在空中播放,让各种反应落地,看着你的技术不断提高。让你的才华富有弹性，给自己安上一个全媒体头衔：作家。

把你的身份再往深里挖一层，自问："我是因为我自己而爱这门艺术，还是因为这门艺术而爱我自己？"[1] 你之所以写作是因为你的内心生活需要表达，还是因为你梦想过一个艺术家的生活？很多新手耽于对好莱坞、百老汇或"作家为患"的康涅狄格州乡村的迷恋，当他们屡试不第之后，其梦想发生内爆，于是便弃若敝屣。所以，你必须确信，无论激发你灵感的是什么媒体，其和谐美妙之处都不单单是一种生活方式而已。

类型即灵感

我猜想，绝大多数作家在现实中找到的灵感要远远少于他们的预想，而在虚构作品中找到的灵感却要远远多于他们自己所知。从街角见到或在网上瞥见的某事，很少会闪现出真正的第一星火花。时有发生的是，触发灵感火花的往往是自己偏爱类型的小说、戏剧、电影或电视剧中的一句对白或一个巧妙变化的影像。

重大媒体具有无数类型（见第十四章），其中每一个又有诸多不同的次类型，那一切的一切都能合并或融合为一个故事设计的无穷无尽的多样化变体。所以，当你在寻找一个新的原创主题时，请注意你自己的故事欣赏习惯。你喜欢狂追的电视剧是什么？你急不可耐想要追看的电影和戏剧是什么？读过的小说呢？你喜欢的类型是什么？让你的激情激发你对人物的早期灵感。

事件即灵感

俄罗斯舞台导演康斯坦丁·斯坦尼斯拉夫斯基教会了他的演员一种解锁其才华的表演技巧，他称之为"魔术般的如果"——转移到一种开启想象的假设思维法。为了创作出忠于人物的瞬间，演员自问一个开放性问题："如果×××发生，我会怎么办？"然后再想象他的反应。

所以，我们可以举个例子，如果卡司在排练一个家庭争执的场景，一个演员也许可以默默地自问："如果在这个时刻我打我弟弟一拳的话，将会发生什么？他可能会如何反应？对他的反应我又可能会如何反应？"有了这些假设的问题，即这些"如果"，他的想象就会跳跃到一种出人意料而又真实可信的行为。

人物创作者也可以这样做。当"魔术般的如果"飘荡于作家的想象时，他会即兴创作出一个激励事件，并进而触发随之发生的其他事件：如果一条鲨鱼吃掉了一个度假者，什么样的人物会去追杀那条鲨鱼？[2] 如果一个女人在经历了一个将近五十载的婚姻之后，发现她丈夫还一直暗恋着他的初恋，其久已不在人世的未婚妻，什么样的妻子会让这一揭示来毁掉她的幸福？[3]

"如果……将会发生什么？"这一问题常常能激发一个

故事的激励事件，并进而激发人物对其做出反应，然后便决定故事讲述到底是情节驱动还是人物驱动。斯蒂芬·金说他的小说总是从情节驱动开始的。为了启动故事讲述，他用魔术般的如果创作出一个激励事件，使其超越主人公的掌控。不过，从那一个节点起，他便希望他的人物能够接管命运，为自己看不到的未来做出决定，于是乎，到最后一页时，他的故事便感觉像是人物驱动。[4]

主题即灵感

写作是对人生的探索。就像是一个航海家，作者扬帆进入其故事，永远无法确知他将驶向何方，到岸之后将会发现什么。事实上，如果海平线上没有任何东西能够令他惊奇，他便是驶进了一条古老的航道，需要一个新的罗经点。

到最后，当人物和事件在高潮转折点上融合时，作家便能发现其故事的意义。换言之，有了这一洞察，故事会令作家感到惊奇，因为故事的意义并非作家的指令。那么，那一意义是什么？

所有讲得好的故事，从古老的神话，到现代讽刺剧，表达的都是一个基本思想：生活变化的方式和原因。这个意义产生于故事弧光的各种深层导因，正是这些原因使得故事的核心价值呈现出从负到正或从正到负的弧光——例如，从恨到爱或反之，从自由到奴役或反之，从无意义的人生到有意义的人生或反之，如此等等，以至涵盖了在无数人性故事中利害攸关的万千价值。在一个作家努力寻求故事的过程中，蛰伏于社会浅表之下或人物潜意识深处的各种隐藏原因会突然自我暴露，由此而生出的对人物的洞察见解，作者只有通过即兴创作才可能发现。

然而，当作家从相反方向来操作时，当他们以一个信念作为发端，然后再炮制出一个情节和卡司来展示这个信念时，自发性便会僵化，意料之外的惊奇将永远不可能被发现。被信念固化了的作家，由于具有一种想要证明自己观点的炽烈热情，会将故事沦为说明性讲座，令其人物充当自己的喉舌。这是一项古老的实践，可以追溯到中世纪的道德剧，由一个大众脸作为主角，然后在他身边环绕各种演员，演绎出他与各种观念之间的各种遭遇，如"美德与恶习""仁慈与恶作剧""美丽与知识""生与死"——一切均旨在教化那些道德盲。

如今，这种从观念到故事的倒序工作实践便成为"社会剧"的不幸倾向。这一类型从感染了社会的诸多病变中摘取主题：贫穷、性别主义、种族主义、政治腐败——披着各种伪装的不公和苦难。

例如，一个作家也许会逐渐相信，尽管毒品依赖是一种可怕的社会病，但它可以通过爱来疗救。所以，从"爱能救治毒瘾"这个主题开始，他首先便创作出最后一幕的一个高潮：一个爱的行为便将一个被奴役了几十年的瘾君子变成了一个终身清醒的人。知道了这个结局后，他便回串各种转折点，直到一个吸毒过量的激励事件，在事件之间填充人物，来演绎他的故事。好人变成了很好很好的好人,坏人就是很坏很坏的坏人,所有对白都是各种直奔主题的解读:在论证如何用爱的力量来疗治毒瘾。其塑化的结果令所有人关于爱和毒瘾的想法都不能有丝毫改变。

在人物创作的探索过程中发现的意义,总是要比用于机械化地炮制一个情节的信仰更有洞察力。

人物传记即灵感

每一个人物都有一部生活史,可以追溯到他出生的家庭。这一过去对作家来说重要吗?小说家菲利普·罗斯认为很重要。对他来说,这个过去是动机催化剂和维度珠宝的缓存区。正因为此,他的每一个主人公都要设计出五千多个人物小传。

戏剧作家大卫·马梅认为不重要。对他来说,创造出各种童年,无论有没有那种通常的创伤,都似乎是浪费时间。

这些冲突的观点既与作者的媒体选择有关,也与他的工作习惯有关。小说(尽管也有例外)是用过去时进行言说,投射的是其人物在不同时间跨度内的生活;戏剧(尽管也有例外)是在当下的刀锋上铺陈其场景。事实上,要在舞台上传达传记性解说,戏剧作家还得仰仗回忆性独白和闪回之类的小说技法,如爱德华·阿尔比在《谁害怕弗吉尼亚·沃尔夫》和《三个高个子女人》中所做的那样。

我站在罗斯一边。尽管他那五千个人物小传能够进入终稿者寥寥无几,但它们却给他提供了基础知识,点燃了诸多创作选择的辉煌焰火。

在你编制一个人物的过去时，你要注重的应该是一般型制而不是奇异特性。冗赘的情感经历会积淀残留；重复的创伤会导致"创伤后应激障碍"（PTSD）；日常的宠溺会培养出自我主义者。循环复发的情绪所留下的痕迹会影响动机（追求什么/规避什么）、气质（沉静/紧张）、性情（乐观/悲观）、人格（迷人/易怒）以及其他诸如此类的特性。

潜意识中的运动能够激发行为的品质，而行为的品质又能成为潜意识运动的镜像。一旦这些型制根深蒂固，它们便能驱动终生的奋斗。在面对成人冲突时，一个人物很少会抛弃其童年的特性。相反，他常常会把一个现实中人当成他过去遇到的某人来做出反应。因此，在传记中打下的基础将会决定一个人物在随后的生活中所要采用的战术。

当你为人物构建故事的激励事件之前的岁月时，应该聚焦于青春期早期。正是在这花样年华时，他开始梦想未来，试验并制定各种可能的意义和目的。如果他幸运的话，他将会有一个正面的经历——一个鼓舞人心的老师、一场个人顿悟——使其确立了一个值得终身追求的目标。或者他对人生目的的第一瞥，便可能令其急速转向负面。他遭遇了迷惑、怀疑、恐惧、羞耻、悲伤、愤怒、抑郁——这些情绪的任意组合或全部总和。换言之，他变成了一个青少年。

然后，他便陷入了谁知道多少年的身份危机中，其严重性或轻或重，试图搞清楚他是谁，来自哪儿，去往何方，到了那儿之后如何才能融入。在未来的某一个节点上，他好歹固化了一个聊以勉力前行的身份。他成熟为自己的个人过去的历史学家和个人未来的预言家，泰然自若地进入了你的故事。

在进行这一研究的时候，面对未来的空洞，作家往往会更加珍惜过去的丰厚，记忆中的东西会纤毫毕现，栩栩如生，色香味形俱全；想象中的东西会提供各种毫无玄机的可能性，以填补记忆的空白。从人物的视点而言，他只能希望自己的未来是对一个他过去曾经感同身受的型制的重复。

自我故事即灵感

作为由表及里的最后一枚指针，请这样做：把你的人物请到你对面的椅子上坐定，介绍你自己，要求他给你讲他的自我故事。你的人物当然是不存在的，所以，当他说话时，他的声音只有你的想象才能听见。实际上，就是你和你的创作自我在进行对话。

自我故事表达的是人们对其生活的想法以及对其周围现实的看法。通过询问关于高点、低点、转折点、成功、失败和其他紧张时刻的问题，来引出你的人物的自我故事。一个人物所讲述的关于他自己的故事，很少为事实真相，表达的是他想象中的自己。你必须自己来决定他的版本是真是假抑或有真有假。

当他讲述自己的故事时，一定要牢记所有的自我陈述都是自利性的。人类个体不可能反其道而行之。例如，所有的对白，只要是以"我"这个代词开头的，从某种程度上而言，后面跟着的话便难免欺骗或夸张，无论其多么深刻而美妙。即使是在人物忏悔劣迹时，其潜文本中也会有一丝低语在暗自庆幸，大意为："我能看到我自己的这些错误并勇敢地公开承认，难道不是因为我思维的敏锐、坦诚和清晰？"当哈姆雷特骂自己"哦，我是一个何等的流氓和农奴……"时，其潜文本中便滚动着对自己的自知之明的某种自豪。

无论如何，自我描述并不意味着其表象所指；它总有字面之外的目的。所以，如何明鉴真话与胡言、自知与自欺之间的区别，则完全是你的责任。一个人物说了什么，他说那些话时你自己的感受是什么，这两者必须进行时时刻刻的比对印证。

没人能做到表里如一。每一个人都佩戴着一副人物塑造的角色面具，这种面具是在其尽可能减少摩擦地游刃于人生的过程中进化而成的。若要窥知面具后面的真相，就得质问你的人物在其最大的人生两难时的表现如何，在面对高危风险时，他做出了什么样的危机选择，采取了什么样的行动。

例如，一个自我故事若因果一致，价值观始终如一，目标持之以恒，且组织有序，则说明人物心理有条有理。相形之下，一个自我故事若语无伦次，前后不一，因果断裂，目标繁杂而又矛盾，其对人物的暗示则正好相反。[5]

一个人物内心的矛盾便构成了他的维度。（见第九章）所以，当你倾听你的人物的自我故事时，一定要警惕他的内心冲突。人们常常喜欢去追寻两个完全不能共存的东西。例如，当他顺着公司的升迁阶梯奋力上爬时，还要指望同事拍着他的后背给予支持和鼓励。这是异想天开。所以,当他告诉你他对生活的各种不同要求时,你就得确定这些要求到底是相辅相成还是互不调和。

找出他的原因。你的人物的真实动机也许对他来说仅仅存在于潜意识中,但对于他为什么会要求他所要求的那些东西,他肯定会提供确实的理据。你就像是一个烦人的五岁小孩儿一样,必须不厌其烦地问他为什么。他为什么要去做他做的那些事情?他怎么才能解释他的那些行动?他的那些欲望?他为了达成这些欲望,会有什么计划?他是否规划了一个终生策略,还是过一天算一天地临时凑合?

最后,问他的信仰。信仰会为人类个体所采取的每一个行动提供语境。他是否相信上帝的存在?是否相信浪漫爱情的存在?在他的心目中,什么是善?什么是恶?他信任什么样的机构?私人的,还是公共的,还是谁都不信?他愿意为什么东西而不惜牺牲生命,牺牲灵魂?是什么样的深层信仰在支撑着他的世界?

尽管信仰能够模塑行为,但信仰也是可以改变的……有时候只需一点点蝇头小利。例如,狂热分子常常会颠覆意识形态,加入敌对阵营。[6]

让你从这一切层面上所获得的见解来激发你的灵感,发展出人物维度和内在复杂性。

Character Inspiration: Inside Out

第五章 人物灵感：从内到外

> 如何将自己投射进一个与你本质对立的人的潜意识中，凭的是胆大妄为的天赋。
>
> ——亨利·詹姆斯[1]

灵感的第二大源泉是将作者置于其人物宇宙的内心，而不是她自己的宇宙的中心。一个富有探险精神的作家会将自己的想象触角直探人物的内在自我，用人物的眼睛去观察，用人物的耳朵去倾听，感知人物所感知的一切，以此来激活自己的创作。她想象人物的冲突，模拟人物的选择，对人物所采取的每一个行动亦步亦趋，就好比人物的虚构生活是发生在她自己身上一样。这种从一个意识向另一个意识的跳跃，如亨利·詹姆斯所指出，靠的是特定的天赋。我将这一技巧称为"人物内写作"。

当"人物内"作家寄居于角色的内在自我后，她的情感就成了人物的情感，她的脉搏会跟着人物的脉搏一起跳动，她的愤怒会在人物的心中燃烧；她会庆祝人物的胜利，爱人物之所爱。当作家经历着人物的经历时，最最强大的灵感便会油然而生。换言之，人物的第一个扮演者就是作家本人。

作者就是一个即兴演员。她首先会把自己想象进人物意识的最中心。一旦开启"人物内"模式，她的思想、情感和能量便能驱动人物创作。她在地板上踱步，手舞足蹈，念念有词，演绎着她的创作成果——男人、女人、孩子、怪兽。作家就像演员一样，生活在人物的感官之中，对故事事件耳闻目睹，就好像她本人就是人物的活化身一样，于是乎，发生在人物身上的一切也发生在她自己身上。

作家如何才能开启"人物内"模式？她如何才能即兴演绎她所创作的人物？她如何才能利用她自己的情感来给一个虚构生灵注入生命力？此时此刻，她还得再一次召唤斯坦尼斯拉夫斯基的"魔术般的如果"。

在给人物注入生命的努力中，作家可以自问："如果我处于这种情况，我会怎么做？"这一想法肯定能让她思如泉涌，但作家毕竟不是人物本身，所以，作家在那一刻有可能说的和做的，也许根本就不像是人物将要采取的行动。

或者作家可以自问："如果我的人物处于这种情况，我的人物会怎么做？"不过，这一想法就是让作家坐到了观众席上，就好比是从观众席上为台上的人物画像。如此一来，作家在此时此刻并不是在感人物之所感，而是在猜测其情感，而猜测则几乎永远是陈词滥调。

因此，为了启动"人物内"模式，作家必须按照这样的想法来运用"魔术般的如果"："如果我是这个人物，在这种情况下，我会怎么做？"换言之，作家必须演绎这个场景，但并不是演她自己，而是要演人物。现在，作家的情感便开始流动,但不是作为她自己的情感,而是作为她的人物的情感。

"人物内写作"的意思,远远不只是思考人物的脑子里在想什么,而是意味着生活于人物的内心,于是乎,你的大脑占据了她的大脑,她的自知变成了你的自知,你们俩成为步调一致的一体。掌握了这种"从内到外"的技巧,就能把人物写活,无论在纸上、舞台、还是银幕,其真实感和微妙性是任何其他方法都不可能达成的。

这种灵感只有在一个虚构人物的内心深处才能找到,想要发现它,就得凭借持续的、恣意的,常常是勇敢的想象。拥有这一才艺的先决条件就是你对自己的内在生活的有力洞察。你对自己的真实本性越了解,你对你的人物的复杂性的认识就会越深刻。为了了解你自己,你必须能够识别你最底层的内在自我,将你的各种梦想与现实进行比对,把你的各种欲望用道德进行衡量,并在这个基础上,探索各种社会的、个人的、私密的和隐藏的自我,来拼合你的多面人性。你的真相将会变成你所创作的每一个人物的真相。

所以,在你企图尝试"人物内"技巧之前,让我们来审视一下一个人类个体多层面的复杂性。

观察者和被观察者

大脑由大概 1000 亿个神经元构成,并交织着 100 万亿个神经末梢与外界互联。如此超越想象的庞杂系统在与身体互动时会时时刻刻进行调整和改变,然后再通过身体与周围的物理世界和社会环境进行互动。每过一天，大脑都会进化出新的思想、新的情感，然后将其储存于记忆，以备未来之用。

不知为何（尚待科学来发现到底为何），意识会超越并跳脱于这个庞大的一致性系统，不仅知道其周遭的事物，还具备自知功能——能退居自己身后，将自己视为一个客体。[2]

对内在自我的本质，几百年来人们一直争执不休。它到底是一个现实存在，还是一种幻觉臆想？一个凝视着自己的头脑，所看见的自己到底是一种真实自我，还是一个反射无穷现实的镜像？

即如我们前面提到的，佛家相信自我是虚幻的，因为我们头脑中一切的缘起，都仅仅是从我们头脑外部的像与声所感觉到的视听印象而已。我们称为自我的东西，实际上只是一束依次出现的外部痕迹而已，就像一个进出舞台的演员一样。因此，真实自我是不存在的，那是一种"无我"（anatta），一种精神特效。

苏格拉底颠覆了这一点。他相信，人类不仅有一个坚实的内在场域，而且其中还住着两个自我：观察者和被观察者。核心自我（观察者）是意识的中心，它观察着生命的流逝并试图理解它。核心自我将代理自我（被观察者）派到外部世界去采取行动。核心自我于是便能感知到行动中的代理自我并变成了它自己的日常生活的观众。这便是自知之明——是你正在上演的内在戏剧，但这出戏无人捧场，只有你在看。[3]

考虑一下这个情况，在你做了某件傻事之后，你是不是常常会想："你个白痴！"当你这样想的时候，到底是谁在骂谁呢？当你终于获得了一项成功之后，你常常会想："我做对了！"是谁在拍谁的后背？自我批评和自我恭维的工作原理是什么？是谁在跟谁说话？

当你在读这些文字时，你内心深处的一种观察知觉便一直在追随着你的每一个步骤。你先是察觉（看着你自己阅读），然后是行动（在纸上做笔记或将其储存于记忆）。脑海深处的这种"从知觉到行动再到知觉"的旋转运动便将核心自我与代理自我分割开来。[4]

不过，直到今天，还是有一些神经科学家依然站在佛教一边。他们认为，由于大脑的每一个区域都有一个单独的功能，而且由于没有一个单一的区域本身会导致自知，所以，一个核心自我是不存在的。[5]

其他人则赞同苏格拉底：人类有马达神经元负责动作，有感觉神经元负责感官，还有中间神经元——其数量之多远远超过前面二者——负责思想的举重运动。由于有过去经历的残留和对未来事件的想象，大脑便能与身体的神经系统以及瞬时发生的所有感官遭遇进行对接，将亿万个冲动聚焦于意识的中心，即核心自我。因此，自知便是所有的神经元同心协力地在所有这些区域进行工作的一个副产品。这便是大脑任何一个区域的损伤将会减损甚至摧毁自我意识的原因。自知的高峰体验，即观察与行动，只有通过一个健康身体的营养丰富的大脑才可能辐射出来。[6]

这根本不是什么新鲜事。埃及人早就将这一"观察自我"

视为一个保护精灵,并将其命名为"身魂"[i];希腊人则称之为"迪蒙"[ii][7];罗马人便直接叫它"精灵"[iii][8]。但是,如果有朝一日,科学最终裁决说自我就是佛家主张的那样,仅仅是一个虚构而已,我也无所谓。那么,正是我们的虚构,我们的本性,造就了我们人之为人的人性。[9]

(试试这个:走到一面镜子前,瞥一眼自己的眼睛。在一刹那你能感觉到有一个别人,在你的内心深处,正在对你回望。不过,你再一眨眼,就会意识到你所瞥见的是你的核心自我的刹那影像,它在你的代理自我做出反应之前的那一瞬间在对你进行观察。这些瞬间在没有事先计划的情况下最容易发生,实在值得一试。)

为了深化我们对人性的理解,我们不仅必须接受"自我"的概念,还必须接受一个"自我卡司"的概念:"核心自我"(观察者);"代理自我"(被观察者),外加代理自我所承担的各种个人的和社会的角色;最后还有处于最深层的"隐藏自我"。[10]

四个自我寻找一个人物

为了想象出每一个层面的自我是如何创作一个完全人性

---

i　Ba Soul:古埃及人假想中的人或神的灵魂。
ii　Daemon:古希腊神话中的半神半人精灵。
iii　Genius:"天才""天赋"的本词。

化的人物的，可以从意识中心开始。这是一个"私密场域"，核心自我正是在那里应对着各种内在两难，做出决定，然后指派代理自我去采取行动。

接下来便是环绕着那一中心的两个外层：一是"个人场域"，代理自我在那里承担各种角色，来处理亲密关系；二是"社会场域"，代理自我担负着它的各种公共角色，来与各种机构和个人进行交涉。

最后，支撑这三个层面的是一个潜层——"潜意识场域"，隐藏自我在那里与各种矛盾的欲望进行斗争。

从故事到故事，这些层面中有多少能在你的人物中发挥作用，则完全取决于你自己。不过，咱们可以对其进行一一审视：

私密自我：身份变奏曲

威廉·詹姆斯给核心自我取了诸多名字，比如"自我之自我""老板自我""业主自我"。在他的类比中，核心自我就是一个城堡中的避难所，是我们的各种个人角色和公共角色的最中心。[11] 詹姆斯的"思想流"（the stream of thought）概念激发小说作家，如弗吉尼亚·伍尔夫，创立了"意识流"（stream of consciousness）的文学风格。

根据威廉·詹姆斯对"私密场域"的看法，核心自我在一生中会始终保持一种单一身份，观察并吸收其诸多过去的自我。我们知道我们已经不是过去的那同一个人，但我们感觉到我们还是并一直是我们的核心自我。我们的头脑中有一个恒定不变的身份意识,但与此同时,其持续进化的意识会行动并反应,学习并忘记,进化并退行,保留某些关于价值与欲望的态度,但会改变关于什么值得去做,什么是浪费时间之类的其他态度。日复一日,我们生活在一种自然的悖论状态中:我们一边想要改变,一边想要维持不变。[12]

一个旁白:威廉·詹姆斯的弟弟就是作家亨利·詹姆斯。无论在科学领域还是在小说领域,这哥俩潜心研究思想的本质。他们的工作成果激发了亨利去探索观点技巧,对现代心理小说带来了革命性的变化。十九世纪给了美国两对詹姆斯兄弟:亨利与威廉(作家和心理学家),杰西与弗兰克(银行劫匪和暴力罪犯)。

被囚禁在我们的头骨内,核心自我基本上是孤独地了此一生。我们的内在声音就是我们能够听到的唯一的内在声音。因为我们的核心自我不能通过心灵感应去联系另一人的私密场域,意识便成了大脑中的一种电影。在我们头脑内部的某处,我们端坐于一种永恒的孤独状态中,作为唯一的观众来观看一部360度的多感官电影,交叉剪辑着来自我们的眼睛和想象的各种影像,伴随着声音、气味、触觉、味觉、感觉和情绪。[13]

处于深度冥想状态的人也许能试图在她的内心深处来面对她的自我。她也许可以偏离她的冥想焦点,回望她的知觉,希望她的观察自我与行动自我能够相遇。但是,无论她如何尝试,这两个自我却永远不会相遇,也永远不可能相遇。因为在意识聚焦于下一件事情的那一瞬间，核心自我便退居其观察位置。这便是"哈姆雷特两难"。

哈姆雷特的大脑，就像是两面相对而立的镜子，在整部剧中都在凝视它自己。当他奋力想要了解自己的时候，他便开始沉湎于他对自己的意识的意识中。他试图步入他的自我知觉中并从内部来研究他自己，但他却做不到。最后，在第五幕那个坟墓场景之后，"哈姆雷特发现，他的人生是一个没有目标的求索，唯余其不断滋长的主观意志……"[14]。到最后，当他终于从对自我的沉湎中净化出来之后，他才找到内心的宁静。

正如哈姆雷特所发现，你不可能在你的自我中面对你的自我。你知道你在那儿，但你不能把你的核心自我从你大脑的其他部分分离出来，把它拿在手中对它进行审视。当你趋向它时，它会再一次移位到你的背后，堵塞通向潜意识的通道。如果你真的能挤到你的核心自我的背后，那么你将会坠入一个令人眩晕的阈下深渊。

当一个人物在第一人称小说中，或在舞台的独白中，或在银幕的画外解说中，谈到她自己的时候，那个接受批评的自我通常都会被指称为"你"，如"你这个傻瓜"，而听到表扬的那个自我会被称为"我"，如"我做对了"。莎士比亚在独白中用的是"我"，因为他的人物是在对观众说话，而不是对他们自己。不过，有些演员在演绎独白时，就好像是核心自我和代理自我之间在对白，是一个分裂人格内部在争执。[15]

当大脑决定采取行动时，核心自我把它的代理自我派到外部世界，然后便观察所发生的一切。代理自我的公共表现可以用诸多不同的名字来称呼：人格、角色、面具、门脸、姿势，诸如此类。这些都是恰如其分的同义词，但我更喜欢"多重自我"这个术语。

在进行"人物内"写作的时候，作家需要看到其人物的行为的本来面目：对核心自我的角色扮演。所以，在不断观察的同时，作家作为第一个演员，又变成了一个代理自我，去即兴表演这些行为。

核心自我也许会经历下列变奏：

延伸自我

亨利·詹姆斯和威廉·詹姆斯将核心自我拉抻为"延伸自我"。在他们看来，一个人的身份包括堪称"我的"所有东西——她的电脑延伸了她的大脑，她的苹果手机延伸了她的外联，她的汽车延伸了她的腿脚，她的衣服延伸了她的皮肤。同理，她的朋友和祖先，教育和职业，度假、音乐、电影方面的品位，以及她在健身房镜子里的长相，这一切的一切都在以其独特的方式延伸着她的自我。她称为自己的所有东西的总和便创造了她的总体自我意识。

结果是，她对自己的东西的感觉，就会很像她对她自己的感觉一样。失去工作、失去恋人或失去自己的美貌，就是失去了一块自我。如果一个朋友、恋人或家人做了什么错事，她会感到羞耻；如果他们被羞辱，她会勃然大怒。他们荣，她也荣；他们损，她也损。尽管很多人觉得将自己的身份与物体甚至与他人进行绑接，有道德软弱之嫌，但这却是人之常情。[16]

被保护的自我

为了保持头脑清醒，核心自我必须保守它的秘密。即如米歇尔·德·蒙田所指出，"我们必须保留一个完全属于我们自己的小小的后工作间，在里面，我们可以完全自由地保持我们的隐退状态、独立自主和宝贵的孤独感"。[17] 所有作者，尤其是散文作家，都会在这个"小小的后工作间"去寻找一个足够强劲的声音来叙述一部第一人称的长篇或短篇小说。这一被保护的理智健全的自我包含着一整套历久不衰的功能：意志力、理性思维和道德敏感。

消失的自我

不过，当一个人物遭受着灾祸导致的极端压力时，如身体创伤、突然致贫、毒品依赖、精神失常、衰老、绝症等，这些错乱会攻击核心自我，导致情绪过激、思维麻痹、抽搐、幻觉、健忘、失去知觉、人格分裂或倒错。她的身份会削弱，有一种漂泊感和孤独感，直到其基本自我最终消失。

举例说明：在肯·凯西的小说《飞越疯人院》中，疯人院里的一个病人布罗姆登酋长讲述他的故事，尽管他自己被精神分裂的幻觉所困扰；在《禁忌星球》中，一个科学家的研究从他的身份中释放了一个怪兽；在《记忆碎片》中，主人公与顺行性健忘症和短期记忆丧失做斗争；在威尔·塞尔夫的小说《电话》中，精神病学家扎卡利·巴斯纳不得不应对先兆性老年痴呆症；在加西亚·马尔克斯的《百年孤独》中，何塞·布恩迪亚失去了记忆，所以他在自己周围的物件上都挂上标签——椅子、钟、门等；在欧仁·尤内斯库的戏剧《国王逝去》中，对即将到来的死亡的恐惧，使得国王的心智就像是一场车祸中迎面碰撞的挡风玻璃一样，变得支离破碎。

当自我的丧失导致人物对现实的认知发生剧烈的改变时，作家的才华就必须应运而增。现在，那个"魔术般的如果"就变成了："如果我是这个人物，在这种极端情况下，我会怎么办？"为了采取一个扭曲的核心自我的观点，你必须想象其被更改了的现实，发明出应对策略，无论那些策略是多么地令人不安。

例如，乔伊斯·卡罗尔·奥茨的《玛丽莲》：由于一个人物的"我"的意识取决于记忆，而记忆却具有臭名昭著的选择性、保护性和自欺性，而且容易自以为是，所以核心自我与代理自我便有了一门易犯错误且爱幻想的亲戚。某些人物的核心自我会犹豫不决，总是不断地重塑自己，以在生活中勉力前行。为了表达这一碎裂，奥茨将玛丽莲·梦露分解为无数不同的自我。

个人自我：亲密关系的变奏曲

当我们遭遇他人时，我们会调和自己的行为，以维持人际关系的质量。比如，我们不会用对待妹妹的方式来对待妈妈；我们不会用对待前任的方式来对待现任恋人；我们不会用对待同事的方式来对待最好的朋友。我们的代理自我会调整语音语调、身姿手势、面部表情和情绪强度，来迎合人际关系的相识长度、权力平衡、当前经历以及诸多其他变量。变化也许微妙，但总是会因人而异。

个人关系是由亲密程度来界定的，分为三种基本结构：家人、朋友、恋人。在前两者中，亲近感、归属感、忠诚感和契合感是通过共同的经历发展而来的，或痛苦，或快乐，一直是作为秘密保持在关系内部。恋人关系则增添了浪漫仪式和性爱。

我们调整自己的行为，但这并不意味着我们就是伪君子。常识告诉我们，多样化的互动关系必须依靠多样化的自我。实际上，一个人物拥有的关系越多，"人物内"作家就必须发明并表现出她的越多的自我。较之核心自我，诸多个人自我都是临时表现，它们会随着代理自我从一个场景到另一个场景的位移过程而轻易消隐。一个人物最重要也是有可能最恒久的个人自我便是爱她的人所爱的那个。

社会自我：权力变奏曲

权力是社会互动关系的首要定型器，无论其投射方式是财力、体力还是机构内部的等级制度：老板vs员工、警察vs罪犯、服务者vs被服务者。

从其童年的早期，你的主人公——无论是被妈妈拉着穿越购物中心时紧紧地攥着妈妈的手，还是第一天上学时试图应对其他孩子——便懂得了佩戴社会面具的必要性。必须掌握避免摩擦的战术，这样才能自得其所。所有的社会自我都有某种程度的不诚实，而这却是保护核心自我所必需的。

所以，无论你的人物对她周围的人的真实想法或感觉是什么，她的代理自我却已经发展出各种不同的社会角色，向老板展示的是一副面孔，向同事展示的则是另一些面孔，而且有更多的面具以便在应对诸如此类的双重关系时佩戴：店员/顾客，医生/病人，律师/当事人，外加教室里、政治抗议活动中、体育赛事上的各种偶发事件，以及一个非常特殊的变奏——在聚会的不同派系间游刃有余。

所以，根据熟悉程度和社会地位等因素，她的社会自我会以她早就发明出来的不同的声音、手势、态度和人格面目来应对，只有这样才能在不同的际遇之间灵活换挡。比如，她可能会在一个人面前扮演支配性自我，而在另一个人面前扮演屈从性自我。里娜·韦特缪勒的电影《浩劫妙冤家》给我们提供了这种变脸戏法的一个欢快的活例证：玛丽安杰拉·梅拉托扮演的富婆拉法埃拉。

对其自我的最佳看法，无论是个人的还是社会的，就是将其视为不同套路的表演。每一个角色都有其特定的语音语调、眼神表情、身体语言和神经质反应，这些均取决于另一人的身份和他们之间的权力强度或亲密程度。

一个作家如何发展其人物的个人自我与社会自我，取决于她的心理学因果理论。她的人物在童年和成年之间所学习的各种社会角色和个人角色是否能够联合起来构建其核心自我？或者，她的核心自我是否能够设计出她在不同际遇中所要扮演的各种角色？一个孩童的角色扮演是否能够固化为一个成人的核心自我，然后再将其未来的角色扮演重新定向为更加成熟的表演？或者，她是否会永远都只是一个孩子，总是听命于她的无所顾忌的冲动型自我？

一个人物从父母那儿继承的身份——种族、宗教、文化——赋予了她融入社会的基础。不过，随着时间推移，正是她的与众不同之处使她的身份得以进化和重塑。差异才是将人们抛入世界的离心力，令其去寻找一个适合他们的亚文化以及能够引为朋友的旅伴。例如，一个跨性别的孩子，困窘于一个狂热正统的宗教，如何才能成功地游刃于其公共生活？她如何才能进化其社会自我和个人自我，以便最终融入社会？

隐藏自我：欲望变奏曲

有人藏在我脑袋里，但那不是我。

——平克·弗洛伊德解读卡尔·荣格

潜意识自我安坐在意识背后的静默空间里。这个场域异常复杂，而且结构精巧。尽管它一直躲藏着核心自我，但它们之间却有知觉和感觉的互通，并且互相影响着对方。潜意识既不是一个避难所，也不是一个负责疗治伤病的医师。它锚定于真相，从不撒谎，从不伪装。相反，它只服从一个指令：生存。[18]

尽管静默无言，但潜意识的"思维"速度却要比核心自我所意识到的要快得多。在对环境进行评估的过程中，它每分钟要吸收数百万个感官刺激，然后立即做出果断决定并履行无数个不假思索的规定任务，以提升大脑效率，好让核心自我腾出手来去应对不熟悉的东西。

潜意识包含情绪和情感、自动技巧、自动反应、未被感知的感知、习惯、恐惧症、梦、记忆、隐性知识和突然的创作见解。先天的内在欲望便是从这个隐藏自我中生出——对食物、性和生存的不惜一切代价的渴慕，以及对知识、爱与和平的追求。因为这些欲求会中断意识，所以它们一直保持在视野之外；不过，它们却能够左右判断、情感和行为。[19]

因此，问题就变成了：一个作者在"人物内"工作的时候，能不能从角色的潜意识内部来进行即兴创作？我们从居住在树上的祖先那里继承了我们的潜意识；就像是一个动物的头脑一样，它既没有语言，也没有自知，因而使通常意义上的思想显得是那样地不可能。而在另一方面，我经常想象我的宠物的头脑内部涌动着各种欲望和好奇。所以，我认为这也并不是完全不可能。如果它能有助于你把人物写活，则不妨试试。

《广告狂人》：四个自我在行动

为了写好长篇连续剧《广告狂人》的剧本，节目制作人马修·维纳和他的联合编剧为每一个人物都开发了三个层面的冲突：他们的"工作生活""亲密生活""秘密生活"。这些层面正好对应着"社会自我""个人自我""核心自我"。我添加了第四层面——潜意识生活，所以下文的解读便包括每个人物的"隐藏自我"。

对主要人物的创作，无论是从内到外还是由表及里，都应该在自我的所有四个层面上对其本质进行终极洞察。研究一下下面的卡司阵容，将其四个层面的设计与你手头正在写作的角色进行比较。

唐·德雷柏（乔恩·汉姆饰）

社会自我：能言善道的广告公司创意总监，具有诱惑客户的天才。

个人自我：他有妻子和两个孩子，他们看起来就像是一个早餐麦片广告中的画面完美的家庭，但唐的婚外情却腐化并摧毁了这一幻觉。

核心自我：唐的真名是迪克·惠特曼。他的德雷柏身份是从朝鲜战争中的一个阵亡士官身上偷来的。因此，他的负罪良心让他变得爱无能……而且他自己知道这一点。

隐藏自我：有一种恐惧感像鬼魅一样缠绕着他。尽管他取得了巨大的成功，但他害怕自己的生活毫无意义，最后还是一无所有。

贝蒂·德雷柏（詹纽瑞·琼斯饰）

社会自我：贝蒂，一个接受过大学教育的前模特，她的时间都花在与孩子们争吵、骑马和一根接一根地吸烟上面。

个人自我：怀上了第三个她并不想要的孩子，贝蒂觉得自己被困在了一个空洞的婚姻里。

核心自我：她报复不忠丈夫的方式就是利用其性魅力去折磨一个邻居的年轻儿子，并与各式匿名男子玩一夜情。

隐藏自我：不断啮咬着她的自我怀疑告诉她，幸亏天生丽质，不然她就只能是一名普通妇人而已。

罗杰·斯特灵（约翰·斯莱特里饰）

社会自我：罗杰，公司合伙人，能为公司呼风唤雨，得过两次心梗。

个人自我：他想跟老婆离婚，但无法确定他真正爱的是哪个情妇，如果有爱的话。

核心自我：罗杰垂涎于丰满性感的琼，但他不敢承认。

隐藏自我：他最大的恐惧就是独处。

佩吉·奥尔森（伊丽莎白·莫斯饰）

社会自我：凭借智商和意志力，佩吉从秘书一路爬到广告文案写手的职位，有了自己的办公室和秘书。

个人自我：佩吉，一个虔诚的天主教徒，顶着家庭的催婚压力而潜心追求事业。

核心自我：佩吉隐瞒了自己的秘密怀孕，让他人觉得她仅仅是发胖了而已。

隐藏自我：她是一个天资聪颖、出类拔萃的人，深受某种奇怪性冲动的诱惑，而她自己又不敢承认。

皮特·坎贝尔（文森特·卡塞瑟饰）

社会自我：皮特，一个年轻的经理人，在攀爬公司金字塔的过程中，精心设计着权力游戏。

个人自我：因为他妻子拼命想要孩子却又不能怀孕，皮特在婚姻中永远也无法找到平衡。

核心自我：在他的婚礼前夜，皮特睡了佩吉·奥尔森，她后来给他生了个儿子。他渴望得到这个他永远也不知道的孩子。

隐藏自我：他毫无天资，但他永远也不想让这个真相妨碍他的奋进之路。

琼·霍洛威（克里斯蒂娜·亨德里克斯饰）

社会自我：琼的惊艳美貌掩饰了她在识人方面的睿智洞察。

个人自我：她与一个庸医的无爱婚姻导致了一个私生子的出生和最终离异。

核心自我：她自欺自慰地认为，婚姻能够赋予一个女人生活的意义，于是乎便埋没了她自己的商业实力。

隐藏自我：她是一个孤独者，不想为任何人打工，而只能特立独行。

萨尔·罗马诺（布莱恩·巴特饰）

社会自我：萨尔，公司的艺术总监，负责用图像阐明唐的时髦口号。

个人自我：已婚，但没有孩子。

核心自我：面对厌恶同性恋的同事，萨尔拼命隐瞒他的同性恋性取向。

隐藏自我：他恨自己是同性恋。

人性是一个具有优雅而辉煌困惑的不解之谜。这种四重自我的结构为人物创作提供了框架，但这并不是一套操作规程。

由表及里 / 从内到外

"人物内"写作的技巧将艺术家的创作自我和人物的内在生活勾连起来,但很少有作家完全依靠从内到外的工作流程。相反,他们采取一条双向路径,轮换使用两种视点。首先,他们从人物的背景和社会,及其年龄、智商和基因禀赋中来搜集人物的身份线索。然后,他们再对行为的各个不同层面进行窥探,直达其核心的本能自我。"魔术般的如果"令其开启"人物内"模式,他们正是从这里开始即兴创作。但即使在"人物内"模式中,他们也常常会因人物的不同而轮换视点。

例如,如果一个作家正在素描一个人物甲和人物乙之间的场景,她会通过自问"如果我是人物甲,在此时此刻,我会怎么做"来找到忠实于人物的选择。然后,在下一个节拍[i]中,她会切换视点并自问:"如果我是人物乙,在这种情况下,我会对人物甲刚才的所言和所为做何反应?"

作家每次走出人物时,都是在反思刚才创作的行动和反应及其对两个角色所施加的效果。她的思想和情感从内切换到外,然后又从外到内,从主观到客观,从客观到主观,不断地循环往复,直到将这个场景打磨完美。

多克托罗便是这种轮换技巧的卓越实践者,他的工作流程是从两头向中间推进。在他的历史小说中,如《拉格泰姆

---

[i] beat:关于"节拍"的详细定义,请参照《故事》相关章节。

时代》和《供水系统》,他对主题进行充分研究,使自己成为该领域的世界级权威,然后在演绎人物的过程中,对自己的虚构添枝加叶。多克托罗的虚构人物便常常显得像是历史真人,而他的历史人物却又显得像是从其独创性头脑中即兴创作出来的。[20]

Roles Versus Characters

第六章 角色 vs 人物

角色并不是人物。角色仅仅是在故事的社会秩序中承担一个一般性的职位（"母亲""老板""艺术家""孤独者"），然后执行那个角色的任务（喂养孩子、管理员工、在画布上绘画、回避人群）。就像是仅有画框的空白画布一样，一个角色为艺术家提供了一个空白空间去填充一个人物。

当一个充分实现的人物进入一个故事，他起初会承担一个基本角色，但他随后便要以其独特的个性来充实这个角色，并用独一无二的方式来执行角色的各种任务，与卡司阵容中的每一个成员构建一种绝无仅有的关系。卡司设计必须战略性地布局其各种角色和人物关系，绝不能让两个角色承担同一个职位，也不能让他们用同样的方式履行同样的任务。

卡司阵容

人物是从卡司阵容中走来的，一个完备的阵容便是一张错综复杂的关系网。若要梳理这种关联，可以将卡司描画为一个太阳系，有行星、卫星、彗星和小行星，围绕着在中心炽烈燃烧的恒星。三个同心的配角圆环以不同的距离在其各自的轨道环绕太阳旋转,对太阳和彼此产生或强或弱的影响。影响力最大的人物会在最贴近主人公的轨道上旋转;影响力较小的次要角色在更外围的轨道上旋转;在最远的区域,仅在一个场景出现的小角色、没有台词的龙套以及街上的群演便填充了故事的社会宇宙。一个第三人称的解说人,就像是无形的上帝,从远处观察着这个宇宙。

要设计好自己的卡司,可以从明星角色开始,然后再延展到最外围的区域。

主人公

把一个人物放在读者和观众的正前方,暗示给他们说,这个家伙是那样有趣,是那样引人入胜,值得将他们的宝贵时间分一大块给他,这是一件需要胆略的事情。所以,在你采取这一步骤之前,让我们来审视一下作为一个主人公的基本素质:

1. 意志力

人脑对灭绝的畏惧高于一切,于是便渴望安全感,所以,当故事的激励事件将生活掀了个底朝天的时候,主人公的本能反应就好比处于生死攸关的时刻。他随后会构想一个欲望目标——一个他觉得能够让生活恢复平衡的物理的、个人的或社会的目标。在他追求这一目标的过程中,各种对抗力量会阻止他的努力。在最后的危机中，他将面临故事中最强大最专注的对立。一个真正的主人公必须有这种意志力来应对这种终极两难，做出终极决定，采取终极行动，作为最后的尝试来达到他的目的并恢复生活的平衡。他的最后行动可能会失败，但他必须在失败之前穷尽他的所有意志力。

2. 多才多艺

主人公在精神上、情感上和身体上，都必须具备足够的能耐，以其合力来将其人生追求推向其个人能力所能达到的极致。这种能耐会因故事而异。在一个讲述中，他必须足够年轻，在另一个讲述中，则必须足够年长，足够富有或足够贫穷，或学富五车，或愚昧无知，诸如此类的素质清单还可以无限延长，均旨在让读者/观众相信主人公做出的选择和采取的行动只能是非他莫属，符合他的本性，真实可信。

其行动的效果必须足够宽广和深厚，能把故事带向一个让读者/观众相信舍此无他的结局。再一次强调，他不一定能得到他想要得到的东西，但他的努力必须最终揭示其完整人性。

要将事件横向延展到一个故事的社会和物理背景，作家常常会在社会精英中找到他们的主人公：医生、律师、勇士、政客、科学家、侦探、经理人、犯罪头子、名流，诸如此类。精英人士的高人一等的地位能让他的行动在社会等级制度中产生广泛的后果，将故事讲述推进越来越多的人的生活之中。

当一个故事能将事件精巧地内置于隐藏场域时，主人公则可以在社会各界的任意领域中找到，只要他们足够复杂，能够回报其深度探索，足够灵活，能够经得起各种变化。

当然，一个故事可以同时对其主人公进行横向延展和纵向深挖。例如，可以看看长篇连续剧《绝命毒师》（2008—2013年）及其前传《风骚律师》（2015年至今）中的吉米·麦克吉尔。吉米的故事开篇时，他是一个长相迷人、喜欢热闹的街头混混和自封的律师。但是，当他隐藏在索尔·古德曼的角色后面时，他便将其真实自我埋藏得越来越深。与此同时，其门面上的法务事业发展得越来越宽广，直到他卷入了亿万美元的毒品王国。

3. 下风狗的位置

做个试验：将你的主人公放在一个手掌上，掂量一下他在精神方面、情感方面和身体方面的各种能耐。然后在另一只手上添加整个故事进展过程中他将会遇到的所有对抗力量的分量：其内在生活中的负面想法和情感；与朋友、家庭和恋人之间的个人冲突；所有的妨碍机构及机构中的人；最后还有物理世界，从恶劣天气到致命疾病到永远不够的时间。

当你用所有负面力量的集中火力来检验你的主人公的力量时，你应该能看到各种对抗力量对他而言是压倒性的，他显然是一条下风狗。想要达成自己的欲望目标，他只有一线希望，而且仅仅是那一线希望。

4. 一种移情本质

读者或观众进入一个虚构世界的瞬间，他会很快检阅充满价值负荷的故事宇宙，捋清正负、对错、善恶、有趣无趣，寻找"善中"，这是一个可以移情的安全地方。

定义："善中"是一种正价值负荷（如正义、善良、友爱等），在故事的中心深处炽烈闪耀，以烛照环绕着它的黑暗的负价值负荷（如暴政、邪恶、仇恨等）。这一正面光芒能吸引移情，因为人类在其内心深处会觉得他们总体上是趋正从善的，所以他们会自然地趋同于其正面感知。除了罕见的特例，大多数故事都会把"善中"放在主人公身上。

两个例子：

马里奥·普佐的《教父》三部曲创造了一个黑手党家族的犯罪宇宙，围绕着腐败警察和寻租法官。但柯里昂家族有一种正面品质：忠诚。其他犯罪家族互相背叛，彼此之间背后捅刀子。这使得他们成为坏人中的坏人。"教父"家庭却团结一心，互相守护，这使得他们成为坏人中的好人。当观众发现柯里昂家族的这一正面中心的时候，他们便本能地认同于这些黑帮分子。

在《沉默的羔羊》中，小说家托马斯·哈里斯将读者的焦点分割为两个"善中"：联邦调查局特工克拉丽丝·斯塔林的英雄主义立即吸引移情，但随着故事进一步展开，第二个善缘中心便在汉尼拔·莱克特博士身上形成。

首先，哈里斯用一个黑暗无耻的世界包围着莱克特：联邦调查局试图谎称为他提供一个有海景的牢房来贿赂他；他的狱卒是一个施虐狂，而且喜欢追逐媒体宣传；莱克特杀掉的警察都是笨蛋。

其次，明亮的光芒在莱克特内心闪耀：他智商超群，有一种犀利的幽默感，尽管身处地狱，但还是保持着一种泰然自若、彬彬有礼的姿态。莱克特在一个负面社会内部的正面品质能让读者耸肩感叹："他是吃人，但还有比吃人更坏的事情，尽管我一时想不起来是什么，但肯定会有。"

5. 心机

一个故事的主人公是其最复杂因而也是最有心机的人物。当一个人物内心的两个矛盾品质互相冲突时，观众/读者自然会纳闷："这家伙是谁？"对这一问题的答案的追寻便能将他们黏附于故事的讲述。

6. 长度与深度

主人公站立于故事的前景，在故事的大部分讲述过程中都占据着读者/观众的注意力。结果是，他的潜意识动机和隐秘欲望会在他所做的每一个充满压力的选择中最终暴露出来。到高潮时，这种暴露会将他变为被了解最深的人物。

7. 改变的容量

人类个体会随着时间的推移增长知识，发现新的信仰，适应新的环境，随着身体的衰老来进行自我调整，但他们的内在本质却相对固定，他们的核心自我除了极个别特例，都会保持不变。他们可能会梦想改变，尤其是想变好，但这更多仅仅是良好愿望而已，实现的可能性微乎其微。因为绝大多数人类个体都会终其一生地保持着其基本自我原封不动的完整性，所以，不会改变的人物才显得最忠实于生活，最现实。

对那些的确改变了的人物，其变化弧光越强，他们偏离现实就会越远，也就越具有象征性。一个向正极挺进的人物会向着理想境界进化；一个向负极堕落的人物则会朝着一个黑暗原型退化。在所有卡司成员中，最有可能经受改变的就是主人公。

主人公可能会像史古基（《圣诞颂歌》）或杰西·平克曼（《绝命毒师》）那样洗心革面；或者像西奥·德克尔（《金翅雀》）或邋遢鬼（《邋遢鬼》[i]）那样吸取教训；或者像杰基·佩顿（《护士当家》）或杜鲁门·卡波特（《卡波特》）那样腐化堕落；或者像托尼·韦伯斯特（《终结的感觉》）或大卫·卢里（《耻》）那样变得心灰意冷；或者像大卫·科波菲尔（《大卫·科波菲尔》）或史蒂芬·迪达勒斯

---

i 因与主人公同名，所以只能将其原文剧名直译为"邋遢鬼"，但国内通译为《伦敦生活》。

(《一个青年艺术家的画像》)那样成长为自己的作者。

8. 洞察力

当冲突令一个人物的生活失衡时,他的大脑会试图洞察出事情如何并为何会发生,人们如何并为何要做他们做出的事情。最强大的冲突会在主人公身上愈演愈烈,迫使这个人物变成最有可能经历"epiphany"(顿悟、显现)的人。

在古时候,"epiphany"这个词指的是神仙在其膜拜者面前显灵的那一个瞬间。在现代语用中,这个术语是指洞察现实过程中的灵机一动——对事物的本质导因或对隐藏在浅表之下的某种力量的一个直觉感悟。当主人公经历一个"顿悟"时,一种令人惊诧的领悟会将其从无知转化为有知,从不明真相转向豁然开朗的真相大白。有了这一敏锐的灵光一现,他的生活便找到了轴心,其结果对他来说便是不成功便成仁。

悲剧常常是在主人公身份顿悟时达到高潮,一种石破天惊般的自我识别突然让主人公发现了他到底是什么人的真相。当索福克勒斯的俄狄浦斯意识到他是他妻子的儿子以及杀害他父亲的凶手时,他便抠出了自己的眼珠。莎士比亚的奥赛罗意识到他被诱骗谋杀了他的无辜妻子时,便将一把刀子刺进了自己的胸膛。在安东·契诃夫的《海鸥》中,康斯坦丁意识到妮娜永远不可能爱他时,便自杀了。在《帝国反击战》中,当卢克·天行者发现达斯·维达是他父亲时,他便企图自杀。

在一个经典的喜剧中，一个卑微的仆人发现他有一个同卵双胞胎兄弟，有一块胎记可以识别。他们的母亲生他们的时候在海上遇到了风暴，他们被冲散了。而且更好的消息是，他们的母亲是一个遥远王国的女王，将他们确定为一大笔遗产的继承人。经历了两千四百年的喜剧写作之后，拉里·大卫在《消消气》一集中，发现他并不是犹太人，事实上是从明尼苏达的一个非常笃信基督教、非常斯堪的纳维亚式的家庭中收养来的。在拜访了他的亲生家庭后，拉里意识到他宁愿做一个犹太人。

除了身份发现之外，顿悟常常还会披露一个令人心烦意乱的洞察。在其最后的独白中，麦克白悲叹生活毫无意义，无非就是一个"白痴讲述的故事"而已。

四百年之后，在塞缪尔·贝克特的《等待戈多》中，波佐哀叹生命的短暂。他想象一个正在分娩的女人骑在一个土坑上，新生儿的寿命就是从她的子宫出来再掉进坟墓的时间。然后，他评论道："他们是骑在坟墓上出生的，日光瞬息一现，便又是夜晚。"

在《护士当家》中，杰基·佩顿的顿悟迫使她承认她之所以会吸毒是因为她无法忍受其初生婴儿无休止的哭闹。因此，她的毒瘾是她自己的问题。不过，这个真相也未能挽救她的生命，因为她没有戒毒的意志力。

顿悟是宁为玉碎不为瓦全的事件，正因如此，也是很危险的事件。这些顿悟事件可以创造出故事中最辉煌最刻骨铭心的瞬间，也很容易写得用力过猛，导致最难堪的尴尬。

无论在舞台上还是在银幕上，一个顿悟需要把人物的洞察力爆发之前、之中和之后的全过程写得极其精彩，还需要一个优秀的演员对其进行精彩的演绎。例如，在《卡萨布兰卡》的第三幕高潮中，当里克·布莱恩凝视着他的未来，说"看起来命运之神好像已经插手"时，观众便能心领神会地随着他一头扎进他这些话下面的潜文本海洋。

不过，散文顿悟具有更大的风险。一个灵机一动的闪念照亮了人物的脑海，这不仅考验着作者的语言天赋，还考验着读者的想象力和人物的可信性。这便是堆砌着说教意义、意图改变人生且洞察力爆棚的散文描写常常会变得华而不实的原因。

主人公变奏曲

在大多数故事中，主人公就是单一的人类个体——男人、女人、小孩。不过，这个中心角色可以用很多不同的方式来填充：

共同主人公

与其创作一个多维的主人公，不如将两个素质对照鲜明的人物联合成共同主人公，以实现复杂性：

在文本上，鲁德亚德·吉卜林的《霸王铁金刚》将丹尼尔·德拉沃特和皮奇·卡尔尼汗合并为一个多面体的团队。珍妮特·伊万诺维奇和李·戈德堡的《福克斯和奥黑尔》之类的犯罪系列小说，也是采用共同主人公。

在银幕上，威廉·戈德曼将日舞小子和布奇·卡西迪联合在一起；卡莉·克里也对露易丝和瑟尔玛如法炮制。迪克·沃尔夫在他的长期播映的连续剧《法律与秩序》中也是配置了共同主人公，组成了警察和检察官的团队。

在舞台上，像汤姆·斯托帕德的《君臣人子小命呜呼》、贝克特的《等待戈多》和尤内斯库的《椅子》之类的现代主义作品，采用的是双重主人公，但并不是为了创造复杂性，而是为了相反的原因：强调同一性。每一个二人组合都毫无维度、非现实而且实质上无法分辨。

群体主人公

要想让一群人物成为一个故事的主人公，必须具备两个条件：（1）尽管有表面差别，但在内心深处他们都必须有共同的欲望。（2）在为了达成目标的奋斗过程中，他们必须同甘共苦，祸福相依，一荣皆荣，一损俱损。

电影例子：《七武士》《十二金刚》《无耻混蛋》。

群体主人公能够大到什么程度？在《战舰波将金号》中，谢尔盖·爱森斯坦在反抗暴政的起义中配置了成千上万的水手和市民。在《十月：震撼世界的十天》中，俄国的整个工人阶级都成了爱森斯坦庞大的群体主人公。

多重主人公

多情节讲述没有中心情节。相反，它们是将多个故事线串联在一个主题上，然后要么对其进行交叉剪辑（《撞车》），要么进行首尾相接的线性串联（《荒蛮故事》）。每一个都有其自己的主人公。

分裂主人公

在罗伯特·路易斯·史蒂文森的《化身博士》和恰克·帕拉尼克的《搏击俱乐部》等小说中，一个分裂人格的两面进行左右互搏，争夺主人公的道德自我的控制权。

在银幕上，伍迪·艾伦的《罪与错》中，两个交叉剪辑的故事互为镜像，直到它们的主人公在观众的心目中融为一体，成为一个意志薄弱、道德败坏、自欺自慰的失败者。查理·考夫曼《改编剧本》以及以狼人为主题的每一部电影基本都是如此。

被动主人公

当故事讲述人转向内部战场，沉湎于关于主人公的道德、精神或人性的心理战的时候，人物在其周围的人看来也许会显得被动。因为其疏于表达的思想很少付诸行动，从表面看来他终日便无所事事，犹如一个具有麻痹人格面具的哲学家游客，而在内心深处，他在进行着一种无形的殊死搏斗，以免一次又一次地重复同样的错误，或者让一颗被太多选择冲刷的心灵平复下来，或者被迫在两害之间进行一个择其轻的选择。

例如：在安娜·伯恩斯的《送奶工》中，一个无名主人公边走边看小说，竭其所能地逃避生活以及一个变态跟踪狂。在《关于施密特》中，施密特（杰克·尼克尔森饰）终其退休之年给非洲的一个孤儿写信，充满了对其整个人生的悔恨——过去、现在和未来。

转换主人公

当一个人物误导读者/观众，令其相信他就是故事的主人公，然后死掉了，或者退场了，或者变成了反派，故事便会为之一振地颠覆到一个全新的方向。

在《杀戮战场》的上半部分，美国记者西德尼·尚伯格扮演着主人公，但是当他逃离柬埔寨大屠杀之后，故事火炬便传递给了他的摄影师狄潘，是他接管了整个电影并把它推向高潮。

《惊魂记》在电影的半道就把主人公杀了，令其死亡变得更为震撼，而恶棍则更加恐怖。受害人的妹妹和男朋友然后便挺身而出成了共同主人公。

隐喻主人公

对人性的隐喻——卡通（《兔八哥》）、动物（《小猪宝贝》）、非生物（《机器人总动员》）——都能成为主人公，只要它们面对冲突时能够做出自由意志的选择来追求其欲望。

第一圈人物

第一个圈层内含帮助或阻碍、聚焦或去焦、支持或服务主人公的主要人物。一个支持型角色能改变事件的走向，一个服务型角色则不能。例如，在一个经典的犯罪故事中，发现被杀害者尸体的警察是一个服务型人物；推断线索确认凶手身份的验尸官是一个支持型人物；抓获并惩罚凶手的侦探则是主人公。

无论支持型角色还是服务型角色，都能成为主要人物，只要有多重特性和多重维度来完善他的性格，而与此同时，其独一无二的行动和执着追求的目的能够引领读者和观众描画出他在被演绎的事件之外的生活。换言之，一个主要人物有发展出他自己独立成篇的故事的潜力。

这些角色具有诸多可能的用途：

次情节主人公

一个与中心情节交织并影响其行动走向的次情节的主人

公便是一个主要的支持型人物。一个与中心情节平行但不会影响其走向的次情节的主人公则是一个主要的服务型人物。例如，在《教父》中，迈克尔晋升为教父属于中心情节的弧光。"泰西欧背叛次情节"对这一弧光多有转折和支持的作用，而"爱情故事次情节"则对其性格进行了服务型的深化。

焦点人物

一个卡司中的焦点人物就是能够吸引读者/观众最多兴趣的角色，因此也几乎总是主人公。不过，在少数讲述中，也有人物会为故事增添额外的能量或兴奋点，成为关注的焦点，将故事讲述的中心偏离于主人公。安东尼奥是莎士比亚的《威尼斯商人》中的标题人物，但夏洛克却偷走了聚光灯。克拉丽丝·斯塔林在《沉默的羔羊》中扮演主人公，但汉尼拔·莱克特却吸引了焦点。克莉丝汀是加斯顿·勒鲁的小说《歌剧魅影》的主人公，但其焦点人物却是那个"魅影"。

陪衬人物

在十八世纪，珠宝商发现在钻石上贴一层反光薄衬能够让珠宝的亮度翻倍。作家也采用同样的工作原理，用一个陪衬角色来提升主人公的形象。[1]

陪衬人能以无数方式服务于主人公：

1. 他们能照亮主人公。

当一个事物与其对立面进行比较时,对其理解便能更加敏锐。把一张黑色的椅子靠着白墙放着,它会显得更黑。若要磨砺主人公的形象,就让他站在一个对比度强烈的陪衬人身边。

例如,桑丘·潘沙、华生医生和阿诺德·罗斯斯坦便是三个胖乎乎的陪衬人,与像麻秆儿一样精瘦的主人公形成了喜剧性的对照:堂吉诃德、夏洛克·福尔摩斯和努基·汤普森。史波克先生和柯克舰长的简约二人组合使得庄严肃穆和搞笑冒险相映成趣。《卡萨布兰卡》将雷诺上尉的寻花问柳与里克的相思情伤以及维克多·拉兹罗的反法西斯英雄主义与里克的政治冷漠进行平行对照。像瑟尔玛 / 露易丝和布奇·卡西迪 / 日舞小子这样的双重主人公则是互为陪衬。

2. 他们能看到主人公看不到的东西。

主人公奋力前行,直奔其欲望目标,一路上的"行动脊椎"将其从一个冲动性判断抛向另一个冲动性判断,常常会令其陷入盲区。一个冷静的陪衬人则可以提供一种理性的声音。

例如:在长篇连续剧《黑钱胜地》中,马蒂和温迪·伯德(杰森·贝特曼和劳拉·林尼饰)夫妇便是轮流扮演彼此的陪衬人。当一个失去了目标而鲁莽行动时,另一个便对其进行安慰,对夫妻俩的行动脊椎进行重新聚焦。

3. 他们能与主人公的道德形成矛盾。

陪衬人可以作为一个或道德高尚或道德卑劣的醒目对应物来对主人公进行定义。

例如：在《穷街陋巷》中，犯罪狂约翰尼·博伊（罗伯特·德尼罗饰）便是有着深厚宗教信仰的查理（哈维·凯特尔饰）的发小。在《护士当家》中，埃莉诺·奥哈拉大夫（伊芙·贝斯特饰）的医术精湛与杰基·佩顿的毛手毛脚形成平衡。在《野战排》中，好中士埃利亚斯（威廉·达福饰）和坏中士巴恩斯（汤姆·贝伦杰饰）争夺着列兵克里斯·泰勒（查理·辛饰）的灵魂。在《双城记》中，查尔斯·狄更斯创作了两个长得像双胞胎的人物，然后将其极化为高尚的查尔斯·达尼和腐败的西德尼·卡顿。将一个不道德的陪衬埋藏于一个道德纯粹的大脑的潜意识中，它便成了《化身博士》。

4. 他们能将我们导向主人公。

为了创作贯穿故事的悬念，作者也许会将其主人公包裹在神秘中——没有幕后故事，没有朋友，没有忏悔。这便能激发读者／观众对人物的尚未言说的思想和欲望、真实情感和计划的强烈好奇。在撩拨起关于其内在生活的各种问题之后，作家会故意隐瞒答案以制造紧张感。读者／观众无所适从，就只好从其他人物，尤其是陪衬人身上去寻找线索和见解。

陪衬人也许只是部分理解主人公，或者这种理解本身就完全是一种误解。但无论何种情况，从陪衬人与主人公的每一次互动中，读者/观众都能多少增进一点对这一中心人物的了解——什么东西可能是真的，什么东西不是真的，他们还需要知道些什么。

一个睿智的陪衬也许能探测出关于主人公的隐藏真相的深刻认知。例如，如果中心人物的本性不只是神秘，如果其独一无二的紧张经历远远超越了哪怕最最精于世故的读者/观众的认知，如果主人公是一个圣徒、天才或狂人，如亚哈船长[i]，那么，读者/观众也许就需要一个以实玛利[ii]来引领他们去探寻这种令人心烦意乱的执念深渊。或者是一个更近期的人物，如梅尔菲医生[iii]，以使托尼·索普拉诺内心奔涌的混乱变得顺理成章。

5. 他们能解读主人公的顿悟。

当主人公经历了一个突然的大面积的顿悟时，其反应也许是悄然、内敛而神秘的。这一顿悟导致的变化也许永远不

---

i　Captain Ahab，赫尔曼·梅尔维尔（Herman Melville）的《白鲸记》（*Moby Dick*，1851）的主人公之一，是捕鲸船百戈号（Pequod）上的独裁船长。
ii　Ishmael，《圣经》中的先知人物。
iii　Jennifer Melfi，詹妮弗·梅尔菲，HBO电视剧《黑道家族》（*The Sopranos*）中的虚构角色。她是黑手党老大托尼·索普拉诺（Tony Soprano）的精神科医生，由洛林·布拉科（Lorraine Bracco）饰演。

会公开显露，但一个对他了如指掌的陪衬人却能读懂他的神秘莫测的行为并解读其智慧洞见的闪光点。于是乎，陪衬人便变成了主人公沃尔特·怀特的杰西·平克曼。

6. 他们能解读主人公的复杂性。

撇开顿悟不谈，多维人物通常需要不止一个陪衬人来引导读者/观众去充分理解主人公的各种内在图谋。

考虑一下长篇连续剧《继承之战》。思维清晰的肯达尔·罗伊加上他的三个足智多谋的兄弟姐妹康纳、西沃恩和罗曼，以及达格玛拉、弗兰克和其他的公司幸存者，都给我们了解无情的洛根·罗伊提供了各自的认知碎片。

7. 他们能让主人公在其背景中脚踏实地。

一个复杂的主人公常常会给人一种超凡脱俗的形象——如此超凡脱俗，以至他可能传递出一种原型的弦外之音，譬如勇士、治疗师、江湖骗子、女神、魔术师等。一个主人公的素质向象征场域膨胀得越大，其在读者/观众眼中丧失可信性的风险就会越大。莎士比亚悲剧、海明威小说和DC宇宙的主人公，都冒着这种快速变化的风险。

其安全带便是一个接地气的陪衬人——给哈姆雷特配一个奥拉西奥，给罗伯特·乔丹来一个安塞尔莫，给克拉克·肯特安一个洛伊斯·莱恩。由于陪衬人都显得是其社会背景中的典型人物，他们便能让主人公扎根于现实而同时令其显得卓尔不群。事实上，一个故事的整个卡司阵容都能被看成一个群体陪衬，赋予主人公重要性和可信性。（这一点在第十七章会有详述）

主观视点人物

主观视点在正常情况下都是通过主人公来表达的，但也不尽然。华生医生作为第一人称解说人，便是柯南·道尔的夏洛克·福尔摩斯故事的主观视点人物，而福尔摩斯又同时是主人公和焦点人物。尼克·卡拉维和杰伊·盖茨比在F.司各特·菲茨杰拉德的《了不起的盖茨比》中也是同样的关系。

主要支持型角色

从主人公的视点来看，主要支持型人物不是帮他的就是害他的。有些会对事件施加正面影响，有些则是负面。对其努力要么推进要么阻碍，使其趋向或偏离自己的欲望目标。在这些人物中，首要分子便是反面人物，直接对抗主人公企图重新找回生活平衡的斗争。

在从"高端探险"到"犯罪"到"恐怖"的动作类型中，我们把这些反派人物称为恶棍坏蛋。他们从纯粹的邪恶怪兽到复杂的反英雄，不一而足。在从"教育情节"到"堕落情节"的人物驱动的类型中（详见第十四章），主人公常常会发现他本人才是他自己最大的敌人。

主要服务型角色

一个主要的服务型角色在读者/观众的视野之外似乎有他自己的生活在运行。他不会扭转故事的事件，而且故事事件也不会对他进行改变。他有一个固定的人格，辅之以一种自由，所以无论故事的结局如何，他都是他自己的终端，而且舍此无他。在他穿越故事的整个过程中，他似乎能产生各种作用。

例如，在查尔斯·狄更斯的《荒凉山庄》中，福莱特小姐是一个甜美的老年幻想狂，官司缠身。她的家庭毁于一宗旷日持久的案子，所以她每天就坐在法庭上旁观庭审，整个庭审过程有喜有悲。她说的话在别人听来就像是疯言疯语，但最后却被证明具有某种象征意义。她有一群笼中鸟，她计划在"审判日"将其放生。

一个人物能够执行这些主要功能中的任何一个甚或全部。不过，如果这样的人精变得过于有趣，超出了其卡司功能的范围，他们就可能会反叛，夺过故事讲述的船舵，将其沉没。

例如，在《斗士》中，主人公米奇·沃德（马克·沃尔伯格饰），比起狄奇·艾克伦德（克里斯蒂安·贝尔饰），则显得颇为空乏，后者几乎抢了整个电影的戏。

第二圈人物

将一个人物的维度限定在一种（悲/喜），甚或更少，单一的一个特性（永远欢喜），然后减少他的出场时间，你能将整个人类压缩在中间圈层的一个角色中。然而，在所有人身上所有层面的冲突都在运行，因此，任何人物，哪怕是最卑微的小角色，都不应该被想象为仅存于一个平面。你要强调哪个层面，必须符合你的目的问题。为了说明剧情，你也许会选择将一个咖啡店的厨师变成一个话痨，但是若对其内在的私密个人自我稍加考虑或能使其贫嘴的调侃增添饶有趣味的风格。

第二圈支持型角色

中间地带的支持型人物要么助推要么阻碍故事的进程，但没有个人磁性来吸引我们对其所在场景之外的生活产生兴趣。没有人会关心克劳迪乌斯和雷欧提斯没有哈姆雷特在场时会去做什么，或者《第22条军规》中的米罗·明德宾德在没有约翰·约塞连的时候会如何度日，或者《唐人街》中的艾达·塞欣斯在没有跟J. J. 吉提斯通电话时的情况。

第二圈服务型角色

第二圈服务型角色的主要价值就是预测行为。原型人物（大地母亲）、类型人物（笨手笨脚的人）或模式化人物

（健身教练）会夯实故事的背景。其单一的外在特性也许会因场景而异，例如，一个大嗓门儿在讲电话时或在餐馆时会以不同的方式来表现其大嗓门儿，但他总是会大嗓门儿说话。如果这个有了变动的话，他要么就已经不是同一个人物，要么就是被添加了一个维度。

第三圈人物

次要人物会在距离主人公最远的地方活动，通常只在讲述过程中出现一次，而且几乎总是扮演一个服务型角色。在少数情形中，一个小角色也许会被赋予一个激烈的瞬间（"恐怖"片中的一张惊恐的脸），但一般情况下，他们都是没有维度的无名之辈（公交车司机）。就像背景中正在播放的电视上的新闻播音员一样，次要角色也许能给讲述过程注入解说信息，但像战场上的死尸，那纯粹就是为情节服务的道具而已。

这些边缘人物包括背景群众，即故事场景的社会构件。就像体育馆里尖叫的观众一样，他们代表的是主要人物必须穿行其间的人群密度。

解说人

解说人为读者和观众提供解说信息，阐明故事的物理环境和社会背景，卡司的过去生活，以及人物的可观察行为的特性和品质。解说人的类型可以多种多样,取决于人称、媒体和可靠性。

首先,三种可能的人称:

(1)第一人称解说人是一个人物,借由文本、舞台或银幕画外音直接向好听墙根儿的读者/观众讲述其故事。

(2)第二人称解说人讲述的时候就好像他就是读者/观众,在亲身经历故事的事件。作者所用的代词并不是"我"/"自己"或"他"/"她"/"他们"/"她们"之类,而是直接用代词"你",就像"你这个傻瓜,瞧瞧你都做了些什么"。"你"将读者转化为主人公,在他的内心沉思和挣扎。

(3)第三人称解说人不是一个人物,而是一种全知的声音,由作者来代言,以传达解说信息。这个声音置身事外,因此读者/观众对其安康或未来都没有兴趣。

这三种故事讲述人可以在三种媒体中的任何一个上居留。他们也许知道也许不知道相关事实的全部,即使他们号称真诚,他们对事实的陈述也未必真诚,因此,从读者/观众的主观视点来看,他们未必百分之百地可靠。但无论如何,其相对的可靠性必须能够满足作者的目的。

可靠解说人

在舞台上:第一人称解说人,如田纳西·威廉斯的《玻璃动物园》中的汤姆·温菲尔德,会告诉我们事实,尽管其情感记忆经常会笼罩他的回忆。第二人称解说人会把观众叫上舞台，邀请他们参与剧情，进行即兴表演。第三人称解说人，如桑顿·怀尔德《我们的小镇》中的舞台监督，或厄文·皮斯卡托改编的《战争与和平》中的解说人，都是睿智而可靠的。

在文本上：第一人称小说通常是由具有同理心的静默人物来解说，他们对富有冒险精神的双面人物进行观察：《了不起的盖茨比》《重返布莱兹海德庄园》《国王班底》等。长篇的第二人称解说很难处理（杰伊·麦克伦尼的《灯红酒绿》是一个著名的特例），正因为此，非常罕见。值得信赖的全知的第三人称解说人从小说诞生的那天起就一直在解说小说——乔纳森·弗兰岑的《纠正》是二十一世纪的例子。

在银幕上：《安妮·霍尔》和《记忆碎片》的第一人称解说人按照他们的理解讲述真相。作为一种第二人称的试验，《湖上艳尸》的镜头变成了主人公（包括观众的眼睛），然后在通片的推进过程中都一直锁定在这个主观视点上。在《你妈妈也一样》中，第三人称解说人既世故又可靠。

不可靠解说人

当一个人物对另一个人物撒谎时，我们能一目了然地洞察到这种欺诈，这种洞察能丰富我们的经历。但是如果一个解说人，比如《普通嫌疑犯》中的"名嘴"罗杰·坎德（凯文·史派西饰），故意欺骗我们，这种不可靠的解说能达到什么目的呢？一个作家为什么要在虚构事件上对我们进行误导呢？原因有二：强化可信性，强化好奇心。

强化可信性

象征"智慧""纯真""善良""邪恶"之类纯粹理念的角色是没有维度的，其用武之地仅在幻想和寓言中。完美无瑕的人物显得不真实；真人都有不完美的疮疤。他们之所以会误读周边世界并对自己的内心真相自欺自慰，至少有两个原因：第一，人性有歪曲或误解事实，为失败寻找借口和理据，通过伪装和谎言来获利的自然倾向。第二，在一个错乱的头脑中，记忆会与现实脱节，可是，即使在最理性的头脑中，记忆之不可靠也是臭名昭著的。因此，在现实主义的讲述中，不完美的解说人反映的是我们人性的现实，反而能够获得更大的可信性。

然而，除了其缺陷之外，第一人称解说人之所以不可靠的首要原因就是，他们迟早要谈到他们自己，而一旦谈及自身，便很难确保真实。即如我们前面指出过的，一句台词只要是以代词"我"开头，紧随其后的或多或少都是谎言。对自身的一切不加掩饰地开诚布公，这几乎是人脑不可能做到的事情；必须佩戴一个自我保护的盾牌才能缓解打击。结果是，一切自我陈述都是自利性的，而与此同时却反而更能具有反讽意义地加深读者/观众对人物的信任。

更大的好奇心

一个第一人称解说人撒谎,也就是人物在撒谎。例如,在伊恩·班克斯的小说《捕蜂器》中,作为解说人的弗兰克告诉我们,他在襁褓中便被一条恶犬咬伤而成了阉人。然而,到了小说的高潮时,弗兰克却披露说,被狗咬的事,事实上是他父亲一直在向他灌输的谎言,而且早在他未记事的时候,就已经开始对他进行荷尔蒙试验。现在到了青少年时期,弗兰克坦白道,他其实是,而且一直都是,一个女孩。如此一来,读者的好奇便从惊奇飞跃到了震撼。

当第三人称解说人撒谎时,就是作者在撒谎。第三人称解说人如果不可靠的话,则有点像自掘坟墓。作者之所以采用一个第三人称声音,就是为了建立读者对虚构事实[i]的信任。所以,当第三人称解说人歪曲解说信息的时候,读者/观众要么会厌恶地将故事弃置一旁,要么会更加兴致盎然。有些作者干脆在第一页就会告诉我们,他们不会比一个人物更值得信任。例如,在《第五号屠宰场》中,库尔特·冯内古特乐此不疲地提请读者注意他的错漏倾向,让我们纳闷到底什么是真,什么是假,甚至怀疑真假的意义何在。对那些想要跟这种作者一起一探究竟的读者而言,对确实性的好奇便能使情节张力倍增。

---

i fictional facts:麦基在此处以及下文中提到的"虚构事实",指的就是各类虚构的文艺作品中各种非真人真事的出自作者想象的创作性情节。

误读和偏见最容易用影像和语言来表达。只要视点稍稍偏移，每一个模式便变得不再可靠。因此，故事讲述的两个最主观的媒体便是银幕和文本。

银幕上

不可靠第一人称：主人公之所以会变得不可靠，可能是由于记忆错误（《老爸老妈的浪漫史》）、知识缺陷（《阿甘正传》）或明目张胆的欺骗（《普通嫌疑犯》）。在长篇连续剧《婚外情事》中，共同主人公对同一事件有两个非常个人化的主观视点。在《罗生门》中，四个人物对决定命运的同一事件的回忆，有着四种彻底不同的方式。在《撒谎人》中，同一个人物对他的战争故事讲出了七个不同的版本，取决于他的讲述对象是谁以及他想要从故事中得到什么。

不可靠第二人称：这个至今在银幕上尚无尝试的先例，也许可以留待未来的虚拟现实来实现。

不可靠第三人称：电影的编剧/导演/剪辑可以用多种不同的方式来扭曲故事的过去：虚假的闪回（《卡里加里博士的小屋》）、虚假的现实（《美丽心灵》）、篡改的历史（《无耻混蛋》）。

文本上

不可靠第一人称：作者经常采用不可靠性来表达不稳

定心态。例如，埃德加·爱伦·坡的《告密的心》中的无名解说人和肯·凯西的《飞越疯人院》中的布罗姆登酋长。深受愚昧或不成熟之累的主人公也是同样的情况，比如《麦田里的守望者》中的霍尔顿·考尔菲德。当解说人故意欺骗读者的时候，其不可靠性便是一个刻意而为的技法，如阿加莎·克里斯蒂的《罗杰疑案》。在卡洛琳·凯普尼斯的《你》中，第一人称解说人乔述说他与格温娜维尔的浪漫情史，他是如何的爱她如命，直到将其杀害。在伊恩·皮尔斯的《指路牌疑案》中，四个人物，其中一个还神志不清，从各自的偏见视点来讲述同一个故事，直到读者完全不明白事情真相到底如何。

不可靠第二人称：在斯图尔特·欧南所著的《临终祷告》中，"作为主人公的你"慢慢就发疯了。

不可靠第三人称：在托妮·莫里森所著的《家》中，解说任务分别由第一人称主人公和作为似乎全知的第三人称的作者本人来承担。不过，这种交替切换的声音常常互相矛盾。因为战争和种族暴力已经毒化了主人公的记忆，他已经搞不清事实，可是作为解说人的作者本人也有同样的问题，因为她意识到没有人能够确知到底发生了什么。

舞台上

戏剧是故事讲述的最客观的媒体。两千五百年以来，因为观众一直把舞台当成一个观察平台，台上展示的人物看不见我们，所以我们便能看清他们的本来面目。这种严格可靠的第三人称形式需要凭借想象力丰富的编剧和舞台调度，来引导剧场观众透过不可靠的第一、二、三人称感悟来看清事物的本质。

不可靠第一人称：在《卢纳莎之舞》中，台上的解说人对自己的童年以及他的五个姐姐的生活的记忆让我们意识到，有多少个记住过去的脑子，就有多少个不同版本的过去。

不可靠第二人称：在弗洛莱恩·泽勒的《父亲》中，舞台本身变成了一个痴呆男人的脑子。观众就像是生活在主人公的脑海中一样，对他企图控制现实的绝望挣扎感同身受。在一个场景中，一个被介绍为他女儿的人物，在下一个场景重新出现时就换了一个不同的演员来饰演，无论是对他还是对我们而言，突然之间就成了一个陌生人。我们慢慢地意识到，两个看似时序相接的瞬间，事实上却相隔了十年。当他的困惑渐次增加时，我们也变得越来越糊涂，直到最后，其内在混乱让人看到了人在心智崩溃时的一个直接而个人化的活标本。

不可靠第三人称：在马克·哈登的小说《深夜小狗神秘事件》中，一个患有自闭症的第一人称解说人克里斯托弗讲述了一个独一无二的诡异故事。为了传达其内心的扭曲，伦敦舞台采用了真实的烟幕、镜子和震耳欲聋的音效来表达自闭症的那种令人恐惧的不可靠性。

The Outer Character

第七章 外在人物

人类作为社会动物,需要管理自己给他人留下的印象。他们的做法是扮演数量庞大的各种不同角色。这些吹拉弹唱的进化目的就是为了左右逢源,出人头地,以及男欢女爱。由于人类的生存繁衍靠的就是各种明星表演,我们心灵手巧的祖先便进化出了模仿与表达的完美演技。简言之,人类就是演员,现在是,而且过去一直都是。

这并不意味着我们都不真诚。这不过是简单的常识性领悟而已,当我们从一个情境游移到另一个情境时,我们会微妙地从一个自我切换到另一个自我,这完全取决于当时当刻的人物关系:神父/忏悔者、老板/雇员、妻子/丈夫、陌生人/陌生人。一个人类个体可以从表现得像一个孩子倒像一个恋人再变为一个纽约人,或者三者同时。

所以,一旦你画定了你的卡司星系的圈层轨道,你就需要把你的每一个人物写活。在本章中,我们将探讨各种生动的社会自我和个人自我如何才能有效聚合,以给读者和观众留下持久而鲜活的第一印象。这些外向行为、特殊习惯和人格特性的合集便能成为角色的"人物塑造"。

人物塑造

想要组织好自己的创作工作,可以把复杂人物分为两个方面:"人物塑造"和"人物真相"。[i]

"人物真相"这个术语指的是各种内在自我——核心自我、代理自我、隐藏自我,这一自我组合生活在肉眼不可见的意识深处,我们将在下一章进行专题探讨。

"人物塑造"指的是社会自我和个人自我的聚合物——是所有可观察和可推断的特性的总和。如此纷繁复杂的特性都是通过这些自我来进行表达的,若要发现它们,就必须凭借富有想象力的辛勤劳动。所以,你得试图每周七天每天二十四小时一刻不停地跟踪你的人物。唯其如此,你才可能知道她的所有外显特性,比如姓名、年龄、性向、家住何方、屋内装饰陈设如何、事业以及这一职业给她提供的生活方式。你还要学会其身体语言的语法——手势、面部表情、语音语调、情绪、偏好。

通过认真听她说话,密切观察她待人接物,你还能察觉其内隐特性,比如她的才华和智力、信仰和态度、心态和希望——她外表显示出来的一切,整个世界看到她的一切。

---

[i] 参见第二章的具体阐述。

人物塑造的三个功能

人物塑造有三个主要功能来支撑你的故事：可信性、原创性和兴味。

可信性

作家最害怕的是什么？怕读者或观众觉得她的作品乏味？怕不喜欢她的人物？怕不同意她的思想？也许吧。但在我看来，最大的恐惧似乎是不信任。

当读者或观众不相信人物所采取的行动，当他们对讲述失望，产生"我不相信那种女人会做出那样的事情来"诸如此类的想法，他们就会把书扔到一边，或按遥控器换台，或直奔影院出口。

可信性始于人物塑造。当读者和观众觉得卡司的精神、情感和身体特性与其所言、所感和所为之间有一种真诚关联时，他们才会感同身受。真诚的人物塑造能感化读者臣服于故事的讲述，即使是最异想天开的人物，他们也会觉得栩栩如生——哈利·波特和卢克·天行者便是两个著名例证。

原创性

我们去找故事讲述人并不是想听已经听过的故事。我们去的时候会暗自祈祷："请让我获得我以前从来就没有过的人生见解；让那些人物都是我从来没有见过的原创人物。"

原创性始于特殊性。人物塑造越普遍，角色就会变得越山寨，越可预测，越不灵活；而人物塑造越特殊，人物便越具原创性，越令人惊奇，越富于变化。

假设你觉得你的人物总体上是一个注重时尚的人。然后你便顺着这个思路而将当今的时尚现状进行了透彻的研究，外加你在大街上获得的第一手潮流观察，再辅之以在最新潮的商店数个小时的假购物[i]，在笔记本上写满各种细节，用手机拍摄各种照片，然后你就可能塑造出一个举世无双的人物，刻画出一个无人曾经得见的形象——一个可信的原创人物。

兴味

一个独一无二的人物塑造能攫取我们的好奇心，令我们想要知道生活在这些外在特性的面具之后的人物内在真相是什么。

假设让我们看到的是一个酒鬼丈夫，已经失业，脾气暴躁，并有虐待倾向，穿着内裤坐在昏暗的起居室里，抱着一罐啤酒豪饮，嘴里骂骂咧咧，油腻的手指头捏弄着面包，正在观看电视上的橄榄球赛重播。这个形象会不会让我们纳闷："这家伙到底是谁？"应该不会，因为这种陈词滥调的

---

[i] faux shopping：无论是在实体店还是虚拟店，挑好商品并放入购物袋或购物车，最后却并不结账购买的行为。

形象会令观众"兴味"索然。

陈词滥调的人物塑造会提出一个自问自答的问题：这个人物是谁？就是你看到的这个人物。就像是一块水泥板，她的内在和她的外表是一模一样的。要创作出可信的人物，来激发观众/读者的好奇心并回报其兴味，就得建设一个引人入胜的世界，并在这个背景中移居同样引人入胜的原创人物。

背景：世界建设

人物塑造是从基因开始的，如性别和头发颜色这种特性，但一旦出生，就得有一系列物理背景和社会背景来锻造并浇铸一个人物的各种外在自我。时间和空间框束着这一切事件，极大地影响着外在表现和行为。

时间以两个维度出现：位置和期限。一个作者可以把故事定位于一个当代背景、一个历史时期、一个假想未来，或者一个超时空幻境。在每一个时期内，故事讲述人还得设定相对于其人物生活的讲述时限。故事讲述时间和生活时间可以相等：《与安德烈晚餐》就是一部讲述两小时晚餐的两小时电影。或者讲述可以跨越几天、几月、几年，甚至一辈子：特伦斯·温特的长篇连续剧《大西洋帝国》和乔纳森·弗兰岑的小说《纠正》。

故事空间也是二维的：物理位置外加冲突层面。故事可以在任何地方发生：山巅、农场、空间站、某一城市的某条街道、那条街道的某栋楼房，以及那栋楼房的某个房间。一旦确定，那一物理位置就得驻扎一套人物卡司，这样作家就必须确定其冲突层面：物理的（女人对抗自然）、社会的（女人对抗法律）、个人的（女人对抗姻亲）、内在的（自我对抗自我）或以上任意组合。

行为模式，通常是惯例，有时候是仪式化的，是与生俱来的，并在襁褓中形成发展。日常需求会产生诸如吃喝玩乐和待人接物等活动。这些习惯也许单调乏味，它们却是内置于一个角色的人物塑造中的东西。[1]

道德想象

一个具有强大道德想象力的作者会在故事背景的每一个方面看到意义。大千世界，芸芸众生，无人无物堪称中立——无论是警察、道具，还是雨点。作家运筹帷幄的是一个充满价值负荷的星座，所以其故事中的一切都会回响着价值铃声，要么是正面，要么是负面，要么是正负相融的反讽。万物皆有价值。所有中立的东西都上不了文本、舞台和银幕的台面。

正如作家是人物的第一个演员，她同时还是故事的第一个制作设计，专注于让背景中的每一个元素都要揭示、反映、对位或者改变至少一个人物，甚或整个卡司。当一辆汽车入场时，在一个没有道德想象力的作家看来，它无非就是一辆汽车而已，而对一个制作设计而言，它的到来必定充满了价值负荷。当一辆亮丽的粉红玛莎拉蒂开到歌剧院门前时，作家的选择不仅对富得令人发指的车主，而且对面带诡异笑容拿走她车钥匙的泊车员，进行了人物塑造。

道德想象还能对价值的权重进行从高到低的排序。"生/死"是一种能够笼罩所有故事的可能性阴影，但一个"心理惊悚片"则可能将其作为核心价值置于前景，而一部"浪漫喜剧"则会因其无关紧要而将其置于后景。一个"战争故事"的核心价值是"胜/败"，但"生/死"会笼罩每一个行动。如果没有道德想象，一个背景就会沦为一种别无他意的陈设而已。[2]

文化限定

时间、地点和人不仅会限定一个人物能做什么，而且会规定她绝对不能做什么。当一个人物进入一个场景时，诸多限定网便框束着她与每一个人和物之间的关系：在昏暗的胡同里该如何安全地穿行，对某人的抚摸该如何反应，在法庭上该说什么。原则上，围绕一个人物生活的各种关系越正面，她的行为就越受限定，且越文明。反之亦然：当一个人物一无所失时，她便无所不能。

物理背景

恰如生活中所有事物一样，世间的物理力量和时间力量——致命疾病，无法启动的汽车，没有足够的时间完成某事,路途太遥远无法拿到你所需要的东西——会像双刃剑一样双向切割:阳光能让你享受日光浴,也能灼伤你的皮肤。农场和城市能够提供食物和居所,然后也会用化肥污染河流,并让空气充满毒物。

所谓一方水土养一方人,斯堪的纳维亚和地中海能养出具有明显不同性情的人。为什么?气候使然。物体能提示意识趋向一个方向而令潜意识背道而驰:在教堂长椅上放一个公文包会给人一种只争朝夕的紧迫感;日本在路灯上装上蓝光灯泡能降低自杀率;洗涤液的味道能让煤矿工人开始注重面容整洁。[3]

在创作一个故事的物理背景时,可问两个方向的问题:(1)我的故事的时间、空间和物体将会如何影响我的人物的人格?(2)背景中的对抗力量将会如何阻遏我的人物的欲望?

社会背景

人物和她的社会会不断互动。社会背景提供各种不同的群体——民族、宗教、邻里、学校、职业。个体对这种群体要么渴望归属,要么意欲反叛。无论是合是离,正是这种群体锚定了她的身份。

例如,"科学家"和"艺术家"这两种文化往往会激发出对照非常鲜明的人格。同理,南方小镇的居民和北方大城市的市民,幼儿园教师和色情明星,也都不可同日而语。而且,即使在任何社群的共享特性之中,也会有千差万别的个性。

各种庞大社会系统的最显著特点就是他们为成员资格索取的代价。在成功爬上公司金字塔的高端之后,一个经理人也许就变成了一个效率超凡的雇员,却可能很悲哀地丧失了其做人的本分。不过,咱们不要搞错,如果没有帮凶,机构不可能对人性进行完全异化。许多人会暗自欢迎其灵魂的丧失,在一层自欺自慰的外壳内安之若素。想要敲开这层外壳,则需要重锤出击的真诚,而他们早就将这种真诚抛到九霄云外。[4]

正如弗雷德里克·怀斯曼的故事驱动的纪录片(《高中》《基础训练》《医院》《芭蕾》)所阐明,在机构内工作的人,会不知不觉地互相去人性化。不过,对少数幸运儿来说,他们有时候还能恢复人性。

在创作一个背景时,深刻思考一下其总体文化对你的人物构成的影响,然后规划出你的卡司的具体互动蓝图(见第十五章),到最后,当复杂人物相遇时,以微妙而独特的社会角色来对其进行工笔描摹。

个人背景

家庭、朋友和恋人之间的无可逃避的亲密关系能创造出无与伦比的生活冲突:朋友之间会欢乐拥抱,直到彼此背叛;一个母亲的爱会像太阳一样照耀,直到她被忤逆;没有任何事物能像恋情那样快速地爆发为乐观主义或萎缩为悲观主义。由于任何家庭成员都不可能明白的原因，同胞兄弟之间，一个会加入宗教团体，而另一个会成为《美国无神论者杂志》的编辑。他们的争吵会永无休止。

在设置你的故事背景时，务必对卡司内部的亲密关系进行三思。这一冲突层面能够为人物塑造的原创性和微妙性提供绝好的机会。

背景 vs 人物塑造

一个人物与其物理世界、社会世界和个人世界的各种碰撞能够一点一点地蚀刻出人物塑造的各种特性。若要勾勒出这些背景对你的卡司构成的影响，可以考虑以下八种可能的关系：

1. 背景能将一个人物沉浸于家、汽车、工作和扑克俱乐部等事物中，直到她的所有物成为其核心自我的延伸。

在亨利·詹姆斯的《贵妇画像》中，梅尔夫人向她的年轻仰慕者伊莎贝尔·阿切尔解释人物延伸的原理：

> 只要你作为我而活着，你就能看到每一个人类个体都有一个外壳，而你必须认真考虑这个外壳。我所谓的外壳，指的是整个环境的封套。世上根本就不存在孤独的男人或女人；我们每一个人都是由某种附属物装配而

成。我们的"自我"到底叫什么？它始于何处？终于何地？它会溢流为属于我们的一切东西——然后它又会流回原处。我知道我的自我的一个重大部分就是我选择穿的衣服。我对物质心怀极大的敬重！一个人的自我——对他人而言——就是一个人对自己的自我表达；一个人的房子、一个人的家具、一个人的服装、一个人所读的书、一个人所结交的朋伴——这些都是有表现力的。

这个原理曾经为迈克尔·翁达杰的《英国病人》和乔纳森·弗兰岑的《纠正》等作品提供了创作指南。

2. 背景能释放对抗力量来阻止人物的欲望。

在电影《一切尽失》中，印度洋吞噬了一个孤独的水手；在《三块广告牌》中，不公正逼迫一个女儿被杀的母亲去杀人；在《闺蜜假期》中，朋友、恋人和前恋人破坏了一个剩女的周末。

当意想不到的各种反应在一个人物"以为会发生什么"与"实际发生了什么"之间突然轰开了各种鸿沟之后，这些生活表面的断裂会向深处震荡，直至瓦解潜意识。然后，就像火山从地底爆发一样，有害情绪会向上喷薄而出，通常会化为情不自禁、追悔莫及的有害行为。这一从背景向下直达最深层自我的辐射运动便能赋予人物以深度；而从自我深处向上反弹到背景的能量则能汇成一股强大的故事力量。

3. 背景及其卡司能形成对现实的一个宏大比喻。

就像是拼图碎片一样,背景和卡司能够无缝拼接;就像镜像对立一样,它们互相定义。人物赋予背景以意义;背景再反射回馈到人物身上;二者之统一便象征着生活。

在刘易斯·卡罗尔《爱丽丝漫游奇境记》中,"奇境"的支配规则是魔法而非物理,其事件遵循的是疯魔而非逻辑。结果是,它的卡司成员,包括爱丽丝,通过经历荒谬的变形来反映其背景——这一切的一切通力合作,便创造出对真人真世以及人性荒诞的一个多维比喻。

背景镜像其卡司,卡司镜像其社会,这一型制在《继承之战》和《寄生虫》中清晰可见。这些讲述分别将"室内剧"与"惊悚类型"进行融合,于是乎人物、家庭和社会便互相感染。他们的故事则反过来反映了真实世界的政治,即腐败成了固着社会的秘密黏合剂。[5]

4. 背景会像洪水一样冲刷人物的头脑,送来激流般的物、人和记忆,在她的思想中奔涌:托妮·莫里森的《真爱》和大卫·米恩斯的短篇小说《敲打》。

5. 背景会退居后台,将前台留给人物尽情展现。 在拉里·大卫的《消消气》和马修·维纳的《广告狂人》中,家、办公室和餐馆似乎仅仅是框定人物肖像的画框而已。

6. 背景的存在是那样漠然，那样独立于人物，就像是孑然飘零于一座孤岛：汤姆·斯托帕德的《君臣人子小命呜呼》和塞缪尔·贝克特的《等待戈多》。

7. 背景的物体似乎有其自己的意志：埃德加·爱伦·坡的《鄂榭府崩溃记》和布莱恩·埃文森的《马群的倒下》。

8. 背景的物体变成人物。在刘易斯·卡罗尔的《爱丽丝漫游奇境记》中，三枚棋子王、后和马，加入一只拟人化的蛋汉普蒂·邓普蒂，填充了卡司。《银河护卫队》中的人物便有类人树格鲁特和被基因工程改造的火箭浣熊。[6]

人物塑造变化

在对付你所创作的物理背景、社会背景和个人背景以及它们所带来的偶发事件时，人物所表现出来的便是其各种外部自我。但这些际遇都不是静止的，它们会导致角色的人物塑造发生显著而可信的变化。我能想到的司空见惯的变化方式至少有四种：

1. 反叛：一个人物可能会改变她的背景，希望其人格朝她想要的方向发展。乡村艺术家直奔大城市；学者投笔从戎。

2. 旅行：国外冒险鼓励的是一种混合的全球身份。青年文化便是一个例子。美国发明、亚洲制造的牛仔裤和网球鞋成了七大洲年轻人的统一着装。

3. 时间旅行：一个人物可以躲在一个时间胶囊里。怀旧者喜欢生活在过去；疲于奔命的人生活在未来；享乐主义者生活在任性的当下。[7]

4. 互联网：无数网民居住在有地址没地点的电子地理位置上，在其间无际畅游便能彻底改变一个身份。在线文化是即时的，匿名的，没有深度却又是真实的，因为在其中，实际的事情发生在实际的人身上，对他们进行或好或坏的改变。

外显特性

当你挥舞画笔准备描画你的人物时，你需要强调外显特性，将人物表现为独一的个体。没有人一生下来就是现在的样子。所有复杂的人物塑造都要同时呈现先天的基因禀赋和后天的获得特性。基因禀赋（如，音色）往往会终身不变，而获得特性（如，词汇量）却是发展变化的。创造任一特性，必须有成百上千个基因进行互动，而与此同时，它们会吸收无数外部力量的随机冲击。当你通过这两个源泉来调动你的想象力的时候，各种特性便会合并为独一无二、引人入胜的人物塑造。[8]

每一个可观察的特性都坐落在一个从正极到负极递次延展

的图谱上。首先是那些公开表现出来的特性，如，世故/不世故，爱社交/反社会，富有魅力/令人厌烦，这些特性定义的是一个人物与熟人和陌生人的关系。然后是在私底下表现出来的行为，如慷慨/自私，令人鼓舞/吹毛求疵，关心/不关心，这些特性标志着人物与家庭、恋人和朋友之间的关系。

特性的多寡到底以什么为度？在视觉艺术中，如果一个空白画布为1的话，那么一个完全填满的画布则为2，肉眼能够欣赏的最理想密度为1.3，即总面积的3/10。我相信，同样的原理也适用于人物。将主人公的7/10留白，未知而神秘。基于你所表达的3/10，读者/观众将会以自己的想象力来脑补其余。因为，如果一个作家要展示一个人物的每一种可能特性，那么讲述时间将会无穷无尽，角色会变得不可理喻，读者/观众也会一头雾水。在另一方面，一个单一特性，比如外国口音，又会让一个人物沦为小角色。

只有作家自己才能发现任何特定人物的理想的特性数量。一个特性的必要性取决于将其去掉将会带来多大的改变。如果你想要删减或添加一个特性，可以这么问："如果增加或删去，将会带来什么样的损益？"

下面是一个能够生发人物塑造特性的简要的话题清单。你可以根据自己的故事特点而对其进行增删。

姓名与绰号

就像它们所标定的角色一样，姓名在虚构作品中要比在现实生活中表达更多的意义。比如,"约翰"和"玛丽"这种有意而为的平实能够赋予人物一种实际叫"玛丽"或"约翰"的人并不具备的特殊的平凡素质。

但是务必小心。除非你是成心搞笑,一定要避免取明目张胆的象征性姓名,比如给一个公司经理人贴上"毕格曼先生"[i]的招牌。另一方面,在《推销员之死》中,阿瑟·米勒给他的穷愁潦倒的推销员取名为威利·洛曼[ii],却由于某种原因而从未招致任何反讽的挑剔。

在寓言类型中,如"奇幻"和"恐怖",可以创作明目张胆的象征性背景,并给人物冠以标志性名称来添加情趣。例如,在C.S.刘易斯的寓言《狮子、女巫和魔衣橱》中,一个新王国的缔造者叫彼得,呼应了基督教会的创始人圣彼得;故事中基督式人物的背叛者是一个叫雅迪斯(Jadis)的女巫,其名酷似犹大(Judas);一个独裁女管家被称为麦克雷迪夫人,听着就像是命令句:"快准备好!"[iii]

---

i   Mr. Biggman,原文谐音"大人物"。
ii   Willy Loman,"Willy"在俚语尤其是儿语中,为"阴茎"婉称,犹如儿童之谓"小鸡鸡";"Loman"谐音"卑微之人""贱民"。麦基之所以说"由于某种原因而从未招致任何反讽的挑剔",也许就是因为阿瑟·米勒的"推销员"的确是名如其人吧。
iii "Macready"这个名字正好谐音"make ready"。

裸体与穿着

把你的人物剥的一丝不挂,然后梳理一个立传事项的清单:年龄和颜值,身高和体重,体形和胖瘦,身体毛发,皮肤色泽与粗细,姿势与步态。用你的想象力带她去购物,看看她喜欢穿什么,然后查看她的衣橱,看看她实际拥有什么样的衣物。

性别与性生活

什么东西能够激发你的人物不可抵御的情欲?其性别是什么?如果她有明确的性取向,她是如何处理性生活的?

音调与语言

现在闭上眼睛听听。好比音乐,一个人物的声音能够触及读者和观众的潜意识情感。给你的每一个人物独特的语音风格,辅之以独一无二的词汇、句子结构、语调、措辞和意象。[9]这一切的总体效果就是形式与内容的和谐——不仅仅是她说什么,还有她怎么说。

面部表情与手势身姿

观众能以 1/25 秒的速度读懂人物面部快速掠过的表情。

所以，研究你的人物的眼神里都有些什么，然后再退后几步来审视她的特殊习惯、明显标记和精气神。

手势身姿能够创造出一种自成一体的语言，并有三种花样：（1）挥手、歪头和耸肩能够丰富语音表达；（2）象征性手势，比如竖中指；（3）模仿性手势，比如用大拇指比画，意谓"给我发信息"。

职业与娱乐

人们常常是从自己的谋生劳作中获得身份感。有些人还能从自己的玩乐活动中获得第二身份：高尔夫球手、猎人、健美运动员，诸如此类。确定你的人物在这两种情况下都做什么，然后再权衡这两方面对确立其身份的权重都多大。

家居与交通

奥诺雷·德·巴尔扎克说过："给我看看一个人拥有什么，我就能告诉你他是谁。"延伸自我伸出手臂拥抱着它所拥有的一切。对大多数人物而言，他们的两个最大的额外身份就是房子和汽车。给这两样东西照个相，然后审视其内部。

有知与无知

我的人物知道什么，不知道什么？她所接受的正规教育的数量和质量便为回答这一问题提供了根基，除此之外，成功的生活经验和失败的生活教训，其作用也不可小觑。

宗教与信仰

一个人物的核心信仰，大到上帝是否存在，小到人是否值得信任，决定了她在面对冲突时的选择。所以，开启一次关于价值观的对话。问你的人物人之初到底是性本善还是性本恶，倾听她的回答，让她自己说话。

对话

如果你与人物相处的时间足够长的话，各种形式的交谈将会反复发生——金钱、政治、死亡、配偶、孩子、健康、最新科技或远古历史。她的所言，便是她的所思。

礼仪

埃德蒙·伯克相信，礼貌和礼仪催生所有其他美德，最终比法律还要重要。用二十一世纪的术语来表达就是，伯克知道，人类个体彼此之间尊重的品质，确立了一个文明内部的每一种关系的基调。你的人物是如何待人接物的？[10]

内隐特性

所有人物皆从神秘开始。他们的外在特性为发现其潜藏的可能性提供了线索。随着故事场景渐次展开,读者/观众会将每个角色的外显特性当作探究其内隐特性的线索。所以,这些特性必须进行深入勘探并充分挖掘。以下便是思考人格、智力、态度、情绪等特性的几个方法。

人格变奏曲

人格的种类繁多,其阵列似乎永无穷匮。公元前319年,亚里士多德的一个学生泰奥弗拉斯托斯试图编制一个目录,囊括所有行为不良者的类型,他能够想象到的从"谄媚者"到"诽谤者",一共列举了才三十种,就罢手了。[11]在近几个世纪,独具慧眼的幽默家,如马克·吐温,也注意到了这些讨厌人物的现代版本,有些人还列举了高尚类型,但依然无人看到尽头。

为了让这种无序状态变得有序,心理学家们将这一人格宇宙聚合在五个庞大的银河系之内。即如以下概述所示,每一种人格都代表了一个从正极到负极的谱系。你所创作的任何人物的人格都应该能在每一对品性二元中找到其适得其所的归属。

1. 开放 / 封闭

开放反映的是独立、好奇、对艺术和所有新生事物的热爱。一个高度开放的人物会热衷于刺激兴奋的经历，如跳伞运动和赌博，但也会显得不可预测或精力不集中。相反，封闭暗示的是实用主义、持之以恒，还有偶尔的教条般的坚贞不贰。

2. 认真 / 善变

认真能导向一种荣誉感、自律和行为的计划性，而非随心所欲的冲动。极端的认真常常会被视为偏执和痴迷。善变也许是自发的，但也会显得不可靠和马虎草率。

3. 外向 / 内向

外向的人善于社交、健谈和自信，常常会变得故意引人注目并盛气凌人。内向的人也许是一种害羞自省的人格，也会被视为冷漠或自恋。

4. 亲和 / 好争

亲和的人富有同情心，慷慨大方。满脸堆笑的亲和常常会被视为天真甚或愚蠢。好争会转化为对抗、竞争、怀疑和不可信任。

5. 理性／神经质

理性鼓励一种冷静恒常的人格，当这种类型的人格被推到极致时，可能会转化为冷淡和漠然。另一方面，神经质则容易经历各种负面情绪，如愤怒和焦虑、悲伤和恐惧，而且是说来就来，表现极端。由于脆弱并有一种不安全感，神经过敏的人总是渴望稳定。[12]

对这五个谱系进行混杂与融合，便能创造出无限可能性。但是，除了这些类型之外，我认为人格如此纷繁复杂的原因很简单：巧合使然。每一个人类个体都是决定主义和偶发机缘的组合体。人类基因组与其环境中各个方面的日常碰撞以万亿计，是那样随机，那样不可预测，那样充斥着各种各样或好或坏的机缘巧合，所以它们能够生发出多种多样类别无限的自我。

更有甚者，人格还会根据诸如老板／雇员、家长／孩子、恋人／朋友等人际关系的性质而进行屈伸和变通。这种型制会保持为常态，不仅她的声音会有相应调整，她的手势身姿、面部表情、步履仪态、遣词造句、气质性情等也会如此。换言之，她的人格会设置一定限度，但当她跻身社会关系和个人关系时，她的表情会从一个层级切换到下一个层级。

智力变奏曲

你是否赋予了你的人物一个适当的头脑去做你想要她去做的事情？如果你想要她去做蠢事，她是否在所有方面都蠢得令人信服？愚蠢的对白？愚蠢的发型？或者反之——是否足够聪明地去做聪明事？无论如何，她是否可信？

除了人物的智商（IQ）之外，还得考虑她的情商（EQ）以及各种"创作智力"（CI）。IQ测量的是分析思维、空间识别和解决问题的能力。EQ测量的是情感智力——对自己和他人的情感和情绪的微妙变化的认知能力。CI测量的是"创作智力"（想象力）、"智力好奇"（求知欲）和"文化智力"（在外国背景中的生存能力）。

从你的人物的各种智力的特殊组合开始，问问她的思维习惯是什么。例如，每一个人类个体都会发展出一个人际关系的个人策略。如果她的方法在过去一直都行之有效的话，当情势需要改变的时候，那种习惯却很难轻易妥协。你的人物的头脑能够灵活到什么程度？

态度、信仰、价值观

你的人物的态度是什么？喜欢什么？不喜欢什么？爱什么？恨什么？担心什么？恐惧什么？是乐观，还是悲观？

要想得到答案，就得审问你的人物。因为她对自己的想法构筑了她的信仰，所以首先就得问那个关键的心理学问题:"你是谁?"她的回答是否能描述她的内在本性或说出她的职业名称?她对自己身份雕琢到了什么程度?还有多少被包裹在她的事业之中?

问问这样的大问题:"你在未来想要成就什么?你为了自己而必须去做的事情是什么?为他人呢?你对自己绝对不会去做的事情是什么?对他人呢?你对人类的本性是如何判断的?是善是恶,还是二者兼而有之?"

情绪、心情、性情

情绪是变化的副产品。一个人物生活中的主导价值发生了从正极(如,富有)到负极(如,贫穷)的改变,人物便会遭受负面情绪;当价值负荷从负极(如,痛苦)变为正极(如,快乐)时,人物的心情就会变得高兴。[13] 不过,这些经历是相对于人物对生活意义的看法而言的——什么是正面?什么是负面?

如果你准备将你的人物写进一段浪漫关系中,然后让她的恋人离她而去,爱/恨、幸福/悲伤和陪伴/孤独等关键价值的改变将会如何改变她的心情?结果可能是你意想不到的。

心情是一种人物特性,它往往是从不同的经历中产生的同样的反应。例如,头脑冷静的人常常会觉得一些热闹的活动不但无聊,还令人心烦,比如跳民间舞和放飞无人机。

儿童有性情;成人有人格。性情是一个人物的大脑化学反应的副产品,而人格则是社会化的副产品。一个儿童与其世界互动的过程中，她的性情会从少年进化到青年再到成年。但是无论她变得如何成熟，她的童年性情将会如影随形地伴随她一生。她总体上是欢快还是抑郁？是专心专意还是异想天开？是调皮捣蛋还是安分守己？她的五年级老师也许能告诉你。

例如，有一个性情谱系，是从威权主义到反威权主义。你的人物是支持内团体还是捍卫外团体[i]？威权主义者或支持军国主义和宗教原教旨主义；反威权主义者两者都反对。威权主义者对艺术家持怀疑态度；艺术家，尤其是喜剧艺术家，都会嘲讽权威。威权主义者看重家庭团结，即使是不太喜欢的工作也会非常自律地准时上班，而且坚持八小时任劳任怨；反威权主义者往往会频繁跳槽，拖家带口改换门庭，永远在寻求自我实现。

镜子、世界、作者

一个人物在她的化妆镜中看到的人在很大程度上取决于她的过去。不过她的记忆往往是对过去发生的事情的解读而非

---

[i] in-group和out-group：社会学和社会心理学术语，最早由社会心理学家亨利·塔菲尔（Henri Tajfel）于1970年代在阐发其"社会认同理论"（social identity theory）时所提出并普及。"内团体"指成员之间彼此具有利益、立场和心理认同的社会团体，而与之对照的"外团体"，则是不被内团体成员认同而被排斥在外的个体。大略相当于传统中文语境中的"圈内"和"圈外"，或"小集团""小圈子""小派系""小山头""小帮派"及其排除者。内团体的认同黏性可以基于同龄群体、家族血缘、社区志趣、体育团队、政党立场、性别、性向、种族、宗教和民族等。

实际的事情本身。一个事件撞击到一个人物生活的瞬间,她的大脑便开始重塑其细节,削减掉很大部分,并对某些部分重新排序,于是常常会发明出从未发生过的事情。从她的重新建构中,她便能解析出事件的意义以及事件将如何影响她的为人。

目击过事件的其他人将会有第二种相当不同的解读;你作为作者,知道全部事实,又会有第三种观点;读者/观众还会添加第四种。

在你的写作过程中,轮流观照所有的观点,直到每一个特性,无论是外显的还是内隐的,都只服务于一个目的:"人物塑造"。

表达人物塑造

一个人物塑造可以通过"它是什么""它不是什么"和"它像什么"来表达。这三个总类至少能为作家提供九种各具特色的技巧:

1. 明喻。将一个人物塑造与他人或他物进行类比。例如,詹姆斯·瑟伯说他的《纽约客》的老板"……长得就像是一个不诚实的亚伯·林肯"。

2. 隐喻。将一个人物塑造与他人或他物直接勾连。就像上述,你可以从历史、神话、文学或流行文化中摘取人物:"她是一个有自制力的托尼·索普拉诺。"

3. 相关。将人物塑造作为个人习惯或职业的延伸。"她在同一个地方既找到了她的头发颜色,又找回了她的勇气……一个瓶子。"

4. 对比。对不同进行总体比较:"她不像是那种典型的大学毕业生。"

5. 对立。对矛盾进行更加尖锐的比较:"她是一个反智的博士。"

6. 告诉。有时候,读者也许需要明确告诉的语言来捕捉一个人物塑造的画面感:"她身高六尺二寸。"但在舞台上或银幕上,观众看到了演员,能本能地判断出她的身高。

7. 展示。供眼睛观看的动作:"她身高六尺二,不得不猫腰才能上我的车。"或者是供耳朵听的:"她上我车的时候,我听到了砰的一声,她的脑袋磕到了车门框上,随后便是一声惊叫:'他妈的!'"这两种情况都能激活想象力。

8. 自我评价。人物说自己的话有真有假,因为人都有自欺的天性,但她说的话以及对谁说,却能为人物塑造提供一个线索。"我是一个很有人缘的人。"

9. 他人评价。一个人说另一个人的话有真有假,因为人都有背后磨刀的倾向，但说的话本身以及是谁说的，却能为人物塑造提供一个重要线索。"她说她是一个很有人缘的人，但是……"

在《弗朗西斯·麦康伯短促的幸福生活》中，海明威介绍了玛戈特·麦康伯一大堆特性，然后用一个过去的选择锁定了她的人物真相：

> 她是一个极其漂亮、驻颜有术的美女。其社会地位令她在五年前便有五千美元的身价，用照片为一个她从未使用过的美容产品背书。

"美女"和"用照片"这样的描述便能闪现出你在翻阅时尚杂志时可能瞥见过的面部形象（外显特性），而"驻颜有术"和"社会地位"又给她罩上了一层特权阶层的光环（内隐特性）。而且，她能收钱去为一个自己从未用过的产品背书则暗示了一种弹性道德（人物真相）以及黑暗事件将要到来。

是，但她到底是谁？

"观物不可皮相"这句古老格言直接且深刻地适用于人物创作。外显特性和内隐特性构成了各种表皮，而这些表皮底下却隐藏着真相。因此，人物塑造仅仅是表达了一个人物表面上看起来是谁，而并不能说明她实际上是谁。

当读者或观众发现一个人物塑造可信而有趣时，他们的思绪会如此运转:"很有意思,可是她到底是谁?她到底是诚实还是不诚实?是富有爱心还是残酷无情?是坚强还是软弱?是慷慨还是自私?是善良还是邪恶?她这个人物的本质真相是什么?"下一章便要审视生活在视野之外和大脑内部的人物真相的各种内在方面。

The Inner Character

第八章 内在人物

一个人物公开的和个人的各种人格面具的组合便构成了其人物塑造，亦即他貌似是谁的外观门面。他的私密自我和隐藏自我便能揭示他的人物真相，亦即他事实上的内在真人。当我们刚开始遭遇一个人物时，我们会本能地突破人物塑造的表面去窥探其深处，寻求解答我们每见新人都必自问的一个问题：这个人……到底是谁？当人物在面临冲突采取行动时，答案便来了。

一个人物在其春风得意之时所做的选择几乎不能说明什么，因为这些选择不会让他付出什么代价，但在他最灰暗的时刻，当他面对强大的负面力量时，当风险最大时，他的行动便能揭示真相。他是谁？是真诚还是在说谎？是富有爱心还是残酷无情？是坚强还是软弱？是慷慨还是自私？是强迫症还是冷静？是善良还是邪恶？他是在帮忙还是在阻碍？他是来安慰的还是来惩罚的？他是来献身的还是来夺命的？他的人物真相是什么？

当然，人物绝不会自问这些问题。他也许会推测别人会对他怎么想；他也许会纳闷他的潜意识中到底在发生些什么；但只有他的作者才知道一切。是作者创造了他。作者知道他的各种社会的和个人的人格面具，外加人物用以掩藏自己无法面对的不堪真相的每一种自欺策略。

若要回答"他是谁"这个问题，作家必须将人物的显意识思维的内在世界和他的隐藏的潜意识冲动融会在一起。到最后，通过不断试错和即兴演绎，这两个自我便能熔铸成一个不折不扣的人物真相。

我们来审视一下驱动这些复杂人物的各种动机力量：

动机：让人物采取行动

> 人为什么要做他们做出的事情？
> ——每一个心理学家临死都想不透的问题

"动机"是作家词汇中最费解的一个术语，也是心理学家的难解之谜。当研究者询问他们的研究对象为什么要做他们做出的那些事情时，他们得到的反馈仅仅是一些分析理据，而非洞察见解。人物行动的"为什么"要比不在场的证明深奥得多，所以咱们首先得追溯其源头。

驱动人类的各种力量是来自过去从后推进，还是生发于未来往前拖拉？[1] 以我之见，动机和欲望构成了两种非常不同的能量。动机在一个人物的过去中扎下了根并从后推进，而欲望则锚定了未来并怂恿一个人物冲向来者。[2]

关于到底是什么从过去向前推进，科学理论分为两派：根植于基因的驱动力 vs 社会力量制造的压力。

从内到外的动机

每一个人类个体都被天赐了一整套欲求驱动力,以利其生存、繁衍并寻求人生的意义,等等。这些欲求都是下意识且漫无目的的。就像鼓荡船帆的风一样,它们从后推进,驱策着人物向前。因此,动机就是有待满足的胃口。

在没有别的东西可吃的时候,人光吃面包也的确能活。但一旦吃饱喝足之后,其更高的内在动机便会显现,当这些也得到满足之后,又会产生对更大事情的更新更高的渴望。人类是一种欲壑难填的动物。

以下是人性中的十二种内在动机,排序从原始到高端。这个清单可供参考,看看这些动机是否、何时以及如何驱动你的人物。

1. 不朽

据欧内斯特·贝克尔阐述,死亡是人生最强大的驱动力。[3] 知道我们肯定会死,便能激励我们意欲留下一些有价值的东西,比如墓碑,以象征我们曾经来过。的确,对死亡的恐惧激励人类为自己树碑立传: 城市及其摩天大楼,宗教及其圣殿,大学及其图书馆,以及最最不朽的艺术作品。我们冰川时代的祖先最历久不衰的表达就是留在洞壁上的图画。自从十万多年以前的第一批葬礼以来,人类作用于这个地球上的一切都仅仅是一个巨大的不朽工程。

2. 生存

生存指令迫使所有生物趋向被它们视为正面的方向。这便是捕鼠夹为何有效的原因。不过，人类的正面意识却固着于各种复杂的主观性之上。如果一个人类个体将某个行动视为生存的必须，但同时又是不道德的，尽管会有一些犹豫，但他最终还是会为了生存而采取行动。道德/非道德、善/恶、是/非、生存/灭绝是四套非常不同的价值。前三对表达的是理想；最后一对反映的则是现实。从一个人物的视点而言，只要能够保存其基因的任何行动都是正面的——无论是他自己的基因，还是其家族和部落的基因。这就是战争能打起来的原因。

3. 平衡

大脑中有一个小小的天平，在称量其周遭的各种正面vs负面的价值负荷，寻求一种平衡。彻底的失衡会威胁生存并将神志抛向过山车，所以大脑会自然地渴慕一种对其存续的掌控主权。例如，当一个罪恶将"正义/非正义"向负极倾斜时，社会便要求匡扶正义，作为一个恢复平衡的正面负荷。当《清道夫》中的三兄弟杀死了那个猥亵他们的牧师之后，所有人都松了一口气。正义得到匡扶，他们的生活终于安定于平衡。

4. 快乐

对快乐的渴慕是不可抵御的，即使未来可能会带来痛苦。遭到虐待的受害者，由于被残酷记忆缠绕，会用毒品来麻醉自己，以忘却自己的噩梦，但他们完全知道那种快乐是短暂的，而且更大的痛苦还在前面潜伏。

5. 性爱

在十九二十世纪之交，许多心理学家将其人类行为理论建立在单一的动因论之上。最著名的便是西格蒙德·弗洛伊德的论点：性本能驱策着所有的生活目标。

6. 权力

"自卑情结"的创始人阿尔弗雷德·阿德勒说过，权力欲是一切奋斗的焦点。人们无论跻身社会金字塔的什么位置，他们都会不断审视其上下，试图度量其相对权力。

7. 移情

对归属感的渴慕创造了部落。有了归属感，便会自然产生这样的感觉：一个成员遭受痛苦，所有其他成员也会感同身受，达于一种移情和谐，从而让自己更加心安理得。[4]

8. 贪欲

欲望永远不可餍足。贪欲的进程有如下三个步骤：

A. 贪心：对更多的渴求。人类是不会餍足的，而且永远会对现状失望。当一个人物的所需多于其理性预期时，他便生活在一种空虚状态。"我为越来越大的不满足付出越来越大的代价。"在莫里斯·韦斯特的小说《世界是用玻璃做的》中，安东尼娅·沃尔夫对卡尔·荣格如是说。

B. 羡慕：你没有而别人却有时的那种折磨感。当一个欲求之物似乎永远不可企及时，想要获取此物的欲望就会被颠覆为摧毁它的欲望。如果毁灭失败，艳羡而不得的人物便会沉溺于自怜之中。

在莎士比亚的《奥赛罗悲剧》中，埃古羡慕奥赛罗的勇猛和威望，于是他便毁了他；在梅尔维尔的《水手比利·巴德》中，克拉格阿特羡慕比利的美貌和善良，所以就毁了他。

C. 嫉妒：当有对手入场时，羡慕便升级为嫉妒。当担心自己心爱的人更喜欢一个对手时，嫉妒就能达到狂热的程度。

在《莫扎特》中，萨列里对莫扎特的才华燃烧着羡慕之火。他向上帝恳求："为什么是莫扎特？为什么不是我？"在盛怒之下，他从墙上扯下一个十字架，扔进壁炉烧掉了。冒着被诅咒的风险，渴求尊敬，被嫉妒撕裂，为了得到维也纳音乐赞助人的青睐而不顾一切，萨列里毁掉了他的年轻对手莫扎特。

9. 兴趣

"想要做"和"不得不做"之间的区别,便是这个世界的所有区别。这便是一项重复的工作为何是一项狗屁工作的原因,无论工资有多高。其唯一的疗救方法就是好奇心。大脑更喜欢做自己心甘情愿做的事情。它喜欢需要技巧的任务,喜欢名正言顺的工作,喜欢需要解决的问题,仅仅因为它们本身就是问题。这就是创作过程为什么会比完成作品更令人满足的原因。手段即目的。

10. 意义

维克多·弗兰克相信,一个无意义的人生便是一个眩晕的人生,令人头昏眼花地完全失控。[5] 一旦人们得到了他们以为自己想要得到的东西——金钱、名誉、一份高管工作——他们常常会陷入抑郁。成就便终止了赋予其人生以目标的奋斗。明显的解决办法就是寻求一个更新更深的目标,但对许多人而言,终其一生只有一个人生目标。

11. 实现

一个自知的头脑能意识到自己尚未开发的人性,亦即其精神和情感的潜能。一个有思想的人物会渴望深挖这些潜能并实现自己的内在期许。

12. 超越

卡尔·荣格相信，终极动机便是一种潜意识渴慕，追求浮士德式的至高无上，妄想着大脑无法企及的上帝般的全知全能，亦即一种形而上的完美。

这些内驱力可以无限组合，常常不为人知，不受己控，推动着我们走向未来。就像史前人类一样，我们依然会亲友而仇敌。唯一的进步只是用医院替代了巫师，用核弹替代了弓箭。科学只不过是提高了我们助人或杀敌的效率而已，而动机却亘古未变。[6]

由表及里的动机

现在咱们可以颠倒视点，由表及里地审视一下动机。

一个故事讲述人会研究其背景的社会机构——经济的、政治的、宗教的——来权衡其对卡司的影响。尽管文化制度会影响趋势（想想社交媒体的弥漫效果），但是如果一个作家将群体动机理论强加给一个具体人物的话，他便有把条件误认为原因的风险。例如，贫穷与富有是条件而不是原因。贫穷导致的身体和心理痛苦也许会影响一个人物变成一个精神领袖去解救人世的苦难，也可能会导致一个暴力罪犯去增添这种苦难，或者什么也不会发生，人物仅仅是咬牙隐忍。

无论是贫穷还是富有,都不会直接导致犯罪。贫富两极所孳生的罪恶基本上是比例相等的。

所以,若要一种外部社会力量(比如一个电视广告)去激励人物采取行动,它首先必须作用于人物的感官(他得看到广告),然后再一路直达其潜意识的激励因素(撩拨食欲),直至其最终采取行动(购物)。大规模的社会力量肯定能影响一个卡司,但它们必须对这些独一的人格进行各个击破,而且谁也不知对方会做出什么样的反应。

一个人物受过教育,并不等于他就见多识广;一个人物愚昧无知,并不等于他就粗鲁低俗;人物是一个仆人,并不等于他就得卑躬屈膝。毁掉一个人物的一些痛苦事件也许就能激励另一个人物,而第三个人物也许一觉醒来就能释怀。[7] 当一个具体的人物在一个具体的场景采取行动之时,周遭文化的效应会变得独一无二且不可预测。

欲望目标

一个经典的故事都会以主人公生活的总体平衡作为开篇,其沉浮起落多多少少都是人生之常。但是,随后便有事情发生:一个激励事件要么是机缘巧合,要么是有人刻意而为,将主人公的生活抛入一种彻底的失衡状态。

激励事件可以让主人公的生活转个急弯而倾向正极(罗密欧爱上朱丽叶),也可以令其坠入暗黑的负极深渊(哈姆雷特发现他父亲被谋杀)。无论何种情况,当生活乱套之后，潜意识中的一种求稳欲望便会被激活而进入显意识。这一平衡欲便成为一个人物的"超级目标"。

意识到生活已经失衡之后，主人公会想象一个意在扭转乾坤的解决办法，其表达方式要么是情境性的（接受真爱），要么是身体力行的（手刃仇人）。带来正向改变的东西，我们称之为"欲望目标"。主人公觉得，如果他能达成这个目标，他的生活就能恢复平衡。既然已经知道自己想要什么，他就可以采取行动了。他要恢复生活平衡的超级目标以及他对欲望目标的追求，将会指引他直奔故事的终极危机和高潮。

在每一个故事中，主人公的超级目标都会将其行动指向一个独一无二的欲望目标。例如，"动作类型"常常会瞄准某种可以亲手拿捏的事物。在《大白鲨》中，便是一条必死的鲨鱼。"教育类型"的欲望目标通常是要寻找你能装在心里的东西。在拉尔夫·埃里森的小说《隐形人》中，主人公要寻找的是一个身份，是"我是谁？"这个问题的答案。

因此，一个动机（例如，权力欲）原本是一个没有明确焦点的潜意识存在，直到一个激励事件将其激活并聚焦于一个具体欲望。通过制造一种平衡未来的需求，激励事件将动机化为行动并形成欲望目标，牵引着主人公完成故事的全程跋涉。

例如：

在"悲剧情节"中，比如《罗密欧和朱丽叶的悲剧》，罗密欧被撩拨起来的力比多（"5号动机"）固着于一个刺激源（精致优美的朱丽叶），激发出一个行动（爬阳台），以追求主人公的终极欲望目标（娶朱丽叶为妻）。

在"动作情节"中，比如《维京传奇》，一个年轻武士第一次尝到了胜利的滋味，而这一激励事件合并了"7号动机"和"8号动机"，激起了他的统治欲。王冠便是其辉煌的欲望目标，吸引着他走向未来。

在"堕落情节"中，比如约翰·肯尼迪·图尔所著的《愚人联盟》、君特·格拉斯所著的《铁皮鼓》、帕特里克·聚斯金德所著的《香水》和马丁·麦克唐纳所著的《丽南山的美人》，主人公都遭遇了心理创伤，点燃了其潜意识中的第1、2、3号动机。其欲望目标促使其采取怪诞乃至凶残的行为，直到最终以自杀或疯狂或二者兼有为结局。

选择揭示人物真相

一个作家如何表达一个人物的内在本性？

不是凭借人物塑造。事实上，一个人物的外在行为越引人入胜，读者/观众便越想发现其内在的真实对位点：杰克显得很强硬，但他的软弱点在哪儿？

不是凭借别人怎么说他。一个人物对另一个人物的笃定看法或真或假，但说了什么以及是谁说的，也许能作为未来分晓的伏笔。

不是凭借一个人物的自我评价。观众和读者在听到一个人物忏悔或吹嘘时，都是带着高度怀疑的。他们知道人的自欺远远多于自知。

于是，他们要寻找能够堆砌压力的事件，以其唯一可以信任的方法——选择，来揭露人物真相。一个人成为他自己全赖其一生中所做出的各种选择。

从阿米巴虫到类人猿，所有的地球生物都要遵循自然的"第一法则"：选择生存。自然迫使每一种生命必须朝向其自认为的正极方向行动以保存其基因。瞪羚视点中的暴死，对狮子来说便是美餐。

求生而畏死的自然偏好引领着所有的人选择朝向正极（有利于生的一切）而远离负极（暗示死亡的一切）。即如苏格拉底所教导，没有人会心甘情愿地去做他相信是错的事；相反，每一个人都会趋向一个感知到的正极而行动。在这种事情上，主观性便是一切。当生存需要的时候，大脑会简单地将缺德重新定义为美德。[8]

如果读者/观众明白了人物的视点并看到他们面临一个简单的正/负选择（幸福/苦难、正确/错误）时，他们就会提前知道（也许比人物本人还早）他将会如何选择。他会拒绝负极而选择他认为的正极。核心自我永远会如此行事。这是"第一法则"。因此，同一件事情的正负负荷（贫穷 vs 富有、愚昧 vs 智慧、丑 vs 美）之间的明确选择其实是微不足道的。

两难揭示人物真相

唯一具有戏剧张力并能揭示人物真相的决定就是在两件价值几乎相等的事情之间的选择。这些两难分为两类：正向与负向。

正向两难让人物面对两个同样求之不得却又不可调和的可能性。他两者都想要，但情势迫使他只能选择一个。例如，在"浪漫喜剧"的经典两难中，一个女人发现自己纠结于两个男人之间：一个富有爱心、忠诚、慷慨，却索然无趣，而另一个则充满激情、才华横溢、令人痴迷，却肯定会破碎她的心。

负向两难令人物面对两个同样唯恐躲之不及的可能性。他两个都不想要，但情势逼迫他必须两害取其轻。例如，经典的婚姻戏：一个女人如果不嫁给她的家庭赞许的那个男人，他们就不认她了，但她如果真嫁给了她的家庭替她挑选的这个男人，她将会索然无趣地苦度一生。

明确的选择属于轻而易举的选择而且毫无危险，而两难之选却会让人物面临压力，冒着风险。明确选择对读者/观众的未知的东西几无揭示甚至毫无揭示；两难中的一个决定能让各种另类的选择纵横驰骋于人物的想象中。当他挣扎于这些多选之选时，各种可能性的推拉张力便将读者/观众的好奇心推向故事高潮：他最后会做什么？

无论他如何选择，他在压力之下的行动便能揭示他的人物真相。

三个例子：在柯恩兄弟根据科马克·麦卡锡的小说改编的电影《老无所依》中，李维林·莫斯为了偷来的240万美元毒品钱而甘冒生命危险。他选择了金钱并为此付出了他自己及其妻子的生命代价。在林恩·诺塔奇的戏剧《汗水》中，辛西娅必须做出两难之选：与自己的终身工人阶级朋友一起罢工 vs 一个低层管理的新工作。她选择了工作并牺牲了她的友谊。在安德鲁·西恩·格利尔所著的小说《莱斯》中，阿瑟·莱斯面临着这样的两难：继续奋斗以臻创作成就的完满并付出必需的痛苦牺牲 vs 退而求其次以获得更加潇洒悠闲生活的乐趣。他选择了后者。

对抗揭示人物真相

当人物在高危两难中采取一个行动时，他会不可避免地触发他的世界中的各种对抗力量。若要克服这些障碍，他必须持续不断地出奇招。他的选择时而出于直觉本能，时而通过深思熟虑，但总是会面临巨大压力：只能险中求存，败中求胜。这种充满风险的压力越大，其选择对他内心深处到底是谁的揭示就会越深、越真。

随着更进一步的事件冲击其生活，他的进化本性会选择对自己以前的信仰和价值或顺从，或叛逆，或接受，或拒斥。任何感同身受的经历都不可能中立；任何选择都不可能不偏不倚；任何行动都不可能不个人化。因此，通过选择和行动，他要么使自己更文明或去文明，他要么成长为一个真正的人，要么将自己矮化。

因此，压力的度数便是衡量性格真相的深度与质量的标尺。例如，我们如何才能确知一个人物是真诚还是不真诚？当一切都没有风险，而且压力很轻时，说真话就不会有痛苦。但是，当一切，甚至包括生命本身，都利害攸关时，当后果会抻到人类忍受的极限时，那么，在说真话或说假话这个选择上，就会加增酷刑般的压力。无论人物以什么方式行动，他的选择都会传递出对其核心自我深刻的洞察。

一旦人物选择了一个战术，他会把行为的执行任务交给代理自我，代理自我会戴上他的某一个个人的或社会的人格面具。在没有亲自执导节目的时候，核心自我会像纪录片剧组一样，从始至终地在一旁观察、倾听并录制他的各种外在自我所做的每一件有趣的事情。随后，核心自我通常会惋惜他没有做得尽善尽美。

在创作一个复杂人物时，想象一下从正极（比如，爱、勇气、希望）延伸到负极（比如，恨、懦弱、绝望）的整个谱系中他的所有价值。例如，如果他遭遇生命危险，他在勇气/懦弱价值谱上的站位是哪儿？复杂人物能够感觉到二者均沾。如果他的生活失去了意义，他在希望/绝望价值谱上如何看待他的未来？如果他突然走了桃花运，他是否能够欣然去爱？在爱/恨价值谱上，他会把自己定位在哪里？

考虑一下诚实/不诚实的价值谱。一个人物也许会显得很真诚，别人也可能会说他是一个老实人，而且他自己也会坚称自己实在，但读者/观众怎么才能确知他是一个忠厚的人，还是一个撒谎成性、见风使舵的人？如果他一无所失而选择讲了真话，他的真诚便显得微不足道，因为讲真话毫无风险。但是，如果他遭遇了严峻威胁，撒谎能救他一命，他还是选择讲了真话，那么他的真诚便能深入人心。而另一方面,如果人物是一个牧师,在遭遇威胁时他拒绝背信弃义,他的真诚却并不会显得那样令人钦佩,因其神圣誓言决定了他并没有太多自由选择。

选择与自我之间的相互作用,赋予了作家三个宏大原则,以指导其创作:

1. 当一个人物是在冒着风险、遭遇压力的情况下追求欲望时,他的行动选择便能表达其人物真相。
2. 风险和压力越大,其选择的表现力便越深、越真。
3. 选择越自由,其选择对人物身份的揭示还会更深、更真。

考虑一下四个悲剧角色:奥赛罗、李尔、麦克白和哈姆雷特。都是精彩人物,但哈姆雷特却最复杂。为什么?选择。奥赛罗的嫉妒使他盲目,李尔的女儿们替他做决定,女巫的预言引领麦克白走向其命运。哈姆雷特的选择更自由,更多样化。他可以选择自杀或不自杀,复仇或不复仇,爱奥菲利亚或不爱,杀死波洛尼乌斯或不杀,发现人生毫无意义或充满意义,保持清醒或发疯……全是因为他有选择的无限自由。

因此,选择与人物发展的关系如下:如果一个人物只是围绕一个单一价值进行了一些毫无风险的选择,那他就是肤浅而单维的。如果人物面临多种不同价值进行了无数充满风险的选择,那么他就会变得复杂,因此而将读者/观众引入他的内在生活。

例如，在《继承之战》的开篇几集中，专横独裁的洛根·罗伊（布莱恩·考克斯饰）对其吸毒儿子肯达尔（杰里米·斯特朗饰）管制很严，给他的选择几趋于无。肯达尔的反应使他在观众眼里显得软弱、肤浅、卑微。但他一旦摆脱了父亲的束缚，追寻他自己的各种危险选择时，他的人物真相便增加了权重和复杂性，赢得了我们的移情。

人物真相与情绪

当一个人物采取了一个行动，他的世界便会以对抗做出反应，场景中利害攸关的价值负荷将会改变。如果价值负荷发生从负极到正极的位移，人物便能经历一种总体为正向的情绪体验。反之，如果价值负荷从正极逆转为负极，他的情绪体验便会总体转负。即如第七章所述，情绪是变化的副产品。

一个刺激物，如好消息或坏消息，会导致腺体张开，在血管内灌注一种化学鸡尾酒，使其慢慢迷醉于一种特别情绪。一个美景会在大脑内灌注多巴胺和血清素，喷发一股快乐的清流；一个丑恶的影像会发送出化学物质，影响扁桃腺和岛叶皮质，导致恶心的刺痛。不过，大脑的边缘系统会很快产生化学抗体来平复并去除各种情绪，让身心回复一种平静状态。快乐和痛苦的强烈体验会登峰造极，然后逐渐回落。

快乐和痛苦还可以细分为各种不同的程度或品质，尽管究竟有多少尚无科学定论。

传统心理学仅仅列出六种：喜悦、畏惧、愤怒、悲伤、恶心和惊奇。（注意，这里唯一明确的正面情绪只有喜悦。）为了把这些状态转化为作家的写作工具，我将其扩展为一个六对对立范畴的清单，为作家提供了一个具有十二种情绪的调色板：爱/恨、亲善/愤怒、喜悦/忧伤、惊奇/震撼、快乐/恶心、勇气/畏惧。

"情绪"（emotion）和"情感"（feeling）这两个词经常混用，但我认为，二者在冲击力的强度上有很大差别。情绪会以突如其来之势强烈来袭，并达到登峰造极的烈度，然后会随着时间推移而渐渐消隐。情感则是更加缓慢地降临到你的头上，安坐在经验的背景中，并持续很长的时期。喜悦是一种情绪，幸福是一种情感；忧伤是一种情绪，悲哀是一种情感。

你知道情绪的来龙去脉。一天早晨醒来，你感觉特好，于是乎一整天都会面带微笑地度过。这根本就没有什么特别理由，你正好就处于你的内心跷跷板的乐观高点上。或者，你一整天都是在愁云满头中度过，这还是没什么充分理由，你只不过是碰巧情绪低落而已。

而感情却常常能在原始刺激被遗忘很久之后依然为一个人格增光添彩，并对一个角色的人物塑造构成终生影响。比如，成功的自豪 vs 失败的耻辱，对光明未来的希望 vs 对灾难的预感，轻松的心情 vs 乖戾的灵魂，对爱人的信任 vs 对不忠的怀疑，等等。

从一个转折点到另一个转折点，生命价值的动态负荷变化会将人物推向上述清单中的十二种情绪之一。例如，在

"浪漫喜剧"中，坠入情网能让一个忧伤人物充满喜悦，而失恋则能给一个喜悦人物带来忧伤。

但是，在写作一个场景时，知道潜在的情绪仅仅是一个出发点。纯粹状态的情绪会像钝器一样击中一个人物。在生活中，那十二种原初激情会呈现出品质各异、烈度微妙的无限组合。因此，到底是什么东西在决定一个人物在任何具体的场景中要表达什么样具体色度的情绪？答案是：人物塑造。从一个独特人格中散发出来的心情、情感、格调和机理能将一种原初情绪浇铸成一种真正原创的表演。一个人物的喜悦也许可以用煞有介事的歌舞常规来表达，而另一个人物却仅仅是眼角堆笑而已。

人物真相与反应

现实会限制一个人类个体所能采取的基本行动的数量。一个人可以选择接受教育或生活在无知中，结婚或独身、工作或赋闲、节制饮食或胡吃海喝、过正面人生或逃避生活，如此等等，但清单绝不会太长。在另一方面，一个人对任何行动可能做出的瞬时反应却是五花八门，似无穷匮。

例如，当一个人物在接受教育的奋斗过程中，他对学习考验的可能反应，其不同和繁多，一如全世界所有学校的学生的种类和数量。爱情、工作、健康以及人生中的所有其他重大方面，情况也是一样。当各种负面力量阻挡其前路时，一个人物所做的选择表达的是他的核心身份，但他的反应方式却使他变得独一无二。

在《卡萨布兰卡》中，里克·布莱恩（亨弗莱·鲍嘉饰）问维克多·拉兹罗（保罗·亨雷德饰）为什么总是要为反法西斯事业甘冒生命危险：

> 拉兹罗：因为我们如果停止呼吸，我们就会死。我们如果停止与敌人战斗，世界就会死。
>
> 里克：那又如何？世界死了才能脱离苦难。

拉兹罗的优雅宣告是任何理想主义者都可能给出的答案，而里克的反应却是这个人物独有的特殊性，因为他相信文明的死亡是一个仁慈行为。里克的选择，独一无二，非他莫属，使他这个版本的美国反英雄形象空前绝后，前无古人，后无来者。

让这个原则来引领你的人物创作工作：压力之下的选择表达人物真相，但细致入微、前所未见的各种反应却能让一个人物塑造与众不同，妙趣横生。

人物真相与自由意志

作家的想象是人物做出每一个决定并采取每一个行动的唯一源泉，人物的选择实际上就是作者的选择。但从观众和读者的视点而言，似乎正好相反。在一个虚构的世界，独立的人物过着独立的生活，完全凭借他们自己的自由意志而行事。所以在这两个场域中,一个"就是",一个"就像",人类的选择能有多大自由度?

《黑客帝国》探索的便是这个问题,主人公尼奥(基努·里维斯饰)发现,他所经历的现实实际上只是一个被称为"黑客帝国"的感应幻境。这个虚假的世界是由一个全能的人工智能(AI)创造出来的,为的是欺骗被其奴役的人类相信他们是自由的,而AI便可以利用其身体作为生物电池来运行它的机器。尼奥必须战斗,以获得打败AI代理人所需要的意志力,从而摆脱黑客帝国的奴役。

自由意志/决定论的辩论是一个亘古之争,但是随着神经科学和量子理论的近期崛起,古老的辩题又重获新生。一方坚称,自由意志只是一个幻觉,所有的选择都由人类无法掌控的外力导致;[9]其他人则相信,意志是独立于任何导因而自由运行的,无论内外。[10]这一争论一直影响着崇尚虚构主义和写实主义的两派作家。你倾向于哪一派,便构建了你所讲述的故事,以及你为故事安排的卡司。

反对自由意志

自由意志的否认者认为,若要意志变得自由,选择就必须无因。一个无因的决定与过去的任何东西都毫无关联,因此便是完全自发的。但是,即如我们所知,在物理宇宙中,所有的行动,无论是人类的,还是宇宙的,当然都是有因的。即使是大爆炸,也是有原因的(尽管尚属未知)。否认者的逻辑认为，由于无因之因属于"不当结论"的逻辑谬误，所以人类选择不可能自由。

支持自由意志

在《弗尔蒂旅馆》中，巴兹尔的汽车抛锚了。在经过严厉警告之后，他数了三下，给他的车最后一次机会，然后怒吼：

> 对，我警告过你！我一次又一次地给你规定了底线！对！我他妈的要好好地抽你一顿！

他从附近一棵树上扯下一根树枝，把挡泥板上的油漆都抽打掉了。巴兹尔怪罪汽车，我们怪罪巴兹尔。

不过，假设就像那辆汽车一样，巴兹尔别无选择。假设这个过错是他大脑化学反应中的一个精神分裂瑕疵，或者是他成长过程中的一个缺陷。如果是这样的话，那么我们是不是要怪罪他父母？可是，如果他的父母没有自由意志，我们怎么能谴责他们？我们不能。若要对这一过错追本溯源的话，我们必须无限逆推，而且永无尽头，所以我们只能选择相信，巴兹尔对汽车的虐待完全是出于他自己的自由意志。

相信我们没有自由意志，并不同于相信我们不做选择。[11] 无论我们的基因和个人历史如何结合起来影响我们的心智，我们的各种选择总是显得很真实。我们感觉到，在我们的内心深处，我们的神经过程会依据对可能结果的感知来选取行动,即我们认为在采取行动之后会发生什么。我们将自己生活经验的总和与当时当刻的情境进行融合,想象出一个后果,然后做出选择。如果不相信选择论,我们就不可能要求自己对我们所做的任何事情负责。法律会烟消云散,个人束缚会土崩瓦解,《人类清除计划》将会成为每年365天每天24小时的现实。

如果我们没有自由意志,我们怎么能够通过增删融改等方法把我们自己变成一个过去从来不曾有过的新人?如果人类意志是不自由的(至少在某种程度上),那么创造和改变怎么成为可能?如果所有的选择都是由过去决定的,那么任何新生事物是怎么来到这个世界的?如果自由意志并不存在,那么一切没必要的东西都将不复存在,而历史却充斥着人类仅仅为了娱乐而制造的各种东西。就像孩子用在家里翻箱倒柜找出的东西来编制游戏一样,艺术家用已经存在的东西发明创造出从未存在的东西。童年玩乐就是自由选择的精髓,而成熟艺术便是其最充分的表达。[12]

即如我们前面所指出,你创作的任何故事,都同时可以作为支持和反对自由意志的论据。当一个故事开始时,我们展望其未知的未来,几乎一切皆有可能。但到高潮时,因为我们已经深入了解主人公的心路历程,看到了围绕他而发生的全阵列的社会力量、个人力量和物理力量,我们便意识到,他所做出的各种选择仅仅是他能够和可能做出的选择,他从他的世界得到的各种反应也仅仅是他的世界能够和可能给予他的反应,他所选取的路径是他唯一可能选取的路径。

从激励事件开始展望故事高潮的时候,人物选择似乎是自由而不可预测的,但若从高潮回望激励事件时,他的选择却又是那样不可避免,命中注定。一个方向是自由意志;另一个方向则是有追溯效力的决定论。

我们的自由意志意识也许仅仅是一个幻觉,产生于对其原因的无知,但若果真如此,那也是我们的幻觉,我们别无选择,只有拥抱它。当你的人物做出选择时,他们面临四种可能的路径,以利其做出决定。两种在其控制之外,两种在其自由意志的选择之内:

1. 情势将一个人物的生活推向这样或那样的方向,并决定其选择,或好或坏,无论他喜欢还是不喜欢。

2. 潜意识自我做出选择,而核心自我却永远不会意识到或对其进行理性疏导。

3. 人物快速考虑该怎么办。当各种选择进入脑海时,他会抓住其中一个,然后做出一个本能决定。

4. 人物慢慢思考他的选择,对其利弊列出清单,然后再比对所有可能的后果,并对其效果进行审慎的权衡,最后才做出选择。这种理性模式通常都是一个人物铸成人生大错的前奏。

归根结底,作为作者,所有的选择都是你自己的。

The Dimensional Character

第九章 多维人物

对立统一

复习一下：一个角色的人物塑造掩藏着她的人物真相并一起飘浮于她的潜意识，那是一片由内驱力和欲望、不假思索的习惯和性情海潮汇成的海洋。这三个方面——外在、内在和隐藏——汇聚在一起完成一个人物，但是什么东西在保证其不分崩离析？是什么东西将表面的人格面具、各种内在自我和潜意识内驱力聚合成一个统一的人物？

答案是：矛盾的力量。

在公元前五世纪，哲学家赫拉克利特指出，现实是通过一个矛盾系统来维持自己的稳定的："冷会热，热会凉；湿变干，干变湿。"热/冷合成温度，干/湿统一为湿度，生/死铸造出生命。一切物理存在的动态皆运行如斯，"对立统一"便由此而生。

这个原理也适用于人类。一个人从出生的那一瞬间，便开始死亡。在其生命的每一个节点上，她都已经进化却仍在进化之中，边梦边醒，边醒边梦。无论其年龄几何，她都同时又小又老——比老的小，比小的老。无论其性取向如何，她都同时兼具雌雄特性。

在每一个设计精巧的角色的和谐状态中，都有一整套活生生的矛盾在相互交织。因此，对立统一便是人物复杂性的构成原理。充斥着复杂人物的各种故事，都会以一种纯粹的审美形式保持着各种基本矛盾，将美与丑、专制与自由、善与恶、真理与谎言等，统一在一起。

人物维度

人性的情绪仪器是悬挂在一个暴烈的过去之上的，那是苏格拉底、佛祖或耶稣得以对其进行重调之前数十万年的时代。诚实、慷慨和勇气等美德随时都能在同一个社会同一个人身上颠覆为背叛、自私和怯懦。结果就是，悖论统领人性：人们对其家庭既爱又恨，对时间既珍惜又浪费，既追求真理又否认常理，既珍重自然又污染自然，既渴望和平又嗜好战争。复杂人物首先会展示出一个特殊的自我，然后改变为其对立面，然后再改回来。

这些动态有一个型制。它们在两极之间来回摇摆，取决于一个人物与其他人物之间以及与其内心自我之间的关系——有些是正面的，有些是负面的。一个专业强人的流行客户便是一个自身高能却又处于高压之中的经理人，她会鄙视她的下属，却又神化她的上司。为了在权力的快感与屈辱的苦痛之间找到一种平衡，她会屈从于鞭笞。心理学家杜撰了"施虐受虐狂"这个矛盾修辞法的完美案例来命名迪奥套装中的这一矛盾。

当一个人物的内在和外在本性融合为一个单一功能时，角色便凝固为一种类型："护士""警察""教师""超级英雄""恶棍""密友"，诸如此类。但是，当有各种矛盾加持到一个角色上时，它们便能激活为一个更加全面、更加复杂、更加引人入胜的人物。这些对立便构成了"维度"。

多维人物能撩拨我们的好奇，令我们纳闷一个矛盾的两面如何能存续于同一个人的内心。正因为此，人物才变得不可预测，反而更加引人入胜。从一个瞬间到另一个瞬间，谁知道哪一面会显现出来？

六个维度的复杂性

维度横跨的是一个角色的外在人物塑造的各个不同方面、各种不同的内在自我以及隐藏自我的各个不同切面。更有甚者，这三个层面还常常相互矛盾。结果是，一个复杂人物可能涵盖六种不同的维度：

1. 人物塑造的两面之间的矛盾

捕捉一下这样的画面：一个女人每天早晨要花一个小时才能化好妆，却懒得刷牙。假设这个女人还虐待自己的配偶却宠溺自己的孩子，奉承老板却欺压员工。这三个维度将人物塑造的各种素质——其身体自我、个人自我和社会自我——熔铸为饶有趣味的行为，令读者/观众洞察到对她而言，什么重要，什么不重要。

在人物塑造的层面，人物对自己的各种特性有自知之明，尽管他们很少会将其视为矛盾体。相反，他们会理直气壮地认为其必要。这些行为在其他卡司身上也表现明显，他们只会选择对自己有利的自我评价。

2. 人物塑造与人物真相之间的矛盾

脑补一个老年妇人坐在轮椅上打盹。当她醒来时，她凝视着养老院的男人们，眼里突然闪现出一种光芒，被其对浪漫爱情的永恒春梦点燃。

3. 人物塑造与潜意识欲望之间的矛盾

想象一个超级活跃的女人，她永远不停地干活，但其内在自我却一直保持着深刻平静。这个宁静自我只有在其面对危险时才会浮现。遇到威胁时，她会岿然不动，坚强而专注。

要发现一个人物的潜意识，关键又是矛盾。当一个人物说一套做一套时，可能的原因是什么？一、她在撒谎。她知道她真正想要的是什么，但表面上却假装要相反的东西。二、她很诚实。她真的相信她说的是实话，真正想要的就是她说她想要的，但当她试图去得到它时，却有东西在釜底抽薪地阻挠她的努力。她不知道为什么，但她总会时不时地以黑脸面对世界。一股矛盾力量生活在她的潜意识中。

4. 两个显意识欲望之间的矛盾

通奸者两难：一个女人撕扯于对丈夫的忠心和对情人的激情之间。

在人物真相的层面上，一个显意识中的自知理性在分析她的内在矛盾，为此而操心并试图挣扎着做出一个选择。如果她与他人谈论她的两难，那就变成了人物塑造的一个方面。如果她一直将其作为秘密而保存为仅仅属于她自己的潜文本冲突，读者/观众只能通过暗示才能感知到。不过，一旦她做出行动选择，读者/观众便能明确地读出她的心思，意识到她的内在维度。

为了象征两个显意识欲望之间的各种维度，塞缪尔·贝克特（《等待戈多》）、让·热内（《女仆》）和苏珊-洛瑞·帕克斯（《上风狗/下风狗》）等戏剧家诉诸的手法是将理智一分为二，用一对互相争吵的人物来象征一个内在矛盾。

5. 一个显意识欲望和一个潜意识欲望之间的矛盾

恋人两难：对未婚妻的炽烈激情vs对委托终身的惧怕。

为了象征这第五类维度，诸多小说，如罗伯特·路易斯·史蒂文森的《化身博士》以及两部都叫《双重人格》的小说（一部为陀思妥耶夫斯基所著，另一部为若泽·萨拉马所著），用一对具有矛盾内驱力的二重人物组合（一个趋善，一个从恶），使其互为镜像，来表现显意识/潜意识矛盾。

在《绝命毒师》中，制作人文斯·吉利根给他的主人公沃尔特·怀特赋予了一个称为海森伯格的秘密的第二自我。这个二重身在第5季第14集中生动地现身：一个纳粹摩托帮的帮主杰克把沃尔特的姐夫汉克逼到了枪口上。当杰克举枪要射击时，沃尔特为救汉克一命便开始哀求。他在乞求的时候，便是沃尔特，一个具有显意识关爱能力的人。

但是，当纳粹杰克枪杀了汉克之后，沃尔特马上便背叛了杰西，他的最好朋友和搭档。在那一幕中，海森伯格，沃尔特的野蛮潜意识化身，便占据上风。

6. 两个显意识动机之间的矛盾

家庭两难：你需要为你所爱的人而牺牲自己的欲望vs你需要为实现自己的个人野心而牺牲他人。

潜意识维度存续于知觉的层面之下，不假思索，无以言表。再一次，读者/观众只能通过人物在压力之下的行动选择来感知其内在矛盾。

例如，孩子常常会对家长心存矛盾的潜意识态度：恐惧与敬畏、爱与恨。在《哈姆雷特悲剧》中，莎士比亚在两个人物身上投射了一个儿子的矛盾情感：高贵的父亲vs卑鄙的叔父。《狮子王》（大团圆的《哈姆雷特》）在舞台和银幕上重复了这一二元性。《灰姑娘》中的仙女教母vs邪恶继母对女儿们来说也是如此。

在《假面》中，英格玛·伯格曼将护士和病人融合为一个女人，然后将她们拆分为两个，然后又融合成一个，然后又两个……如此表达了一个分裂的灵魂。

在《黑天鹅》（编剧：安德烈·海恩斯、马克·海曼和约翰·麦克拉夫林）中，妮娜·塞耶斯（娜塔莉·波特曼饰）是一个芭蕾舞演员，正在排演柴可夫斯基的《天鹅湖》，她深受两个分裂自我的冲突之苦。由于芭蕾舞剧要求同一个演员来扮演两个对立的主人公"白天鹅"和"黑天鹅"，影片便利用这个设置来对她的双重自我进行了生动刻画。

"白天鹅"角色要求匀称、优雅、冷峻的反性感，而且最最重要的是，精准的技巧，以定义妮娜对均衡完美的渴慕。"黑天鹅"则要求相反的才华：创新、随性、性感放纵——妮娜竭尽全力想要压制的内心深处的强大而鲜活的原始欲望。神经紧绷的"白天鹅"和淫逸而压抑的"黑天鹅"之间的战争便以偏执狂的幻觉呈现出来。在高潮处，妮娜的两个自我终于以一场实现生命价值的辉煌演出而联手，然后便互相消耗，直至其临终低语："实在太完美了。"

若想知道对立统一的现实生活例证，可以了解一下小说家、戏剧家、银幕剧作家以及多维名人格雷厄姆·格林。他既自我憎恨又自我崇拜，既严于律己又自暴自弃，既纵情声色又愤世苦修，既笃信天主教又终身寻花问柳，既是一个诺贝尔奖提名的小说家又是一个低俗小说的雇佣写手，既是一个严谨的神学家又是一个道德相对主义者，既是一个沙龙共产主义者又是一个密室君主主义者，既是一个反帝斗士又是一个后殖民主义寄生虫，既是一个有缺点的文明人又是一个心智错乱的瘾君子。格林是一个特立独行的艺术家，但也无法跳出人性之外。[1]

为了使人物在时间上统一，各种维度必须始终如一。如果一个男人曾有一次从树上救下小猫的经历，这并不能构成一个维度，这只不过是为了博得读者/观众的廉价同情的无偿善意而已。如果一个女人在故事通篇都在救猫却突然踢了一条狗，这也不能构成一个维度，这只不过是一时性急的焦躁之举而已。

维度必须是多变的。一个人物爱猫却恨狗，所以会救猫而弃狗，并因此而在其内心进行思想斗争。读者/观众便会饶有兴致并富于好奇地想要发现这种神经质矛盾的根源，只要其型制不会变得重复冗赘。一个维度需要一定的不可预测性和进展过程——被救被弃的猫狗并不是在同一个后院内的同一只猫同一条狗。

更有甚者，为了保持其张力，一个维度必须显得无解：一个无神论者坚称没有任何东西是永恒的，却在潜意识中渴望永垂不朽；一个神经科学家出于自己的自由意志而选择相信自由意志仅仅是一个幻觉而已；一个拉斯维加斯的赔率制定者偷偷地窃喜于不可预测的赌盘结局。

定义性维度

一个主人公所包含的维度也许远超三个以上，而第一圈层的支持型角色一般只容一两个,但是,无论用多少维度来诠释一个角色,它们之间的权重和焦点不能均等。必须有一个矗立于前景,定义一个人物的基本精神,而由其他维度来完成人物刻画。

在我给格雷厄姆·格林归类的九个维度中,哪一个对其身份不可或缺,一旦移除,他便随之消失?我会建议"严肃作家/雇佣写手"。其他八个维度可以栖居于任何他者,但格林在自己内心深处所展开的创作斗争则非他莫属。这一点便定义了他。

为明确起见,我再重申一遍:一个维度是一个人物的人性中各种平面内部或之间的一个始终如一的矛盾。在一个复杂多维的人物身上,总有一个维度会向前跨出一步来定义其独一无二的身份。

个案研究:奥德修斯

在一个关于"塑造世界的一百个故事"的最近调查中,国际专家将荷马三千年前的史诗《奥德赛》名列第一,他的《伊利亚特》紧随其后。[2] 当荷马的人物奋力抗争心怀惩戒恶意的超性别诸神以及恶魔梦魇般的各路怪兽时,在两个故事中的诸多场景就像是高烧诡梦一样。然而,尽管充斥着欲与火,《伊利亚特》和《奥德赛》却是欧洲文化的奠基性故事,其支柱人物伊萨卡国王奥德修斯则是史上第一个多维人物。

这两个故事中的这位百折不挠的英雄用了十年时间与特

洛伊城邦交战（《伊利亚特》），然后再花十年乘风破浪，奋力回归（《奥德赛》）。奥德修斯斗顽敌、战怒神，抵御女妖诱惑，降服嗜血猛兽，凭借勇武、时运以及足智多谋的临场发挥而终占上风。

《伊利亚特》给了奥德修斯前两个维度——"实用主义 / 理想主义"和"顺从 / 叛逆"。但在《奥德赛》的开篇第一行将其介绍为"一个复杂的人"时，他又获得六个额外的维度："真诚 / 欺诈""聪慧 / 蠢笨""光明正大 / 贼性泛滥""忠心 / 不忠""冷静 / 暴怒""保护 / 危害"。[3]

实用主义 / 理想主义

奥德修斯是一个实用主义战士。对他来说，理想主义的荣耀法典会随着战争的开始而终结。例如，在古老的英雄传统中，毒药是一种卑鄙的欺诈性武器，真正的勇士是绝不会采用的。即使如此，奥德修斯还是在其箭头上抹了砒霜。

当一个被俘的特洛伊奸细乞求奥德修斯饶命时，他哄骗那人相信，只要说出军事机密，他就会免他一死。但当奸细披露了他所知道的一切后，他瞬间便人头落地。然后利用奸细的情报，奥德修斯及其战友趁对方熟睡之际便消灭了一支敌军。

在战争第十年，特洛伊人将希腊军队逼到了海边。在面临屠杀时，希腊步兵便起义反抗无能的长官。面对兵变和注定的失败，一个实用主义者也许会扬帆起航，打道回府，但奥德修斯却坚守着决胜的理想。利用自己具有强大说服力的声音，力挽狂澜，用一个炽烈的预言逆转了叛乱，将叛军变成了勇士，令其怒吼着返回战场的利齿之间。

顺从 / 叛逆

奥德修斯对其指挥官阿伽门农国王忠诚服从，恪尽职守，但当他觉得国王的战术只会导致毁灭时，他便对上司奋起反抗，告诉他："你的话是风，毫无意义。"

真诚 / 欺诈

作为阿伽门农的战争委员会的一个顾问，奥德修斯总是实话实说，表达自己的洞见与智慧。战友们绝不会怀疑他说的话。但一旦他扬帆踏上归途，他便从地中海的一头一路撒谎到另一头。

一次又一次，他编故事的天赋赋予了他化险为夷的护身符。他乔装改扮为老人、乞丐或以盛产骗子著称的克里特岛移民，以蒙骗他人。奥德修斯甚至连他圣洁的保护女神雅典娜都敢骗，不过对方看穿了他，并斥责道："你个邪灵，为何如此热衷于花言巧语……"

聪慧 / 蠢笨

当特洛伊战争似乎败局已定之时，奥德修斯灵机一动，想出了史上最聪明的兵法——"木马计",为希腊人赢得了胜利。而在归途中,出于劫掠的贪欲,奥德修斯潜入食人的独眼巨人波吕斐摩斯的洞穴。巨人把奥德修斯困在洞内,吃掉了他的一半船员。

是夜,奥德修斯灌醉了波吕斐摩斯,然后趁其昏迷之机将一根木桩揳入其独眼。可是,一旦安全返回到船上,奥德修斯又释放了另一个傲慢的冲动。他羞辱现在已经失明的波吕斐摩斯,不但激怒了这个巨人,还招惹了巨人的父亲海神波塞冬。暴怒的海神大兴狂风巨浪,直击奥德修斯的船只,将其吹离航线。

保护 / 危害

奥德修斯在整个特洛伊战争期间,都对其士兵爱护有加,确保其吃好并得到及时救治。然而,在返航途中,他的士兵发现了一个嗜莲成癖的部落,那是一种可以抹除痛苦记忆的致幻毒品。这些饱受战火涂炭、具有"创伤后应激障碍"的老兵,渴望忘记,于是迫不及待地吞食毒品。为了救回他的船员,奥德修斯把他们拖回到船上。

可是后来,当奥德修斯的船队驶向一个异国海岸时,他又意识到了危险,但这一次他却危害到了船员的生命,因为他让他们的船停泊在光天化日之下而把自己的船藏在岩石后面。突然之间,身形威猛的食人族来袭,掀翻了船只,用矛刺死他的士兵,把他们当鱼一样吃掉。只有奥德修斯和他的船员逃脱。

光明正大 / 贼性泛滥

整个战争期间，奥德修斯英勇善战，光明正大地分发战利品，对其战友尊敬有加。然而，一旦踏上归途，他便摇身一变成为海盗，洗劫和平城镇，屠杀守城人，掳掠妇女为奴。

冷静 / 暴怒

无论是在沙场鏖战还是在海上飘零，无论是面对敌军还是迎击猛兽，奥德修斯总是保持冷静，解决问题时镇定自若，思路清晰，沉稳果决。

与此同时，在其故国伊萨卡，却有一群号称"求婚者"的纨绔子弟，侵入他的宫殿，挥霍他的财富。这些人十年不断地骚扰他的妻子佩内洛普。一旦回家，奥德修斯便燃起了阿喀琉斯般的怒火，坚定复仇。他手刃了所有108名求婚者，以及所有伺候过这些求婚者的仆人和陪睡过的女奴。

忠心 / 不忠

在离家之后，奥德修斯总是频频出轨，跟塞丝这样的仙女可以随时上床。但当美丽女神卡吕索普主动示爱，许诺奥德修斯永恒快乐时，他却对其挚爱的佩内洛普忠贞不贰。

奥德修斯的八个维度

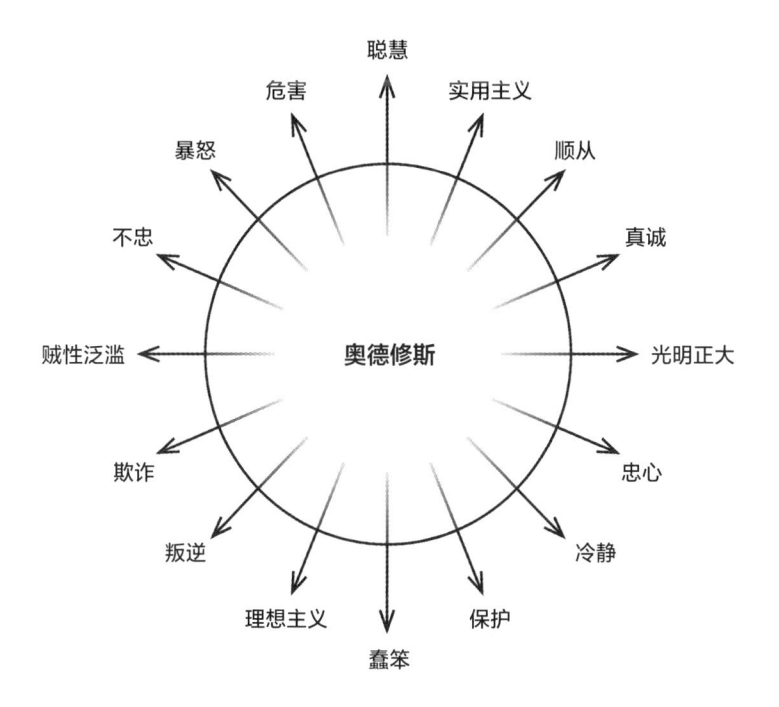

图中标注（顺时针）：聪慧、实用主义、顺从、真诚、光明正大、忠心、冷静、保护、蠢笨、理想主义、叛逆、欺诈、贼性泛滥、不忠、暴怒、危害；中心：奥德修斯

作为一个创作人物，令其历久不衰的因素便是其各种维度中的黑暗面。任何陈词滥调的英雄都可以在压力之下演绎出诸如英勇、智慧和镇定之类的正价值负荷，而正是其冲动任性、铁石心肠、暴戾恣睢、贼性泛滥、自利欺诈等特性，拓展了奥德修斯这个人物，赋予其多维度的本性、不可预测的张力以及一种人物深度，其令人意外的选择获得一种令人满足的可信性。

在其八个动态矛盾中，作为其定义性维度的矛盾便是其令人惊艳的雄才大略vs丧心病狂的冲动任性。奥德修斯毕竟是一个设计了终结十年争战的"特洛伊木马"的高人,但他却蠢笨地闯入波吕斐摩斯的洞穴。其冲动型的冒险举动屡屡令其身陷绝境,但其催眠式的故事技巧却总能让他化险为夷。他既聪明又愚蠢。荷马之后三千年来的虚构故事里,像他这样的人物绝无仅有。

奥德修斯保持着一种永恒的现代性——冲突而又恣意,绝处却能逢生。他为后世的心理和道德层面的复杂人物设置了舞台:匿名氏的贝奥武甫、莎士比亚的麦克白、司汤达的于连、F.司各特·菲茨杰拉德的杰伊·盖茨比、雷蒙德·钱德勒的菲利普·马洛、弗拉基米尔·纳博科夫的亨伯特·亨伯特、马里奥·普佐的迈克尔·柯里昂、菲利普·罗斯的亚历山大·波特诺伊、希拉里·曼特尔的托马斯·克伦威尔。

个案研究:托尼·索普拉诺

一个人物的维度能多到什么程度?了解一下大卫·蔡斯的创作:新泽西的黑手党老大托尼·索普拉诺。《索普拉诺家族》[i]一共播映了86集,托尼是唯一一个每集都出现的人物。

若要刻画纠缠于如此庞杂的互联关系中的一个男人的生活,历时86个小时的戏剧展示,辅之以有待揭示的十数个背景故事事件,回溯几十年直到托尼的婴儿时代——其时间跨

---

[i] 国内通译《黑道家族》,此处为行文逻辑计,只好选择直译。

度和内容深度便需要任何故事讲述媒体所能构思出来的最复杂的人物之一来支撑。

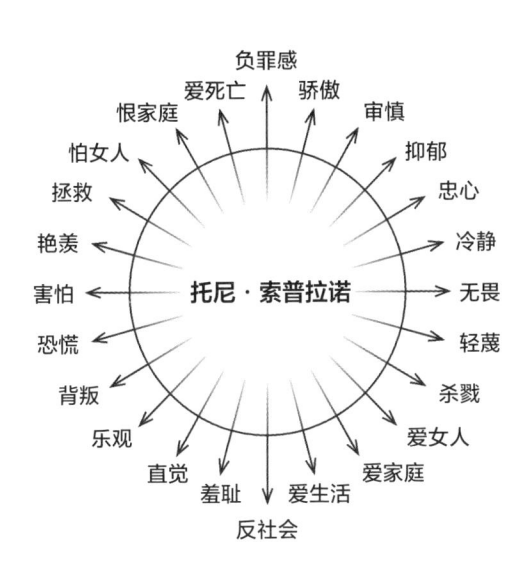

托尼·索普拉诺的十二个维度

托尼·索普拉诺的维度：负罪感、爱死亡、骄傲、审慎、抑郁、忠心、冷静、无畏、轻蔑、杀戮、爱女人、爱家庭、爱生活、羞耻、直觉、乐观、背叛、恐慌、害怕、艳羡、拯救、怕女人、恨家庭、反社会

1. 负罪感 / 反社会

反社会人格无良心可言，以自我为中心，没有羞耻感，没有懊悔心。托尼有时候显然是一个反社会的人。

除了在其他时候，托尼就像麦克白一样，具有一种负罪感。他的懊悔心残酷无情地追随着他，时时刻刻地刺戳着他，把他折磨得频频出现惊恐症状。

这种麦克白式的"外在残忍 vs 内在良心"的核心矛盾使

得托尼·索普拉诺成为文本、舞台和银幕所刻画过的最最引人入胜的人物之一。

到了必须杀戮的时刻，托尼会毫无犹豫地采取行动。没有东西能够制约他的狂暴冲动。多年来，他在屏幕上实施的谋杀案就有八宗，谁能数得清他在荧屏下下令或亲自下手的杀伐到底有多少？毫无疑问，他就是一个反社会者，但一个真正的反社会人格是不可能加入任何集体组织的，哪怕是黑手党。

职业刺客，如《老无所依》中哈维尔·巴登扮演的安东·齐格和伍迪·哈里森扮演的卡森·韦尔斯，会愉快地履行与黑手党的杀戮合同，但很少会加入其中。黑手党是我们合法社会中的非法社会，但常规社会所要求的所有好公民素质它也全部要求——忠心、诚实、勤劳、稳定的家庭生活、冷静、对部落法律的遵守、体面的规矩和礼仪，而且最重要的是，对权力层级中上级权威命令的绝对服从。

如果你属于这个社会，破坏它的戒律就会招致一种负罪的痛感，因为会有一个被称为"良心"的自我厌弃的声音不停地叨叨着你，让你自我谴责，自我鄙视。

如果你有良心，就是这种情况，而托尼恰恰有良心。他的良心会夜以继日地工作，用恐怖的影像充斥他的梦，迫使他不得不求助心理医生。一边是反社会的麻木不仁，一边是负罪的自我惩罚，这一深层的矛盾维度便是托尼内在本性的轮轴，其他诸多维度都像是从这一轮毂放射出来的辐条。

2. 骄傲 / 羞耻

他为儿子的温文尔雅感到骄傲,却又对孩子意志薄弱的自杀性本质感到羞耻。

3. 审慎 / 直觉

托尼会耗时数月地扮演夏洛克·福尔摩斯,搜集证据,试图找出向联邦调查局出卖他的告密者。然后他在食物中毒后做了一个梦,一条鱼来找托尼,用他的多年好友及家族打手萨尔·"大猫"·邦彭西厄罗的声音跟他说话。那条鱼告诉他,他对"大猫"的怀疑是对的。"大猫"就是联邦调查局的密探。所以,仅仅是依据一个梦,托尼就杀了他的朋友。

4. 抑郁 / 乐观

绝望和希望一直在他的内心进行斗争。

5. 忠心 / 背叛

他对妻子忠心耿耿,却又拥有很多情妇而背叛她。

6. 冷静 / 恐慌

他既讲逻辑，又感情冲动；在压力之下非常镇定，却又常犯惊恐症。

7. 无畏 / 害怕

面对绑匪威胁时他无所畏惧，但一个恐怖袭击的可能性却能令他担惊受怕。

8. 轻蔑 / 艳羡

托尼对正常人的生活嗤之以鼻，却又对正常人的生活求之不得。

9. 杀戮 / 拯救

他仇恨人类，总是大开杀戒，但他对动物却充满爱心，总是呵护有加。

10. 爱女人 / 怕女人

托尼是一个性欲旺盛的色魔，却又备受被阉割的噩梦折磨。

11. 爱家庭 / 恨家庭

他对母亲爱恨交加,他对叔叔爱恨交加,而且最最重要的是,他对自己也是爱恨交加。

12. 爱生活 / 爱死亡

他享受生活的美好,却发现自己越来越陶醉于他实施的每一宗谋杀所导致的死亡。

托尼·索普拉诺的维度远超哈姆雷特。莎士比亚在哈姆雷特周遭安排的人物仅仅十个,戏剧时间也只有四个小时。大卫·蔡斯给托尼配置的人物多达数十个,且历时86个小时令其进行选择、行动和反应,层面横跨社会、个人和私密,纵贯意识和潜意识。托尼是人物复杂性的现代典范,因为他的维度纵横交错了其人生的所有层面。

然后,跟哈姆雷特不同的是,尽管托尼百般图谋,他却无法改变。这一连续剧的叙事动力提出了一个重大的戏剧问题:托尼能否变成一个道德更加高尚的人?答案是:不能。这个世界的托尼们永远不能也绝不会改变其核心自我。

The Complex Character

第十章 复杂人物

通过对抗力量体现复杂性

斯多葛派哲学家从公元前三百年左右就开始教导说，人命是由神预先决定的。奥林匹斯诸神知道所有人的未来事件，只是在其发生之前一直隐藏着。斯多葛派学者将这一力量称为"命运"，而且这一信念一直存活至今。例如，当一个悲剧事故夺走了一个孩子的生命时，他的父母常常会对着电视镜头告诉观众他们会听从"上帝的意志"。

伊壁鸠鲁派哲学家则持相反观点。他们认为，一个被我们误以为是身外的力量，其实是一个隐藏于我们身内的自由意志的作为。在人力掌控之外的随机事件也许会搅扰我们，但被我们的意志驱动的各种反应却能决定生命所采取的路径。我们在这些压力之下做出的选择塑造着我们的未来。正如赫拉克利特所言："性格即命运。"

后一种信念似乎更有或然性。诚然，一种无形的力量的确能够塑造一个人物的生活，但那种力量也是从他自身释放出来的。正如卡尔·荣格所教诲，意识生活在火山的边缘，除非一个人物意识到了他的潜意识冲动，生活总是显得在掌控之外，出人意料的事情的发生对他来说总好像是命运所为。

脑补一下两艘船遭遇风暴的画面:一艘安然无恙,一艘沉入水底。同样的海浪同时拍击着这两条船,区别并不是时运,而是谁在掌舵。正如《裘力斯·凯撒的悲剧》中的卡西乌斯所言:"亲爱的布鲁图斯,错不在我们的星宿,而在我们自身,因为我们都是自己的臣仆。"

随着一个年轻人物进入成年,一场由各种外部力量汇聚而成的完美风暴会影响他的价值意识:什么东西值得追求?什么追求是愚蠢的?当他的潜意识强化了他的价值偏好时,信仰便形成了。这些根植于其人物真相中的信念将会引领他通过以下路线:

1. 根据他的信仰,他的核心自我决定他做出的选择和采取的行动。逆定理同样成立:他的选择表达了他的人物真相。

2. 他在压力之下的选择塑造了他的未来,不仅揭示了他是谁,现在还解释了他如何变成了这样。

3. 他生活中的对抗力量越繁杂,他的选择便越多样化。

4. 他的选择越多样化,他的本性便越复杂,因此,其反应和行动便越多维,越不可预测,越令人惊奇,越有终极揭示性。

5. 因此,他的人物性格所能变化出的维度仅仅是各种对抗力量的故事复合体在其内心发展出的维度。

冲突的层面和质量横跨从物理(从宇宙的洪荒之力到

微观病害这样的自然力量）到社会（对就业和公民身份的要求）、个人（对亲密关系的要求）、内在（内心的各种冲突欲望）等整个范畴。

我们不妨从最外到最内对其进行一一审视，看看对抗力量的各种层级是如何令维度相乘为一个复杂人物的。

物理冲突

一个故事最外端的冲突层面拥抱着物理世界的四个宏大组件：

1. 自然环境及其所包含的各种力量。从人类的视点而言，大自然就像龙卷风一样随机，像狼群一样凶猛，像进化一样毫无道德关怀。

2. 人造环境及其所控制的各种制度。文明的构想既有道德目的，也有实用目的。因此，我们人类必须为我们所创造的各种美好及污染、全球变暖、战争和其他一切人造灾难等承担共同的责任。

3. 我们的身体环境及其诸多弊病。大脑生活在一个随时可能发生故障的兽体之内。这个躯体会对心智造成各种日益恶化的打击：从疾病，到衰老，到因其形状而总是不幸而首当其冲的鼻子。这些冲突有部分是随机的，有部分是可以预测的，有部分是无情的，有部分是自作的。

4. 我们的时间环境及其短暂性。时间包容着一切存在，而且随着时间推移，它会删除一切。

咱们不妨素描一下仅仅依据物理层面的行为而进行的人物塑造：一个小伙子是一个敢于从令人恐惧的高处滑雪跳下的冒险家。如果他购买他实际上根本就负担不起的时尚装备，那他肯定是喜欢在滑雪场的聚光灯下"拉仇恨"。如果他在日出之前几个小时就到达滑雪场进行滑跳练习，然后紧张地看表，直到教练到达，那么他便有一种时间焦虑。如果他不断地打电话给他母亲征求意见，那么他便缺乏成熟。把这些特性整合在一起，他便成了一个运动型的、超级缺乏耐心、自我沉迷、不成熟的刺激探寻者。

在这个节点上，他的多截面的人物塑造也仅仅够他充当一个支持型角色。若要将其进化为一个复杂的主人公，我们需要将他的特性转化为维度。即如前述，当一个特性持续不断地与另一个特性发生矛盾冲突，二者之间的紧张关系便熔铸成了一个维度。所以，咱不妨摘取其每一个特性，想象它的对立面，看看能将我们导向何处。

如果他的虚荣心隐藏的是他的自我怀疑，如果"表现增强药物"[i]能够燃起他的运动精神，如果驱策其冒死特技的肾上腺素冲动掩盖的是一个渴望亡父的妈宝男孩，如果他的每

---

i   performance enhancing drugs（表现增强药物）：简称"PED"，但通常会被婉称为"表现增强物质"（performance enhancing substances），是用于改变人类任何形式的活动表现的物质。如，体育运动中被违规使用的药物。

一次滑雪腾跃都是一次微型自杀，如果他的焦虑只有在半空中才能平复，他也许就能挣得一个属于他自己的故事。

社会冲突

现在我们可以看看各种社会结构以及一个人物在这个生活层面的挣扎。

庞杂的组织机构会被时间固化为各种层级结构，其规模是如此庞大，里面的人几乎感受不到任何个人责任。这些层级结构将人类个体塑型为各种需要扮演的角色，然后将他们组织进一个金字塔系统，系统底层的人无权无势，而顶层的人则权势熏天，中间的人会在指挥链上上下下推挤，以攫取权势。尽管这些庞杂的系统是那样地令人压抑，但它们的存在皆因其中的人都愿意对其角色逆来顺受。实际上，正是这些机构培养了我们，教育了我们，支撑着我们，并浇铸了我们所要扮演的角色。

正如纪录片制作人弗雷德里克·怀斯曼在其对四十多部电影里机构的研究中所揭示，那些登上了组织顶端的人通常都是效能卓著却心狠手辣之人。结果就是，从政府、公司和军队，到医院、寺院和家庭，机构在某种程度上会将其成员窄化为不够理想的人类个体。文明的巨大反讽就是，尽管社会结构会保护我们免受一种苦难（饿死），但也会造成另一种悲哀（情非得已的屈从）。[1]而人性却别无选择。我们需要机构来帮我们取得外部层面的进步，却必须为此而付出内部层面的代价。

统领机构的意识形态横跨着这样一个价值谱系：前端是"我是我弟弟的守护神"，末端是"人人为我"。在"人人为我"的谱系末端，端坐着弱肉强食的资本主义。这个系统利用我们的内驱力来博取功名、财富和权力。反社会人格在这个环境中便如鱼得水。在整体人口中，反社会人格占1%；而在华尔街，则占10%。[2] 在"我是我弟弟的守护神"这一极，稳坐着绝对政府和独裁者，号称关心公民，但对其所得却不给予任何选择权。反社会人格在这里同样适得其所。

在这两个极端之间，便是各种英才教育制度，促使人们攀爬基于勤劳、智慧和成就的权力阶梯。可是，一旦掌权，这些精英便会拆除其身后的上爬阶梯，将他们的英才教育制度变为一种寡头政治。例如，在美国，富有的新教徒白种男人书写了《宪法》，然后创造了各种产业和大学，而与此同时，他们却将自己的权力建立在奴隶制、乌鸦吉姆[i]、反天主教义、反犹太主义、反西班牙主义和反女性主义之上。[3]

由于机构是去个性化的，它们会导致人们去做正常情况下并不会做的事情。一个正常人会起哄怂恿一个陌生人去自杀吗？不会，但对公共场所实施的自杀案件的一项研究发现，一旦围观者聚集，他们常常会变成一群暴徒，一个瞬时

---

i　Jim Crow：或译"吉姆·克劳"，对美国黑人的蔑称。1876年至1965年间美国南部各州以及边境各州对有色人种实行种族隔离制度的法律便以此命名，史称"乌鸦吉姆法"或"吉姆·克劳法"。拜登在出任美国总统后亦曾用此语来指责佐治亚州新修改的选举法。

性的机构,同心协力地诱使窗台上的家伙勇敢地跳下。在每年的宗教仪式和体育赛事上,都会有同好的狂热人群因恐慌失控而互相踩踏致死的事件发生。[4]

为了应对各种机构,一个人物从童年开始便绑接上各种不同的社会自我,以引领其各种公共互动。每一个社会自我都有一套预先设计好的特性来对付他所面对的各种不同的机构。他肯定不会以跟教授聊天一样的方式来跟他的犹太拉比交谈,跟车管所的工作人员,跟工作单位的老板,跟"匿名者Q"(QAnon)的同伙,跟国民卫队的长官,其说话方式也都会因人而异。

所以,咱不妨基于其所扮演的角色来赋予一个人物六个特性,来应对他在这些机构内所面临的压力和冲突:(1)见到教授时谦卑;(2)向拉比忏悔时羞愧;(3)参加车管所的驾照更新考试时谄媚;(4)帮老板解决问题时慷慨;(5)参与网上阴谋论时怀疑;(6)被指挥官训斥时恐惧。

这些特性相加的结果便是一个善良、羞涩、容易被恐吓的男人——一个需要在聊天室寻找朋友的人。这一单色的人物塑造也许可以创造出一个身处事件边缘的支持型角色,但我们得再一次强调,若想把他置于舞台中央,则需要添加矛盾来将其特性转化为维度。

假设他在教授办公室所使用的谦卑的借口变成了他在课堂上让同学们不胜其烦的口若悬河的背诵;假设他在拉比办公室的羞愧牵扯出一段秘密的变态性生活;假设他在车管所阿谀奉承,然后开车走的时候却快得跟疯子一般;假设他对老板的慷慨反转为他对同事的吝啬；假设他的阴谋论的愤世嫉俗来源于他想当然地轻信那些权高位尊之人居然都是言行一致的；假设他对军事权威的恐惧在战场上发泄为一股杀气腾腾的怒火。如果我们在他周围包裹上一个故事，表达出这些维度，他也许就能将一个讲述带向令人震惊的高潮。

个人冲突

公共关系讲究后果；个人关系讲究意图。当一个具有社会权力的人选择一个行动路径时，结果比真诚是更重要的考虑。当一段个人关系中的人采取行动时，真诚的权重则大于结果。无论其个人意图如何，我们都会谴责一个投资人的财务错误；我们会原谅恋人的羞辱，希望这不是他的本意。

人类个体离群则衰，抱团则兴。社会关系与个人关系的区别就在于亲密度。家人与家人、朋友与朋友、恋人与恋人之间的纽带是通常并不会公开披露的共同的思想和情感。两个人之间的亲密化学反应会令其超越其社会角色（比如同事）而升华为朋友和知音。当然，取决于卷入者的人格，亲密关系也可能会或喜或悲。

当核心自我从童年位移到成年，它会沿着一个经历的谱系来发展其身份，谱系的一端是赞许的、强烈的、多重关爱的亲昵行为，另一端则是侮辱的、冷漠的、单一残酷的亲昵行为。即如我们经常观察到的，两个人也有可能会在一种个人关系中终其一生都不会有共享的亲昵行为，而仅仅是权力的交替平衡，比如父子关系。永远不可能成为朋友的商业合伙人和永远不可能成为恋人的陌生人之间也会发生同样的情况。

感情在个人层面是流淌得最深的。这就是个人灾难的戏剧为什么会比社会冲突的故事更有冲击力的原因：试比较《麦克白》与《科里奥兰纳斯》、《奥赛罗》与《冬天的故事》、《李尔王》与《裘力斯·凯撒》。

在与每一个亲密的朋友、亲属或恋人在一起的时候，一个人物会进化出一个他不可能独自生成的自我版本。如果亲密关系终止，他不仅失去了一个心爱的人，他还失去了被她激发出来的那个自我版本。

为了延伸我在物理层面和社会层面上所使用的人物丰富方法，我会把复杂性加到三个人物身上，使其人物塑造的一个特性与一种型制的亲密行为构成一对矛盾。

慷慨／自私

想象一个靠挣小费而养活自己的服务员每个生日和每个假日都会给家里的每一个人送一个精心手写的贺卡；每次烤制点心的时候都会多烤很多，成打成打地送给街坊朋友分享；为了找到他的梦中情人，他不惜漂泊于一次又一次的伤心恋情之间。在每一个认识他的人眼中，他是一个与人为善的理想主义圣徒。然后他买彩票中了大奖。

一个圣徒会将亿万巨款捐赠给慈善事业，但这个人物却没给任何人施舍分毫，而是全部存进了银行，搬到了一个气候温暖的地方，过上了帝王般的生活。当他烤点心的时候，发送贺卡的时候，寻花问柳的时候，他是在贪求关爱。现在他已经发财了，这个前服务员终于得到了他一直想要得到的东西：人们对他奉承艳羡。

支持型 / 破坏型

　　脑补一个愿意为老婆做一切的丈夫的画面—— 买菜做饭，洗衣服叠衣服，录制她最喜欢的节目。他耐心倾听老婆的唠叨而且从不回嘴。他的人物塑造令他老婆坚信他是爱她的，所以她也就自然而然地回报以同样的爱。

　　可是，在聚会时，只要几杯酒下肚，他就会讲述一些关于老婆的趣闻轶事，而且暗含贬低之意。然后他还会满脸堆笑地跟老婆说："是不是这么回事儿，亲爱的？"以此来结束其狡黠的羞辱。听到这些轶事的每一个人都知道他认为他老婆是个傻瓜。不过，他老婆也就点头微笑而已。他伤害了她，然后还在其攻击性语言上贴上"亲爱的"标签，强迫她回报以爱。

愧疚 / 原谅

　　想象一个勤奋工作的野心家，将其事业的挫折发泄到孩子身上，总是对其不停地虐待。然后有一天他告诉他们，医生诊断他有因压力而突发心梗的风险。尽管如此，他还是继续没日没夜地工作，所以他的孩子们都原谅了他的凶狠并钦佩他的勇气。更有甚者，如果他不把自己随时发作的冠心病告诉任何人而最终倒在了工作岗位上的话，他的孩子们还会被迫崇敬其坚忍的牺牲。无论如何，他的病痛掩护了他的残忍，他的孩子于是便原谅了他过去的虐待。[5]

在你精心打造一个人物的过程中，每一对进入你脑海的正负形容词都可能激发出一个维度。坚硬/柔软、甜美/尖酸、冷静/亢奋，便是三个信手拈来的例子。

内在维度

> 脑海是一个自成一体的所在，其本身便能把地狱化为天堂，把天堂变成地狱。
>
> ——约翰·弥尔顿《失乐园》

所有的外在维度——物理的、社会的、个人的——都能寻根究底到孳生它们的脑海。结果是，复杂人物往往会把故事讲述拉拽到他们的内心，直到其内在冲突变得比其外在挣扎更加重要，更加引人入胜。即使当一个人物的内在冲突终于爆发为暴力之时，这一点也能成立。两个例子：陀思妥耶夫斯基的《罪与罚》中的拉斯科利尼科夫和爱丽丝·伯奇的剧本《麦克白夫人》中的凯瑟琳（弗洛伦斯·皮尤饰）。

当一个作家为各种事件适配一个复杂人物并为一个复杂人物适配各种事件时，最重要的转折点会发生在表层之下。

作者窥探到人物的话语和手势之下，在他的眼神后面搜寻，贴近其翻江倒海的心理，试图猜出外部所发生的一切所导致的内在效果。

他也许会发现，其故事的外部事件所导致的内部反应将他的人物送上了一道变化的弧光，使其性格发生或好或坏的改变：他变得更加强壮或更加软弱，更加幼稚或更加成熟，更加圆满或更加空虚。对这种内在进化的方式和原因的兴趣会引领作家的想象进入人物的核心自我，而且从这一主观视点出发，去发明新的事件来完善和表达人物的进化本性。事件设计的这些变化会导向对内在性格的进一步探索；内在性格的这些变化会导向对事件的更新发明……如此往复。

像莎士比亚的哈姆雷特和弗吉尼亚·伍尔夫的克拉丽莎·达罗薇那样的哀怨心灵用今天的术语来表述的话，就是罹患了"认知失调症"（cognitive dissonance）。他们在思想和行动的陷窟中挣扎。他们的脑海中翻腾着狂飙突进的记忆、渴望、夜以继日的幻想，奔流着关于到底是行动还是不行动的半知半觉的焦虑，试图鉴别真假虚实，直至其终极选择在一次单一行动中得以实施。

点燃一个维度的矛盾的火花通常是来自人性的负面，人们喜欢隐藏却被作家发掘出来的那一面。人物复杂性的这些初始源泉是从两个内在层面流出来的：在显意识中互相竞逐的思想驱动的矛盾以及在潜意识中互相对垒的无言的冲突。

显意识冲突

取决于其自我知觉的深度，一个复杂人物会思考或在某种程度上感觉到他的内在失谐以及这种失谐所导致的精神分裂。在他的私域中，他知道他有时候能够看到事情的真相，而有时候却对显而易见的事情视而不见；有时候和善，有时候残忍。在多数情况下，他会试图解决这些矛盾，或至少对其进行掌控。

有些私域维度会在思想的层面上运行并将两种对立素质联系起来，比如"智慧/不智""好奇/不好奇""富于想象/毫无想象"等。其他悖论会来自更为感性的维度，如"冲动/反思""愤怒/冷静""勇敢/怯懦"，如此而赋予一个角色情感复杂性。

很多社会机构之所以会被发明，就是专门为了解决这些内在冲突："匿名戒酒中心"便是为了应对瘾君子的"渴慕/唾弃"心态。佛教能平复长期焦虑者关于"过去/未来"的担忧，亦即佛教徒所谓的"猴子心态"——狂乱的影像和话语，在一个又一个想法之间嘶叫摇摆，在精神墙壁上投掷思想粪便。

咱们不妨素描一下私域中的两个内在矛盾案例。我们可以再一次从一个特性开始，然后令其矛盾化为一个维度。

少 vs 多

想象一个人物，一无所求，过着简朴而宁静的生活

（少）。因为他与世无争，所以他缺少一个主人公的焦点欲望。现在假设一段经历在其内心激发了一种欲望，并向外扩展为喧嚣而奢靡的生活（多）。一种内在矛盾可能会固化成形：他一方面希望出人头地，而另一方面却又有继续隐居的需求；一方面具有自我表达的冲动，而另一方面却又害怕曝光。有了这些维度，他现在就可以主演他自己的故事了，就像安德鲁·西恩·格利尔所著的小说《莱斯》中的阿瑟·莱斯一样。

在少与多的需求之间、在内在生活和外在生活之间的这一矛盾便能锚定莎士比亚的最复杂人物：哈姆雷特。当哈姆雷特向外看的时候，他试图改造公共世界，使其日益向善，但他发现的腐败却令其厌恶至极。当他向内看时，他试图改造他的内心世界，使其日益向善，但他所发现的麻痹无力也令其厌恶至极。他既内敛又奔放，既被忧伤啃噬又难掩才华横溢，既对自己的内在自我洞若观火却又对其在他人身上的效果视而不见，他是一个没有策略的智者，一个不稳定的自我，试图找寻自己的身份。因为他的内心世界和外部世界都似乎毫无意义，所以他的神志一直都处于疯狂的边缘。

信 vs 疑

信仰会把幻觉当成真相。共同信守的观念能够统一一个社会，比如："人类的善大于恶""《宪法》体现的是完美的政治制度""上帝统御宇宙""我的民族要比你的民族优越"。当现实终于将一个幻觉拉拽到阳光之下时,公共信仰便会萎缩,统一破裂,人民揭竿而起。不过,在革命尘埃落定之后,社会通常会围绕一个更加可信的幻觉进行重组,并建立机构用新的谬误来取代旧的信仰。

正因为理解了这种周期,小说家约瑟夫·康拉德将其人物分为两类:傻瓜和犯人。傻瓜们相信幻觉并用这些观念来奴役自己。康拉德式的傻瓜变成了英雄和宿敌,超级爱国者和超级恶棍。

犯人则能看到幻觉的本质——无非一种欺骗性的安慰剂,以免我们看到冷漠、险恶、混乱宇宙的真相。对康拉德式的犯人而言,行动似乎毫无意义。他们常常会变成忧国忧民的电影、戏剧和小说中的"被动型/反应式"人物。

作家的问题便变成了这个:一个信仰激发出一件值得去做的事情;故事将信仰付诸行动。一个抽空了信仰的人物只能像一尊雕像一样成为摆设。

例如,我们可以想象一个顽固的怀疑论者,认为所有信仰都是蒙骗傻瓜的。他不信任任何人和任何事。他从不行动,只会对一切都嗤之以鼻,冷嘲热讽的机智是他唯一的特性。这个犯人也许可以成为一个插科打诨的配角,或者是一个短篇小说的主角,却缺乏支撑一部长篇讲述的分量。一个故事的行动脊椎需要雷霆般的信仰负荷来激活行动。

所以,若要为他的故事准备一个怀疑论者,就得给他一个信仰;若要增加复杂性,就要使之矛盾化。例如,你可以考验他关于超自然的看法。他是否相信一个至高无上的主的存在？作为一个愤世嫉俗者，他也许是一个不可知论者，坚信关于上帝是否存在这个问题的唯一逻辑立场就是同时怀疑有神论和无神论。关于这一点，他一直都坚定不移——直到他爱上了一个信徒，便开始怀疑他的怀疑。他最终到底会相信什么或不相信什么？无论他朝什么方向转折，他现在则变成了一个具有故事潜力的有趣的人。

上述每一个例子还仅仅是探索一个支配性的维度，然而，多重的内在矛盾很容易在同一个人物身上并存，如奥德修斯和托尼·索普拉诺。实际上，现代作家若有志于炮制出一百个小时的屏幕系列，其野心便需要貌似具有无穷维度的人物来支撑，于是乎，在首播五年之后，他们还能以前所未有的戏剧张力来令观众叹为观止。

人类意识中的矛盾冲突清单似乎永无穷尽。只要你想到一个形容词，并想象它的反义词，你便有了一个人物维度的雏形：独立/依赖、神经质/淡定、外向/内向、亲和/讨厌、认真/粗心，如此等等。唯一的极限就是你的想象力。[6]

显意识冲突 vs 潜意识冲突

在谈到最内层的自我时，我更喜欢"潜意识"这个术语，而不是"无意识"。在我的语境中，"无意识"的这个"无"字暗指一种昏迷般的惰性状态，像磐石一样无心无意。事实上，这一最深层的场域是一种活跃的"认知潜意识"。所谓"潜"，就是在意识之"下"，亦即"下意识"。[7]

在夜晚，潜意识会上升到知觉层面，伪装在梦的象征物和无理性故事线之中。不过，在白天，隐藏自我便一直保持着不为人知的无声状态，忙于驱动着各种欲望，以令意识将其付诸行动。

由于核心自我对这一过程并无知觉，一个人物便会相信是他自己在引领他的生活。事实上，他并无指挥权。一个外来的隐藏自我同时占领着他。即如弗洛伊德所言，"我在我内心所注意到的却又不知道如何才能与我的精神生活的其余部分相连的这些表征，似乎是属于另一个人"。

大脑的显意识和潜意识有如两面神雅努斯（Janus），二者不可分割，冲突而又重叠。潜意识终于何处？显意识又始于何地？一个人物什么时候才能意识到他的潜意识欲望？一个显意识习惯什么时候才会沉入无思的本能场域？二者之间并无明确的分界线。在随后的章节中，我会把这些内在场域进行分门别类的描述，用以阐述人物设计的原理。但在你们创作多维角色的过程中，你们还得根据不同的人物进行具体的划分。

对你所创作的几乎每一个复杂人物而言，其首要的道德斗争便是抗拒其通常以暴力为表征的反社会的潜意识冲动。对隐藏自我的"黑心"及其光晕的拥抱是自知的根本。当然，光是很容易见到的，而要让黑暗变得可见则需要勇气。

当一个故事的激励事件打破了一个复杂人物的生活平衡时，两个欲望会同时出现：（1）一个显意识的欲望目标，一个他认为能够恢复平衡的具体的事件或情境。（2）一个潜意识的已经蛰伏多年的原初欲望会被激活。

显意识欲望目标

每一个人都想要对自己的生存状态以及能够影响这种状态的事件进行合理的掌控。当一个激励事件将生活搅得天翻地覆时,一种想要恢复平静的欲望便会自然而然地在主人公心中萌生。刚开始他也许并不清楚应该怎么做才能达成这种再平衡,但他迟早会构想出他的欲望目标,一种他相信具有使其生活重新站稳脚跟的力量的东西。

取决于类型,他的欲望目标可以是一个物理事物,比如《分裂》这种"恐怖片"中的死怪兽;一种情境,比如乔纳森·弗兰岑的《纠正》这种"家庭戏"中的家人团聚;或者是一段经历,比如萨默塞特·毛姆的《刀锋》这种"进化情节"中的精神转变。

在绝大多数故事中,主人公的显意识欲望目标都足以支撑故事的讲述。

潜意识欲望目标

当一个深度冲突的复杂主人公开始追求他的欲望目标时,他的潜意识通常也会开始发挥作用并作为一种反对欲望来添乱。潜意识有它自己的欲求并知道需要采取什么样的步骤。

结果就是,激励事件同时还撩拨起了一种潜意识的内驱力，一种想要寻求它自己的欲望目标的蛰伏的饥渴，意欲满足一个长期休眠且不为人知的愿望或夙怨。这个潜意识欲望与主人公的显意识欲望构成矛盾，使得人物在许多方面都是他自己最难对付的劲敌。而且，一种初生的反对欲望很少会仅仅聚焦于一个物理目标。所以，再一次取决于类型，他的反对欲望可以是一种情境，比如《绝命毒师》中的斯凯勒/玛丽次情节那样的"家庭戏"中对年长同胞的支配；或者是一段经历，比如《廊桥遗梦》那种"爱情故事"中的超凡脱俗、此生足矣的恋情。

如果一个人物的显意识欲望和潜意识欲望是同一的（饿了，就打开冰箱；性饥渴，便开始自慰；郁闷了，就给朋友打电话），那么这种添加便无复杂性或深度可言。如果他的潜意识欲望碰巧是他在显意识中所欲求的同样的东西，那么干吗还要给他添加一个潜意识欲望？谁会注意到呢？

但是，如果这两种欲望互相矛盾，如果他的潜意识欲望阻碍并颠覆他的显意识意志，那么事情就变得有趣了。从威廉·詹姆斯到雅克·拉康都曾辩称，潜意识是其显意识表弟的反合镜像。对作家而言，逆向映射已经是几个世纪以来的常态共识。

若要让一个潜意识欲望吸引读者/观众的兴趣，就必须使其与人物的显意识希冀和渴慕构成直接矛盾或鲜明对照。然后人们才会注意到，而且兴味盎然。

一个人物的显意识自我与潜意识自我之间权力的精妙平衡，全赖作家本人的妙手处置：既不能将其作为动物本能而嗤之以鼻，弃若敝屣；也不能煞有介事，自鸣得意地工于算计。

爱 vs 恨

考虑一下爱恨矛盾而产生的维度：

朱尔斯·费弗的剧本《猎爱的人》，横跨了乔纳森·福尔斯特（杰克·尼克尔森饰）从大学时代到中年的人生。如果我们要问乔纳森他的人生到底想要什么，他的显意识回答肯定是："我英俊帅气，幽默风趣，而且财务成功。如果我能找到那个完美的女人来跟我分享这一切，那么我的人生就是天堂。"几十年来，他不断地遇见一个又一个女人，都美丽动人，都天资聪颖，都富有爱心，但每一桩情事都坠入了同一个型制：风情万种的美好开端、苦涩无聊的中间、丑陋屈辱的分手。每一个女人都发现自己被抛弃在浪漫的残骸中。

乔纳森的支配性维度依循着唐璜和凡尔蒙子爵所确立的传统：仇女浪子。在显意识中，他告诉他自己，他把一辈子的爱都献给了女人，而她们却总是因为各种原因而令他伤心。潜意识中，他厌恶每一个女人。年复一年，他总能把一个女人勾引得神魂颠倒，然后一旦将其捕获到那个脆弱的地方，他便会系统性地将她的心掏出碾碎。自从人类实行一夫一妻制以来，显意识的爱欲和潜意识的恨意便一直都是同栖共存的。

恐惧 vs 勇气

动作类型作家的工作素材贯穿着一个从玩儿命的动作到麻木的恐怖的完整谱系。当一个维度将这两个极端连接起来时，其结果就是真正的英雄主义。

恐惧是对死亡威胁的一种本能反应，紧随其后的便是一种逃离的冲动；勇气是对冒死的一种从容选择，紧随其后的是对抗威胁的行动。绝对恐惧始于潜意识，最终便能完全控制一个人群；绝对勇气始于一种显意识的选择，并驱策着"动作英雄"。

像蜘蛛侠和金刚狼这样的超级英雄的人物塑造是围绕着一个奇幻维度来构建的，常常是将其人性成分与神话、动物、魔幻或伪科学因素进行融合。而像约翰·麦克莱恩或肮脏哈里·卡拉汉那样的反派斗士，则是将各种源于生活却又极为爽酷的特性簇聚于人物一身，将其塑造为一个传奇化的硬汉。这两种类型都表现出英勇无比、舍己为人的极度崇高的利他主义精神，但其内心中却没有一丝一毫的东西会跟其表面的任何东西构成矛盾。

像史蒂芬·克莱恩的小说《红色英勇勋章》中的亨利·弗莱明或《菲利普斯船长》中的理查德·菲利普斯（汤姆·汉克斯饰）这样的复杂英雄，则是令其显意识中的道德力量与其浸透着恐惧的潜意识分庭抗礼。换言之，与动作英雄的理想化冷静不同的是，一个现实主义英雄的心灵不会令其显意识和潜意识出现断离。其实，当人物做出冒险行动的决定时，其心中反而充满了恐惧。

潜意识中的冲突

读者和观众是通过暗示感知到潜意识维度的。他们会比较一个人物的所言和所为；他们会对他说给别人听的理由和关系与他在世界上所做的实际选择和所采取的实际行动进行比对。当他们发现了任何不一致的时候，他们便能意识到在他的目光后面有某种力量在碰撞：蛰伏在黑暗中的恐惧vs瞄向世界的愤怒。这种最深层的思想斗争使得两个不可调和的饥渴进行左右互搏。于是乎，不可言喻的潜意识冲突，对人物来说属于无形，而读者/观众却能瞥见端倪，在整个故事过程中，进行着拉锯战。

刻画这种隐藏的原初冲突也许是考验一个作者的最艰难的工作。长短篇小说作家常常会采用一个全知的第三人称解说人，来直接向读者描述一个人物的各种心灵张力。银幕和舞台剧作家也会采用这种手法，但用得极少。在两种故事讲述人中——一种喜欢解释，另一种喜欢暗示——我更喜欢后者。

自我 vs 他人

人的下脑服从两个指令：保护你自己以及保护你的基因池。在二者的平衡中，生命力会觉得第二项职责比第一项更重要。基于这个原因，父母会为了孩子而牺牲自己，士兵会为国捐躯，信徒会绑上炸药背心去杀非信徒。自我和基因之间的选择有时候也许显得非理性，但它却驱动着这个星球上的生命进化。故此，在潜意识深处最持之以恒，几乎是天天都在进行的冲突就是自爱 vs 他爱。[8]

作为一个著名的例子，可以考虑一下罗伯特·本顿的剧本《克莱默夫妇》。特德·克莱默（达斯汀·霍夫曼饰）在故事开篇时是一个沉迷于自我的不成熟的工作狂，而他的妻子却是一个日夜操劳、相夫教子的家庭主妇。她突然抛夫弃子离家出走的行为将克莱默怡然自得的生活彻底颠覆。这一负面转折点在克莱默的内心深处激发出一种此前一直压抑着的、从来没有表现出来的需求：做一个富有爱心、受人尊敬的好人的潜意识渴慕。他儿子的幸福安康要比他自己的重要得多。在高潮处，他的表现是将自己的需求完全让位给儿子的需求。

幻觉 vs 错乱

潜意识中产生的另一个冲突事关一个人物对现实的处理态度——幻觉与错乱的区别。幻觉是对一个虚假认知的相信，如海市蜃楼、幻肢、对不可能的东西的信仰；错乱则是对虚假现实的顽固相信，是一种典型的精神病症状。

在《欲望号街车》的背景故事中，田纳西·威廉斯的主人公布兰奇·杜波依斯追求其少女时代对浪漫爱情的幻觉，结果坠入一个毁灭性婚姻，不仅倾家荡产，还不幸沦落风尘，做了多年的暗娼。尽管如此，她还是坚信自己的公主幻觉，幻想着有一个理想的人生在等着她。最后，在酒精、屈辱和性暴力的极端肆虐之下，她的自欺幻觉终于崩溃为完全的错乱，只能进入疯人院。

除了荒诞闹剧之外，如爱德华·阿尔比的《微妙的平衡》，配置了潜意识矛盾维度的人物，其结局通常都是死亡或疯狂。

个案研究：安东尼与克里奥帕特拉

莎士比亚的恢宏情侣安东尼和克里奥帕特拉可以作为两个典型案例来说明多层面维度是如何在一个复杂人物内心纵横交织的。

安东尼的首要维度就是他的社会自我与隐藏自我之间的博弈：他对"罗马帝国"的统治 vs 他对"埃及女王"的情欲。或者换言之，显意识理性与潜意识欲求之间的冲突。安东尼的政治自我将其声誉推向了极致，而他的内在自我却以最强烈的欲求在贪恋肉欲。

这位天资聪颖、能言善辩、求真务实的高傲将军面对罗马的复杂政事从不糊涂，安东尼知道该做什么。但他又是一个贪图享乐、沉迷美色、单相思的傻瓜。他对克里奥帕特拉的垂涎驱策着他为所欲为。而即如前述，"应该"和"想要"之间的区别，便是这个世界的所有区别。[i]

---

i 参见第八章第172页，表述略有区别。

为了更进一步地丰富安东尼的性格，莎士比亚在广博多样的行为上添加了无数矛盾。当他站在世界舞台上时，他便用一个沙场将军的粗粝而狂放的嗓音在咆哮。当他与克里奥帕特拉相依相偎时，他的嗓音便成了一个诗人的呢喃情话。他能指挥千军万马却甘愿拜倒在一个女人的裙下。他在万军前头是赫赫伟男，在爱人脚下却是一个懵懂少年。他在战场上意志刚强，而在克里奥帕特拉的床上便意志消沉。

如果我们深入观察安东尼的内心，我们也许能看到对他来说，战争和情爱不过是激情与快乐的两个不同版本而已。恰如好战的人会告诉你，杀戮是一种激情，而胜利便是一种深层快乐。例如，在电影《巴顿将军》中，当乔治·巴顿将军在一个正在被战火烧灼的战场上视察堆积如山的伤亡士兵时，他嘀咕道："上帝保佑我，但这正是我喜欢的效果。"这便是他在午夜激情中也可能说出的话。

克里奥帕特拉是莎士比亚最复杂的人物之一。她既是一个颓废的女王，又是一个纯真的妖妇。她在敌人面前会英勇无惧，而在战场上却充满恐惧。她是一个孜孜不倦的演员，总是以其真情实感来完成每一个角色的表演，没人会怀疑她的真诚。

事实上，男人都会被她诱惑得神魂颠倒，以至在别的女人身上是缺陷和邪恶的东西，在她身上就变成了完美无瑕的优点：她恶毒的河东狮吼变成了贵族气派的王者指令；她撒泼打滚的哭闹变成了悲伤的眼泪；她不成熟的小丑做派变成了令人迷醉的幽默风情；她的酩酊醉态变成了高贵的女王庆典；她的叨叨变成了对安东尼的关爱；她的乞求和讨价还价变成了谦卑和讲理；她的弱智玩笑变成了智慧；她的水性杨花变成了女性魅力；她的无限膨胀的自我与虚荣被解读成爱国主义情怀。

克里奥帕特拉的天资在于：当暴虐、贪婪和淫欲的力量在其潜意识中刚刚萌发时，她的知觉意识便能在其浮现于世之前及时将其捕捉，并将其转化为妖艳迷人、令人心悦诚服的各种表演。她的爱人、敌人和国人所见，不是黑暗，而是伟大。结果就是，她的核心维度与安东尼的核心维度互成镜像：精明狡黠、苦心孤诣、深谋远虑的野心vs对激情的愚蠢而意志薄弱的投降。

有人把悲剧定义为永远得不到你想要的东西；其他人则认为真正的悲剧就是把你想要的东西不折不扣地给你，但要让你付出全价。

人物冲突的深度

我们常常会把人物想象成容器。我们会用"圆满"和"扁平"这样的空间修饰语来包装人物的各种素质。对那些漠不关心的人，我们会贴上"方正"的标签，无聊的人则称为"浅薄"，偏执的人叫"狭隘"，而一个乐于接受新观念的心灵则显得很"宽广"。也许把人当成容器的最常见的比附就是"深度"。

这些形容词可以在对话中发挥速记功能，但要发明一个引人入胜的多维角色,作者必须去度量一个灵魂。根据什么样的尺度才能让某人显得丰满或空洞?一个作家如何才能探测人物的深度?

人类个体都有一种与生俱来的回声机制,当他们遇到某人的瞬间,这个机制就会砰然启动。这一瞬时本能不需要任何思考,这是一种一触即发的天资。我们的潜意识声呐会迅速追索对方面部的各种迹象,倾听声音中的各种震颤,感知身姿手势中的各种紧张,然后窥透到眼神后面,以探知一个人类容器的内在能量。这种深度探测有一个名字:"第一印象"。

第一印象的本能通过进化便能回答这个问题:"我能信任这个人吗?"其答案过去是(现在依然是)人类生存繁衍的关键。读者和观众本能信任并随着时间推移进而仰慕的人物往往都具有某些内在维度,能够直达其私密自我和隐藏自我。这种深度意识便能引发移情和信任。

以下是与人物深度相关联的十种特性,并辅之以摘自舞台、银幕和文本的实例。如果你的故事讲述野心需要具有复杂性和深度的人物,那么这个清单应该能够激发你的想象力。

1. 反讽的自我意识

他总是防范自欺,很少被他内心深处的东西所蒙骗。案例:鲍尔·威利蒙的长篇连续剧《纸牌屋》中的克莱尔·安德伍德(罗宾·怀特饰)。

2. 对他人的洞察

他对公众的矫揉造作总是心知肚明,绝不会被社会内部所发生的一切所蒙骗。案例:亨利·詹姆斯的《贵妇画像》中的梅尔夫人。

3. 智慧

他能思考。他博览群书,博采众长,并对各个学科的知识逻辑了如指掌,运用自如。案例:阿加莎·克里斯蒂的十二部长篇小说和二十部短篇小说中的马普尔小姐。

4. 苦难史

正如埃斯库罗斯在《俄瑞斯忒亚》中写道:

> 即使在我们的睡梦中,无法忘却的痛苦也会一点一滴地降临于心,直到,在我们的绝望中,违背我们的意志,通过上帝的可怕恩典,智慧到来。

尽管一个人物希望幸福,但他却能通过苦难发现深度。幸福的心灵只会想到生活的好处;苦难的心灵则会深刻地沉入自我。苦难会将一个人物带到常规之下去发现他并不是他自以为是的那个人。失去一个爱人会将核心自我的地板穿透，露出更深的层面。悲痛又会将那一层面的地板穿透，露出深度更大的层面。[9]

无论人们怎么努力避免，他们都无法告诉自己去停止感受到痛苦。苦难能让他们更加精确地意识到他们自己的局限性，能够掌控什么，不能掌控什么。痛苦能驱策一个羽翼未丰的心灵走向成熟。睿智的反应会将痛彻心扉的经历置于一个道德语境中，变坏事为好事，将痛苦化为宝贵经验。简言之，一个深刻的灵魂必定目击过痛苦，导致过痛苦，并生活在负疚之中。案例：《绝命毒师》和《风骚律师》中的迈克·埃尔曼特劳特（乔纳森·班克斯饰）不惜冒着生命危险而一宗接着一宗地实施犯罪，以为孙女提供一个未来。

5. 久历沧桑的广泛经历

一个年轻人物的睿智也许会显得超越其年龄，但事实上，深度需要广博的经历，而且最重要的是时间的历练。案例：佩内洛普·赖芙丽的长篇小说《月亮虎》中的克劳迪娅·汉普顿。

6. 聚精会神的专注

他面对面地认真倾听，通过眼神交流，并能读懂潜文本。案例：《教父》一、二中的唐·德维托·柯里昂（马龙·白兰度/罗伯特·德尼罗饰）。

7. 热爱美好

深度能够锐化他的感悟,直到美好几乎成为一种痛苦。案例:拉比·阿拉梅迪尼所著《一个不必要的女人》中的阿丽亚·索比。

8. 冷静

无论是面对威胁还是压力,他总是能控制自己的激情。案例:拉里·麦克默特里的长篇小说和系列短剧《孤鸽镇》中的奥古斯都·"格斯"·麦克雷警长(罗伯特·杜瓦尔饰)。

9. 悲悯与怀疑

他坚信希望是对现实的否定。他不会轻信任何人所说的任何话,直到他经过了他自己的心智检验。案例:戏剧作家林恩·诺塔奇的《毁灭》中的纳迪妈妈。

10. 意义的求索者

他明白上帝的玩笑。他知道生活没有内在的意义。所以,他要在"为自己活"和"为他人活"的鸿沟之间去求索意义。案例:罗丽·摩尔的长篇小说《字谜》中的本纳·卡彭特。

把这些特性打包卷进一个角色，他们常常就会被创作成一个反英雄：一个被厄运硬化却对他人疾苦感伤的独行侠；一个被自己的苦难变得波澜不惊的禁欲主义者；在公共场合敏锐犀利，独处时却不断自嘲；对社会规则愤世嫉俗，对个人法典却忠贞不贰；对浪漫时刻谨慎警觉的浪漫主义者。

萨姆·斯佩德（《马耳他之鹰》）、里克·布莱恩（《卡萨布兰卡》）和菲利普·马洛（《夜长梦多》）这三个人物身上都同时内置了这十种特性，而且三次都被亨弗莱·鲍嘉演绎到极致。此后便很少有演员能够臻于如此深度，在其佼佼者中，丹泽尔·华盛顿可以名列前茅。

潜文本中的生活

文本：用话语和动作表达的一个人物的外在行为。这些语言的和身体的表达能够在读者的想象中激发出影像，或者冲击观众的视听。其联合作用的结果就是，创造出人物塑造。

潜文本：一个人物的思想和情感，有在显意识中却未曾表达的，也有在潜意识中因而无从表达的。核心自我在其内心深处源源不断地输送这些思想和态度，却从不示于外人；而且在潜文本的最深层面，其不可言喻的情绪和欲望是在就连他自己都不知晓的底层脉动。[10]

次要人物仅有文本而已。这些角色对故事的作用仅仅是不折不扣地演绎其外在表现。作家故意否决了他们的深度以及一个值得探究的内在生活。

另外，主要人物却并不仅仅有其外在表现。他的人物塑造的文本掩饰着其核心自我的神秘，这种神秘便是鲜活地蛰伏于潜文本中。他的不可言喻的内在生活撩拨起了读者和观众的兴趣，激发出这样一个问题："这个人物……到底是谁？"对潜文本的嗅觉招惹着他们去探究并挖掘这个未知自我的真相。简言之，一个构思精巧、栩栩如生的多维人物会将读者和观众化为心灵研究专家。

想想你自己追随故事的那些日日夜夜。当你追踪一个人物的生活时，无论是翻阅散文书页还是坐在黑暗的影院，你是不是能明确地意识到你是在读心读情？你的感知似乎会穿透到他们的行为下面，你会暗自思忖："我对这个人物内心世界的了解胜过他本人。我能透过表面现象看到本质，他到底是怎么想的，到底是怎么感觉的，到底想要什么，无论是显意识还是潜意识。"

你会独自获得这些洞察，这是必需的，因为就像在生活中一样，深刻只能通过直觉才能感知到。这便是为什么两个人对同一个人物的体验常常会在掩卷或离场之后有非常不同的解读。鲜活地蛰伏于一个复杂角色内心深处的潜文本人物绝不可能用言语来充分解释，无论他们是谁写出来的。没有人能告诉你对一个人物应该怎么想，即使是那个人物本人在其最衷心虔诚的忏悔之时。最伟大小说的神一般的全知讲述者，其暗示远超其告诉，留下的未言之白远超其所言之实。这便是为什么图书馆的资料室里会堆放着成千上万的文学评论作品，都在问"谁是谁"的问题：哈姆雷特是谁？安娜·卡列尼娜是谁？沃尔特·怀特是谁？

文本和潜文本的区隔是决定一个人的神志是否清醒的基本要素：前者是世界所见的外在自我，后者是隐藏在肉眼后面的真相。如果无孔不入的外部世界不能安全地保持在神志外部的话，内在生活便会变得无法生活。

就像读者和观众一样，人物本身也会互相窥探其潜文本深度，试图发现一个隐藏的真相：我能相信他吗？他到底是什么意思？到底想要什么？他关心的到底是谁，他自己还是别人？每一个人物都会试图读懂其他人物的潜文本，这些问题还会没完没了：奥赛罗必须搞清楚他妻子是否贞洁；李尔王必须搞清楚他的哪个女儿才是爱他的，如果有的话；哈姆雷特必须搞清楚他的父亲是否被其叔父所害，而且为了做到这一点，还最终在舞台上演绎了谋杀场景以便解读克劳迪奥的负疚反应。

内省人物会像放电视连续剧一样来回放他们的个人经历，搜寻其潜文本，分析其行动，试图搞清楚他们到底是谁，怎么会变成这个样子。有时候，自我反省的心灵会挖掘出隐藏的洞见，从错误中学习，增进自我了解；有时候，则会鬼迷心窍，沉沦于失败而不能自拔，怀疑自己的人生价值，蒙蔽自己的视听，永远找不到真相。

三个案例：弗雷德里克·埃斯利所著的《粉丝笔记》、艾丽丝·默多克所著的《大海，大海》和克莱尔·梅苏德所著的《楼上的女人》这三部小说中的自我沉迷、自我讲述的主人公。

The Completed Character

第十一章 完成人物

人物创作的黄金理想：

首先，构思一个气场强大的复杂人性，许之以远大前程，却又像尚有余生未竟的任何人一样，令其倍感美中不足。然后，当她在整个故事进展过程中做出充满压力的决定并采取各种行动时，令其循序渐进地发挥其潜力。最后，在故事高潮处，将其送上一段历程，将其情感和精神体验推向人性的绝对极致：不剩任何尚未发现的东西，不剩任何尚未探索的东西，不剩任何尚未使用的东西，不剩任何尚未表达的东西。所有蛰伏的一切皆圆满实现，所有能演绎的一切皆完全表现，所有能探知的一切皆悉数揭示，所有潜文本皆充分表达，所有情感皆彻底呈现。人物宣告完成。

为了实现这一理想，角色设计有四个主要步骤："准备""揭示""变化""完成"。

人物设计的四个主要步骤

1. 准备

> 原理：在激励事件发生时，主要人物尚未完成。

在故事开始时，其主要人物就像大多数普通人一样，从未经历过各种精神、情感和道德可能性的绝对极致。他们的情感和思想已经达到了一定的深度，但绝没有臻于激情和见识的完美范畴，因为生活从未对其提出过这样的要求。他们是不完全的，但他们对此并不自知。蛰伏在前面的故事将会带给他们以前从未有过的各种经历，并以他们不曾预见的方式对其施加势不可挡的影响。只有作者知道其内心的初衷是什么，以及这些经历的真正范畴可能有多大。

根据我的定义，"人物需求"就是一个角色的人性中的一个空洞：未曾思考的智慧、感知不足的情感、尚未使用的才能、没有充分享受的人生。需求就是做了一半需要完成的事情；需求就是缺失而渴望找到的东西。

因此，当一个复杂人物进入你的故事时，她便是一个正在进行中的作品。若要实现黄金理想，你必须将你的人物置于各种际遇之中，让这些际遇从心智和情感上将她带到其人性的最深处和最远处。

可是，她的潜力何在？在你的主人公进入你的故事之前，给她测量一下。她的智商和情商是多少？她的意志力？

她的想象力？她的移情深度？她的勇气高度？思考一下她的人生已经走了多远，未来还可能把她带到多深多远之地。

接下来问这个关键问题：什么样的事件才会将我的主人公送上一条行动的脊椎，当其在高潮处结束之时，其情感冲击力和心智拓展力能使其经历其人性的最高极致，于是乎，无论好坏，均能令其自我完成？这个问题的答案，一旦你能找到的话，便能成为你的故事的激励事件。选择一个能够完美切合主人公需求的激励事件，你便可能写出一部优秀作品。

四个案例：

在达蒙·林德洛夫和汤姆·佩罗塔创作的长篇连续剧《守望尘世》的激励事件中，2%的世界人口瞬间消失。鉴于此，共同主人公凯文·加维（贾斯汀·塞洛克斯饰）和诺拉·德斯特（卡丽·库恩饰）突然发现生活失去了意义。

在索菲·特雷德维尔的戏剧《机械人生》的激励事件中，海伦屈从于父母和社会的压力，嫁给了一个令她恶心的男人，以为这样会带给她一个安稳的生活。

在恰克·帕拉尼克所著的小说《搏击俱乐部》的激励事件中，仅以第一人称解说人的声音而出现的主人公住进了泰勒·德登家，二人共同创建了一个搏击俱乐部。

在罗恩·尼斯瓦纳编剧的《索菲尔夫人》的激励事件中，典狱长夫人凯特·索菲尔（黛安·基顿饰）决定要拯救一个死囚犯的灵魂。

2. 揭示

原理：一个故事的事件动力揭示与人物塑造恰成反照或互相矛盾的人物真相。

所有类型中的绝大多数都会揭示其人物的内在真相，却并不赋予其人物弧光。正如塞缪尔·巴特勒所指出："一个生灵若要试图背离他自己在过去的诸多自我，便是一场以一己之力抵御一个军团的战斗。"人物的深层变化既艰难又特殊。不过，有六个类型的确会在讲述过程中赋予其主人公以人物弧光，这些将在第十四章详述。

"动作/探险""战争""恐怖""奇幻"和"犯罪"，以及描写物理、政治、家庭和情感斗争的大多数剧情片和喜剧片，都会在令人信服且引人入胜的人物塑造的各种表层之下潜藏一个核心自我，然后再对这一内在本性予以揭示，终至真相大白却又绝不会改变人物的心理和道德。所改变的仅仅是读者/观众的洞察而已。

最强大的揭示是在事件将一个人物推向最大风险的时候发生的。例如，生死之间的选择是很容易做出的，由此而获得的洞察相对而言则非常浅陋。而两种死法之间的选择——一种是久历折磨的病痛之死，另一种是自杀式的快速了断——则将一个人物的公共的和个人的人格面具彻底剥除，揭示出核心自我。同理，如果她能割爱于一个价值连城的东西，以获得另一个具有同等价值的东西，她的选择便表达了她的真实自我。

在马丁·麦克唐纳的戏剧《丽南山的美人》中，莫琳·富兰是个疯人院出来的40岁的老处女，她一直就像是一个唯唯诺诺、备受欺凌的巨婴，直到她谋杀了她的母亲，穿上母亲的衣服，坐在客厅的摇椅上，取代了母亲的位置。在莫琳的精神分裂的脑海里，她一直都是她的母亲；扮演她女儿仅仅是一种临时的伪装而已。

在J.D.塞林格的小说《麦田里的守望者》中，孤独的霍尔顿·考尔菲德对自己的性事深感困惑，却一心渴慕一段理想化的恋情。他感到被人群疏离，所以他也就礼尚往来地疏离他人。他的态度虽有变化，但他的核心自我从头至尾都没有发生任何根本的改变。

在伍迪·艾伦的《安妮·霍尔》中，阿尔维·辛格少年时代的不安全感毒化了他的成年人生。他仇恨真相，所以选择用幻想来掩盖现实。幸福总是令他酸楚，所以他选择用苦难来取代快乐。久而久之，这些选择便暴露了一个潜伏在其智慧与魅力之下的扭曲而一成不变的神经病人。

总而言之，当一个主人公的外在生活环境经历变化时，她的选择和行动会慢慢地揭示其核心自我。随着其一言一行，其人物塑造的外皮将会被剥离，在故事高潮时令其真实自我一丝不挂地裸露在光天化日之下。尽管一旦揭示，其人物真相并无进化，但读者或观众的认知却发生了改变，其理解力变得越来越深。再次强调一下，这种有揭示却并无变化的人物原型是所有讲述过的故事中绝大多数主要人物的基本模式。

为了检验这个原理,你可以就自己作品中的主要人物问两个简单问题:在故事开始时,我们以为她是谁?在故事高潮时,我们知道她是谁?你的答案应该能揭示出读者/观众的洞察变化。

3. 变化

原理:人物变化将维度付诸行动。

一个被称为"忒修斯之船悖论"(Ship of Theseus Paradox)的古老谜题问道:"如果一条船经历了缓慢且漫长的修理过程,船的每一个部件到最后都被更换,那它还是同一条船吗?还配叫同一个名字吗?另一方面,如果那条船毁损在海里,但又按原规格一模一样地重新造了一条,那它还是同一条船吗?它是否需要一个新的名字?"

在两种情况下,原船都没有剩下一条甲板、一根钉子或一块船帆,然而,这两条船却会令人得出相反的结论:多数人都会觉得那条被缓慢修理的船还跟原来一样,应该保留原来的名字,而那条替换的船却是全新的,需要重新命名。

当然,这个千古谜题并不是要讲船舶命名法,而是对人性变化的一个比喻。把"船"替换为"身份",这个谜题便变成了一个寓言,提出了这样的终极问题:"我现在是谁?我曾经是谁?我将来是谁?命运会令我保持原样,还是会对我进行再造？"就像一条船在未知水域奋力航行，一个复杂人物也是在各种事件中逆流扬帆，其航程是那样恣意随机、不可预测甚至性命攸关，对其本性或有改变，或毫无改变。

有些作家对人物变化的反应恰似公众对"忒修斯之船悖论"的处理：渐进的修缮并没有改变其人物的核心身份，而一个爆炸性事件的振荡和创伤却能令其发生突变。其他作家则反其道而行：强大事件永远不会削弱他们的人物，尽管时间的磨蚀也许会令其缓慢进化。

即如我们在第三章所看到的，每一个作者都需要一个关于人性的个人理论，以便支撑其回答这样的问题："对我的人物的生活损害到底能不能改变她的核心身份？"

你会相信哪一个？一个人物到底是像"忒修斯之船悖论"一样，无论时间如何推移，她都只会变成一个更加集中而专注的自我，而并不会发生任何本质的变化；还是会脱胎换骨地转变为一个完全不同的自我，就连她过去的自我都认不出来了？换言之，你的人物的每一个思想会不会令其发生一刻不停的进化，以至每过一分钟她都已经变成了另一个不同于一瞬间之前的那个自我？她跟别人相处的每一个小时会不会令其渐渐地变得更像别人；或者，你是否相信这些改变都是微不足道的，而你的人物在其内心深处都总是始终如一的？

永恒身份理论

永恒身份理论认为，一个孩子在出生时，是一块干净的白板，可以变成几乎任何人。但是，随着生活经历对她进行雕琢，她便会发展出独一无二的"行动/反应"型制，将其心智固化，创造出她的持之以恒的身份。在这个稳定中心周围会发生人物塑造的变化。一旦型制确立，她在故事的未来事件中的选择和行动将会使她变得越来越特殊，越来越像非她莫属。

在《米德尔马契》中，乔治·艾略特用以下这个常被引用的形象表达了她对永恒身份的信念："……尽管我们高谈阔论于高处，我们所见却是广袤的平原，那儿才是我们的持久自我驻足等候我们的地方。"

在关于主人公寻找身份的各种讲述中，像约翰·奥斯本的戏剧《愤怒的回顾》中的吉米·波特和詹姆斯·麦克布莱德的回忆录《水的颜色》中的他本人，都承认了他们的外在变化，但与此同时又觉得他们的过去也属于他们，而且从某种意义上而言，这个过去就是他们。事实上，回顾行为的本身就暗含着一种恒定的身份。如果一个人物的核心自我没有在时间的流逝中持之以恒，它便不可能存续至今而去回望其过去。

许多作家相信，对外在生活的纷至沓来的变化，核心自我会安稳抵御，比如身体的变化、个人关系和社会关系的变化、事业的调动、房子的搬迁，诸如此类。

不断变化的环境不会改变其本质——尤其是不会改变其道德本性。[1]例如，斯坦利·库布里克根据安东尼·伯吉斯的小说改编的电影《发条橙》中的主人公亚历克斯（马尔科姆·麦克道威尔饰）既给别人造成也使自己遭受了惨不忍睹的痛苦，但他的欢乐本性却始终如一，毫无改变。

变化身份理论

动物遵从本能；人类分析本能。狼绝不会操心狼之所以为狼到底意味着什么，它们仅凭其狼性而生存。而具有自我意识的人类头脑却会纠结于其冲动与直觉，梳理本能与理性的拉扯，一切均旨在打造一个更好的自我，或者至少是一个不同的自我。基于这个原因，许多作家相信，变化不但是可能的，而且是必需的。

当变化发生时，它会沿着一个人物的定义性维度辐射出一道弧光。例如，在约翰·弥尔顿的史诗巨作《失乐园》中，主人公的核心矛盾是"善/恶"。故事的轨迹是一道从正到负的弧光："光明天使"（善）路西弗（Lucifer），受着自尊心的驱使，集结了一支志同道合的天使部队，试图推翻上帝。通过三天战斗之后，他被逐出天堂，堕入地狱，从此改名叫撒旦（Satan），沦为"黑暗天使"（恶）。

其他例证：比利·怀尔德的《倒扣的王牌》中查克·塔图姆（柯克·道格拉斯饰）的"善良/残酷"的维度弧光是从正到负，而卡勒德·胡赛尼所著的《追风筝的人》中的阿米尔则是完全相反的方向。查尔斯·狄更斯的小说《圣诞颂歌》中的埃比尼泽·史古基的"慷慨/贪婪"是从负摇摆到正，而连续剧《亿万》中的博比·艾克塞罗德（达米安·刘易斯饰）则正好相反。多重维度可以不无反讽地纵横交错：在阿拉文德·阿迪加的小说《白虎》中，巴尔拉姆·哈尔维从一个守法公民蜕变为罪犯（从正到负），而与此同时，他还从一个一贫如洗的劳动者摇身一变为公司经理人（从负到正）。

一个变化自我的价值负荷可以朝着两个方向进行旋转：或正或负。

正向弧光

定义：一道"正向弧光"，顾名思义，就是以正负荷作为落点的弧光。它开篇的时候，可以让一个人物处于或正或负的状态，然后按照交替的"正/负"周期进行位移，其冲击力渐次增加，直到一个高潮彻底实现人物的欲望。

因此，一道正向弧光常常开始于一个人物感觉到其内心深处的一个负面状态。刚开始，她会抗拒改变，然而更加苦涩的真相会不断揭示，最终令其被迫就范，直到她终于到达道德坡地的顶端。

案例：

在约翰·帕特里克·尚利的戏剧《虐童疑云》中，艾修女的弧光从一个被自以为是蒙住了双眼的独裁者（"傲慢"）滑向了一个因疑惑而深感羞愧的女人（"谦卑"）。

在丹尼·鲁宾的电影剧本《土拨鼠之日》中，菲尔·康纳斯（比尔·默瑞饰）从一个爱无能的不成熟的自我中心主义者（"自私"）进化为一个成熟的、富有同情心的真心实意的爱人（"无私"）。

在约翰·马克斯维尔·库切的小说《耻》中，大卫·卢里从一个颐指气使、自命不凡、玩弄女性的知识分子（"自欺"），慢慢解构其人生，终于接受了他在一个超出了自己掌控的世界中的应有位置（"自知"）。

以下是连续剧和电影《欲望都市》中的四道正向弧光，将人物从未完成带向完成：

凯莉·布拉德肖

凯莉（莎拉·杰西卡·帕克饰）是一个流行文化记者，专写纽约市的八卦花边新闻。尽管她对这些话题倾注了睿智的研究和精心的观察，她的选择和行为还是被其情感所主导。连续剧故事开篇时，凯莉是个具有自我意识而没有安全感的人。通过六个播出季和两部电影的进展，她的弧光落点为镇定自若并充满安全感。

在连续剧的开始，她得从朋友们和生活中的男人们那儿寻找赞同和确认，尤其是比格先生（克里斯·诺斯饰）。她的神经质变成了强迫症癖好，比如她会纠结于必须拿到情人公寓的钥匙，而且必须平分他的卫生间橱柜空间。她对自己的行为心知肚明，而且将其归咎于"鬼使神差"的倾向。"只要告诉我，我就是你的心上人"，在第一季结束时，她这样乞求比格。她并非完美无瑕，但很善解人意，尤其是她不惜自黑的幽默感令其增色不少。

她寻找真爱和承诺,却对自己是否是居家过日子的类型深表怀疑。她在第一季第一集就认识了比格先生,那是她的初恋,也是她的唯一深爱。尽管她还有不少移情别恋的风流韵事,但她觉得比格才是她的灵魂伴侣。在第六季也是最后一季结束时,比格宣布他将从加利福尼亚回到纽约市,跟凯莉团聚。在第一部电影的高潮时,他们结婚了。问题:她最终变得镇定自若的弧光落点是她主动促成还是婚姻使然?

萨曼莎·琼斯

超级性感的萨曼莎(金·卡特罗尔饰)是四个朋友中年龄最长的,她拥有自己的公关公司。作为一个自我标榜的"试性人"(意思是,任何东西她都要尝试一次),萨曼莎的故事线便是围绕着她的诸多性出轨而展开的。她是为激情而激情,浪漫仪式亦可有可无,但她从来没有爱过她自己之外的任何人。她似乎是个爱无能的人,所以连续剧对她的弧光处理便是通过一个"救赎情节"。

尽管她在性方面异常自恋,但在朋友中,萨曼莎却是最忠诚最不吹毛求疵的。她也确曾开始过几段认真的恋情,其中之一还是同性恋,但她跟任何人约会都很少超过一两次。不过,在第六季时,发生了两件事:她跟史密斯(贾森·刘易斯饰)搞到了一起;她被诊断出乳腺癌。

她以巨大的勇气和智慧来面对癌症。无论治疗把她变得多丑,史密斯在最艰难的时刻都始终陪伴在她的身边。她为此而爱上了他，而且在以四年后为背景的第一部电影中，她已经在洛杉矶跟他住到了一起，并尽其所能一心一意地相亲相爱。

但是，尽管对史密斯不乏柔情蜜意，她发现她还是如痴如狂地迷恋着她的超级性感的邻居。她终于开始质疑她的情感，并得出结论：她爱自己胜过爱史密斯。他们分手了。在第二部电影中，她又回归故我，在一个男人的奔驰车引擎盖上做爱。

萨曼莎经历了一道双重弧光：无爱的性迷恋（她的真我）——一心一意却无性的爱回馈（她的假我）——无爱的性迷恋（她最真的真我）。

夏洛特·约克

夏洛特（克莉丝汀·戴维斯饰）是一个康州的蓝血贵族[i]、舞会皇后、啦啦队队长、田径明星、少女模特、女骑手、史密斯大学毕业生、艺术品经销商——一言以蔽之，就是具有"白人盎格鲁-撒克逊新教徒"（WASP）血统的社会精英。她经历了一个从天真到世故的"教育情节"。

她盲目地追求浪漫，总是在寻找她那个"穿着闪光盔甲

---

i　Blueblood，典出中世纪欧洲百姓的普遍误解：认为王室贵胄的血是蓝色的。因为他们不用下地劳动，所以皮肤白净，近乎透明，蓝色血管清晰可辨。专指具有家族代际传承的社会显贵精英，相当于中文语境中的"官N代"或"富N代"，处于财富"鄙视链"的顶端，为"新贵"（nouveau riche）或"暴发户"（new money）的反义词。

的骑士"。她是朋友中最不愤世嫉俗的人，相信"爱情能够征服一切"。她鄙视朋友们放浪形骸的寻欢作乐，坚信男女关系必须持之有道。她的朋友们常常会嫉妒甚至敬畏夏洛特对爱情的总体乐观态度。不过，她偶尔也会以其粗口和对口交的钟爱而令朋友们大跌眼镜。

她对浪漫的信念导致她决定不到蜜月便不跟未婚夫发生性关系，结果发现她的"完美"丈夫却是个阳痿。她最终还是因为丈夫与其母的扭曲关系而离婚。

尽管夏洛特刚开始时对她的离婚律师总是不停地出汗、邋遢的吃相、秃头和多毛的身体唯恐避之不及，但她还是跟他睡到了一起，因为他表白说对她钟爱有加。哈里（埃文·汉德勒饰）给了她此生最好的性爱。她试图将这种关系保持在严格的性爱层面上，但由于哈里的深情关爱，她发现自己坠入情网。

起初，她试图对他进行改造，以使其更加符合她的理想男人形象。但是，当她意识到此举给他造成了多大的痛苦时，她便接受了哈里的本来面貌。事实上，她自己还转而信了犹太教，因为哈里誓言只娶犹太女人。

只有当夏洛特意识到她必须弃置其浪漫理想并按照哈里的条件而接受哈里时，她才能找到能够实现其浪漫理想的真爱。那个跟理想男人恰成反照的男人变成了她的理想伴侣。她经历了一道从"正确先生"的现实灾难到"错误先生"的理想爱情的弧光。

米兰达·霍布斯

米兰达（辛西娅·尼克松饰）是一名华尔街律师，她高估了工作的价值，却低估了男人的价值。她的弧光穿越了一个双重"教育情节"，使其对工作和男人的态度都发生了改变。在早期的几季中，她对男人充满了不信任和反感，发现他们很不成熟，而且不切实际地追求浪漫情怀。

然后，米兰达认识了一个酒吧服务员史蒂夫（大卫·艾根伯格饰）。原本是一夜情的逢场作戏，结果发展成了公寓同居。经济差距导致争吵，所以他们分手了，但还保持着一种友好的性关系。当史蒂夫因癌症而失去了一个睾丸时，米兰达依然陪他睡觉，以使其确信无论他是一个蛋还是两个蛋，女人们还是会发现他依然魅力无穷。

结果，她怀孕了，而且决定不做人流。怀孕柔化了她的性格，她告诉史蒂夫她会负全责，独自抚养孩子，如果他喜欢的话，也会让他来看儿子。对这个工作狂而言，初为人母令其倍感压力，但她总能想方设法地平衡事业与孩子。她和史蒂夫试图以柏拉图式的伴侣身份来共同抚养儿子。

在孩子的周岁生日庆典上，米兰达脱口说出了她对史蒂夫的爱，而令她喜出望外的是，史蒂夫也宣称她就是那个"心上人"。他们结婚了。

在第二部电影中，米兰达由于工作劳累过度，错过了儿子的学校活动。更糟的是，她的仇女症患者老板还对她大为不敬。史蒂夫说服她辞职，去一家能够赏识她的公司找一份能够实现个人抱负的工作。米兰达的弧光是从不平衡到平衡,可谓事业爱情双丰收。

负向弧光

一道负向弧光的起点可以是一个人物的正面状态,也可以从负面状态,然后按照正/负周期循环往复,冲击力不断加深,直至以悲剧结束。当然,这种弧光建构了莎士比亚最伟大戏剧人物的生与死:安东尼和克里奥帕特拉、麦克白和麦克白夫人、布鲁图斯和卡西乌斯、科里奥兰纳斯、理查三世、哈姆雷特、奥赛罗、李尔王——他们都是在一个悲剧高潮中完成了自己。

负向弧光常常起始于一个人物生活在青春的幻想或天真之中。现实会不时打断她的梦想,但她依然会坚持自己的信念,直至最后屈尊于一种充满痛苦且不可逆转的真相:易卜生的赫达·加布勒、斯特林堡的朱莉小姐,以及田纳西·威廉斯的几乎每一部戏剧的主人公。

一道"善到恶"的弧光可以从一个甜美的小姑娘开始,以一个连环杀手作为结尾(马克斯韦尔·安德森的戏剧《坏种》),或者以一个辛勤工作的白领工程师作为开端,而以一种暴戾恣睢的心理崩溃而告终(乔尔·舒马赫的电影《崩溃》),或者开篇是一个理想主义者,在弧光的结尾处成了一个滥杀无辜的凶手(大卫·托马斯的小说《奥斯特兰德》)。

在托马斯·哈代的小说《无名的裘德》中,体力劳动者裘德·福利在家自学了古典希腊文和拉丁文，指望有朝一日成为大学学者（"幻想"）。但是，底层社会的剥夺和上流社会的偏执，粉碎了他的梦想。他的整个工作人生都是在切割石头中度过的，直到他悲苦地死于贫困（"现实"）。

乔治·卢卡斯的史诗巨片《星球大战》映射了路西弗的堕落。片中的一个绝地武士安纳金·天行者（"善"）将生死置之度外，一心追求权力，指望能够拯救他所爱的女人，从光明王国逐渐走向臭名昭著的黑暗面。在战火中烧伤截肢之后，他加入了帝国，从此号称达斯·维达（"恶"）。

在帕特里克·马博的戏剧《亲密》中，丹、安娜、拉里和爱丽丝一直在寻求亲密的恋爱关系（"有意义"）。四个人多年来一直在见面、做爱、同居、分手的周期中兜圈子，最后终了于孤独和不满（"无意义"）。

人物弧光，无论正负，很少会依循一条平滑的轨迹，而更可能在动态的曲折中前行。如果一个故事的价值从不改变负荷，那么讲述就会凝结为一幅肖像画。想象一下吧，如果发生的所有事情都是朝着正向正向正向一路快跑，直到最后让整个卡司都皆大欢喜。或者，所有场景除了阴森恐怖便别无他物，一路山崩地裂，势不可挡，直到最后将所有人物都碾轧在深渊谷底。重复是作家的死敌。

从人物的主观视点呈现的变化

当你的人物回望她的人生时,她看到的是什么?是她自己还是别的什么人?她是否还跟以前一模一样?变好了,变坏了,还是变得认不出来了?她对自己过去的样子、现在的样子、将来的样子,是恨,是爱,还是无所谓?

对自我的态度可以从自恋,一直横跨到自爱,到自尊,到自我冷漠,到自我批评,到自我仇恨,到自杀情结。两个矛盾的视觉支撑着这一谱系:天命论人生观(Life-as-Fate)和使命论人生观(Life-as-Destiny)。

天命论人生观:如果你的人物只会往后看,而很少往前看,那么她很可能会觉得自己被困锁在一个上天早已注定而并不属于她自己的命运之中。她也许永远不会去满足她自己的欲望,而只会顺应他人的要求。她会感到失落,与自己的真实自我失去联系,永远找不到那个隐藏于潜意识中某个地方的属于她自己的身份。

当这个天命论孩子审视她的过去时,她是否会感觉到,她不但没有进化,反而还变成了一个连她自己都不认识的人?她的老旧信念、价值观和目标是否似乎已经失去?她过去的欲望和行为是否会令她困惑?她是否会好奇如何才能把过去曾经做过的事情做得更好?她过去的所作所为是否会显得格格不入,如果并不是完全不可理喻的话?变化是否会显得过于剧烈,以至于她都不敢想象她怎么可能会成为她过去的样子?换言之,她是否会有一种自我疏离感?

使命论人生观：如果你的人物一直在向前看而很少往后回望，她就是在按照自己的意愿生活，自由地选择她自己的路径。她从不怀疑她就是她自己的核心自我。使命暗含着一个终极目标，而且她自己的终极目标在未来等待着她，引领她得偿夙愿。

当这样一个使命论孩子逐渐步入成年时，她是否能够认出她已经变化的自我？当她的青少年愤怒柔化为中年满足时，当她的敬业精神逐渐消磨时，当关节炎令她慢慢老去时，她是否会回望自己并觉得，尽管她已经从身体上和情感上得到了进化，但在内心深处她还是原来的自己？她原来的心理化妆是否也发生了自然的进化？她过去的欲望是否会影响现在的行动？换言之，她是否有自我移情的能力？你的人物会怎样看待历经时光洗礼的自己？

对有些人物来说，变化会令其释然。在弗兰克·达拉邦特的电影剧本《肖申克的救赎》中，雷德（摩根·弗里曼饰）真切而感性地看到了自己的过去，所以他希望自己能够穿越到过去，回到那个犯下了滔天大罪的年轻自我身边，对他进行耳提面命。

对有些人物来说，变化会令其困惑。在D.H.劳伦斯的小说《虹》中，乌苏拉·布朗文茫然迷乱地回顾她的人生。每一个阶段都是那样不同，但又总是她自己："可是，那到底是什么意思，乌苏拉·布朗文？她不知道她过去是什么样子。只记得她总是充满着排斥，总是拒绝。总是，总是，从她嘴里吐出幻灭和虚假的灰尘和沙砾。"

对有些人物来说，变化会令其愤怒。在塞缪尔·贝克特的戏剧《克拉普的最后一盘录音带》中，69岁的克拉普听着他几十年来自己制作的录音带。在青年时代，他相信能够确立一个终身身份，而现在却心灰意冷。当他听着自己过去的声音时，他知道那是曾经的他，但他对那些声音完全嗤之以鼻，无法引起任何共鸣。就像一条蛇要蜕掉旧皮一样，他年复一年地蜕掉他的旧我，直到只剩一个苦涩的老头儿，最后的克拉普。

变化的发生，无论快慢，无论内外，无论偶然还是刻意，所有人物对变化的解读都会因人而异——有些接受，有些抵赖，有些根本就没注意。不过，一般而言，变化会引发四种可能的反应：

（1）人物也许会觉得变化纯粹就是化妆而已，她很快就会回归故我。

（2）她也许会觉得已经转变为一个更好的自我。

（3）她也许会觉得过去就是埋葬她曾经更好的那个自我的坟墓并将其抛到了身后。

（4）她也许会发现自己的真实自我，那个从童年开始便一直被压抑着的自我。现在，无论好坏，她终于可以以其真面目生活了。

从作者的主观视点呈现的变化

你对人物变化的个人立场是什么？你的人物会对其作何反应？有些作家相信身份的永恒性，其他作家则相信深刻变化。有些作家会揭示人物真相，其他作家则对其秘而不宣；有些作家会给予人物变化弧光，其他作家则不会。不过，在所有情况下，一个作者如何将一个人物与其过去相连，构建了通向其身份的路径。

例如，一个健康的过去会强化过去与现在的关联，令其身份保持完整性；一个创伤的过去则会弱化身份并令其支离破碎。一旦毁损于虐待，核心自我便会死守其创伤记忆，力图保持其鲜活与真切，以免自己丧失理智。在这种情况下，过去也许会对人物施加影响并造成不同的后果。以下是四种可能性：

（1）执念：创伤会不断地重新进入脑海，其冲击力还会跟原始经历一样锐利，时间丝毫没有对其进行淡化和钝化，如"创伤后应激障碍"（PTSD）。因为心理伤口从未真正愈合，所以每一次回忆都会撕开同一个创口。

（2）压抑：显意识会将痛苦记忆埋藏在潜意识中，任其化脓溃烂，燃烧神经，扭曲身份。

（3）幻想：如果创伤总是挥之不去，大脑为了化解其痛苦，就会将过去改写为它从未经历但幻想它曾经历的另类事件。

（4）平衡：大脑勇敢地面对真相，既无夸大，亦无扭曲。

变化的原因和时间是否会改变你的人物的自我意识？如果变化来得突然（一个厨房事故烫伤了她的脸和手），这种身体外形的毁损是否会撕碎她的身份？如果变化来得缓慢，而且还是一种刻意的选择（她每天给丈夫下一点毒，毒量只够令他感到恶心，作为对一个侮辱的惩罚，可是，六个月过去了，一顿接一顿地在饭里下毒之后，她慢慢决定他已经不配继续活下去），这样到底是暴露了她的本来面貌，还是有一个变化了的自我取代了她的旧我？对于人物弧光的创作，优秀的作者会发展出独一无二、因人而异的手法。

从读者／观众的主观视点呈现的变化

在故事的开始，随着说明信息的堆积，读者和观众会将浅表信息兼收并蓄，逐渐发现这些人物貌似是谁。对人物揭示和变化的双重好奇会将其兴趣锁定到最后时刻：这些人物的内心深处到底是谁？他们可能会变成谁？

作家都深谙对读者或观众的兴趣必须进行循序渐进的构建，所以对故事事件的铺陈必须把握好时间节奏，首先"隐藏"，然后"揭示"，接下来"变化"，最终"完成"一个复杂人物。

4. 完成

原理：最优秀的故事艺术作品充分满足其主人公在

人性经历极限的需求和欲望。

需求和欲望这两个术语也许会显得同义反复,但是在我看来,它们指称的是人物的两个非常不同的方面,来自两个非常不同的视点。

欲望:一个人物坚持不懈的目的,她尚未达到的目标。在故事讲述的整个过程中,由于主人公一直在努力恢复其生活平衡,她就必须以其情感和精神能力所能达到的极限来追求其欲望目标。

需求:一个虚空的内在空间,一种渴求实现的潜力。在激励事件发生时,作家便认识到了其主人公的不完整性。她只是一个精彩人物的原材料,但尚缺那种能够实现其独一无二潜力的独一无二的经历。因此,她需要完成她的人性。

在高潮处,她所创造的事件做的就是这个。故事的最后转折点将主人公的情感能力和精神能力置于巨大的压力之下。在其最后的行动中,她便经历了其能力的极限,因为作者对其核心自我进行了直达其情感和精神最深处的探索和表达。于是乎,她便变成了一个完成人物——不剩任何尚未揭示的东西,不剩任何尚可变化的东西。

人物对其需求从不自知。只有他们的作者才能看到;只有他们的作者才能知道他们的潜在需求是什么;只有作者才能想象其人物最完备的状态是什么样子。

没有变化的人物则没有需求——动作英雄、卡通人物、喜剧角色。他们没有变化却依然能引人入胜。在《消消气》

中，拉里·大卫在每一季的开头和每一季的结尾，都是一样的偏执。一集接着一集，他总是在盲目地追求着对规矩礼仪的奴性狂热，演绎出一个僵化而令人捧腹的自我。同样的型制一直支撑着漫威电影宇宙中的超级英雄，从一个续集走向下一个续集。

不过，在人物驱动的类型中（见第十四章），在故事开篇时，其主要人物，尤其是主人公，内心深处都是不完整的。他们至今为止的人生从未要求他们将其各种能力（才智、道德、天分、意志力、像爱恨这样的情感力量，甚至勇气和狡黠）用到极致。但是，在故事的碰撞过程中，人物的行动和反应便能做到这一点。在高潮处，他们要完成的人性的本能需求会驱策着他们直奔路线的终点，即人类经验的极致。

完成人物案例：

在欧里庇得斯的戏剧《美狄亚》中，美狄亚公主发现她的爱人及其两个男孩的父亲贾森为了另一个女人而抛弃了她。美狄亚不但毒杀了女人以及这个女人的父亲，而且为了惩罚贾森，连两个孩子也一起杀死了。她带着孩子们的尸体逃跑了，把他们埋到了贾森找不到的隐秘处，这样他便永远不可能在亡子的墓前祈祷。美狄亚以这样的复仇方式，将自己推向了一个令人震撼的极致。

在索福克勒斯的《俄狄浦斯王》的高潮处，俄狄浦斯发现，他无意中谋杀了他的父亲并娶了他的母亲，这一点令他惊恐万分，在狂暴的悲痛之下，他抠出了自己的眼珠。这一电闪雷鸣般的情感爆发麻木了所有思维，徒留俄狄浦斯震惊于一种未完成的状态。

不过，二十三年之后，索福克勒斯以其90岁的高龄完成了他的这个人物。在《俄狄浦斯在科洛诺斯》中，俄狄浦斯痛思前罪，意识到是他的冲动傲慢和缺乏自知决定了他的命运。简言之，他本来应该更加明白。一旦他接受了自己的罪孽，他便完成了他自己，遂得安息。

在金基德的《春夏秋冬又一春》中，一个小沙弥从一个残忍的孩子演变为一个淫邪的少年，再到一个杀妻罪犯，再到忏悔的囚犯，再到佛学高僧——一道终结于内在重力的弧光，满载着真诚的变化、生活磨砺的智慧和自我的完成。

在艾丽丝·默多克所著的小说《大海，大海》中，剧作家和导演查尔斯·阿罗比穷其一生执念于他对浪漫爱情的追求，却永远没有明白他唯一的真爱初恋就是他自己，不但现在是，而且一直都是。他终于耗尽了他的有限人性，被困在了一个自欺自慰的死胡同里，而自己却完全茫然无知。

《荧光幕后》由帕迪·查耶夫斯基编剧，被李·霍尔搬上舞台（2017年）。在该剧中，电视主播霍华德·比尔（彼得·芬奇/布莱恩·克朗斯顿饰）宣称现代生活就是一坨狗屎，一时令舆论哗然。比尔在黄金时段节目中的大放厥词令其收视率与日俱增，而他自己却在疯狂错乱的泥沼中越陷越深。到最后，他对"无意义感"的叫嚣终于变得毫无意义。由于他的收视率不断下滑，电视台将其当众刺杀在镜头前。他死了，但在其所有的维度都被暴露和穷尽之前，他却不能死。

迈克尔·柯里昂是什么时候完成的？在《教父》二的结

尾？有些人认为是，但我不这么认为。在前两部电影中，迈克尔让别人受难，但他自己却没有经历真正的炼狱焚烧，直到《教父》三将其完成。

在《守望尘世》的完结篇中，诺拉·德斯特（卡丽·库恩饰）和凯文·加维（贾斯汀·塞洛克斯饰）之间的爱情故事的高潮戏是那样地宁静，二人隔着厨房餐桌把手拉在了一起。在整整三个播出季中，诺拉的愤世嫉俗令其永远不敢相信凯文，而凯文对亲昵的排斥却一直让他觉得自己配不上诺拉。在他们共同的个人戏份之余，诺拉横穿到了一个平行宇宙，去寻找她失去的家人，而凯文则是一次又一次地死而复生。一旦他们意识到，要想让有情人终成眷属，唯一的办法就是要相信他们之间的爱情，他们便告完成。

完成一个人物

总而言之，对有些人物而言，一种"人过留名"的炽烈渴望，一种意欲找到目的的不可遏止的饥渴，驱策着他们去完成自己。对其他人物而言，一种对碎片化的内在恐惧，或者是对自己的本性的一种强烈好奇推进着他们。在两种情况下，未完成的人物是通过外在的以身试法来进行内在建构。他们是冒着极大的风险在追求被其珍视为具有至高无上的价值却又不能完全控制的东西……即使在他们达成了目标之后。[2]

不过，绝大多数人物都很少会去询问他们的人生已经走了多深，还可能要走多广，他们是否要体验到人生的极致。

而度量这些关键指标并询问这些关键问题，恰恰是作家要替他们干的活儿。

作家在写作过程中，为了实现一个人物的完成需求，从一开始就必须认识到，我们所有人与生俱来的能力都是过剩的，我们的思想和情感远超生活的需要，我们的很多本领一辈子都不可能用上。所以，要研究你的人物在故事开始之前的那些日子，自问：在我的人物的这个人生节点上，她的心智和情感天资所使用的比例如此之小，她有朝一日所能触碰的深度和广度可谓无穷，那么，她的人性还缺些什么？

在找到了这个问题的答案之后再问：她还需要什么才能完成她自己？有什么具体的事件，如果能发生在她身上的话，将会推动着她去兑现自己的承诺？那个转折点就会变成你的故事的激励事件。

在这个之后，再问：什么样的事件将会将其推向她最伟大的思想的极致，她的存在的最深处？什么样的压力、冲突、选择、行动和反应，会将其人性推向极致？这些问题的答案就会变成你要讲述的故事。

一旦人物臻于完成，他们常常会反思那些尽管完成了其人性却令其伤痕累累的令人哭笑不得的事件。我们可以用其反思的结果来作结：

明天，明天，明天，用这种细微的节奏，一天又一天地爬行到有史以来的时间的最后一个音节……

——麦克白，《麦克白的悲剧》

"是啊，"她想，她放下画笔，疲劳到了极点，"我找到了自己的视觉。"

——莉莉，弗吉尼亚·伍尔夫的《到灯塔去》

……而且，我们现在很快就要走出这栋房子，进入世界的混乱，走出历史，进入历史以及时间的可怕责任。

——杰克·伯顿，罗伯特·潘·沃伦的《国王班底》

我在想野牛和天使，颜料不褪色的秘密、预言性的十四行诗、艺术的庇护。这就是你和我可以共享的唯一的不朽，我的洛丽塔。

——亨伯特·亨伯特，弗拉基米尔·纳博科夫的《洛丽塔》

到处都是平庸——无论现在还是将来——我赦免你们所有人。阿门。

——萨列里，彼得·谢弗的戏剧《莫扎特》

这是一盏老灯，已经不太亮了，但足够照见前路。

——伊莱恩，玛格丽特·阿特伍德的《猫眼》

看起来命运之神好像已经插手。

——里克·布莱恩，《卡萨布兰卡》

The Symbolic Character

第十二章 象征人物

无论是已经完成,还是尚有余限,所有人物的意义都要大于其本身。你所创作的每一个人物都是一个比喻,其比附对象要么是一种社会身份(母亲、孩子、老板、雇员),要么是一种内在身份(善、恶、睿智、天真),要么是二者兼而有之。这些角色形成了故事的卡司,其亲缘关系可以分为两大阵营:"现实主义"和"象征主义"。有些故事讲述人创作卡司的灵感来自日常观察,然后将其进行配置,以应对每天的日常地狱;其他作家,如DC连环画和漫威宇宙的创作者,在创作过程中,对其卡司的象征性维度了然于心,并以想象的人物塑造特性来对其进行装扮。

"奇幻""科幻""恐怖""超级英雄""超自然""魔幻现实主义",以及以上每一类型的诸多次类型,可以总称为"推测性虚构"(Speculative Fiction)。对这类作家而言,象征的权重大于人格本身。而直接表现家庭、个人关系、社会机构、法律制度和道德心理方面现实问题的剧情片和喜剧片则可归类为"常规现实主义"(Conventional Realism)。对这类作家而言,人格本身的意义则大于其象征物。

各种象征系统是在写作过程中不知不觉进化而成的。没有一个作者，无论其天赋如何，能够刻意地从零开始创作出一套全新的象征系统。象征是永恒而不朽的，你只能借用它们。[1]

象征的生成原理如下：当大脑看见、听见或触碰到一个物体时，它会本能地问："这个东西是什么？它为什么会是这个东西？"然后，智慧和想象会自然而然地突破表象而去窥探就里，寻找其内在结构和隐藏因由；随着时间推移，他们获得的见识会理想化为意味深长、力量强大的偶像图标。

案例：受到自然界各种曲线美的启发，大脑便勾画出一个完美的几何圆，然后再将这一抽象物升华为"生命周期"（Cycle of Life）的一个象征。孕妇能散发出复制DNA的能量，于是我们的祖先就将其神化为"大地母亲"（Earth Mother）。海洋的动荡让水手们想起愤怒惩罚的父亲，然后希腊人再将其想象为"波塞冬"。从可以食用的动植物演化出了用餐的仪式，先锋派大厨们进一步将其美化为"高级料理"（Haute Cuisine）。这种从特殊到普遍再到理想的位移便生成出常常是异想天开的象征主义的光辉形象。而作家是怎么找到这种视觉的？在梦中。

用象征符号来做梦是前智人的心智早在几十万甚至几百万年前便已经获得的一种进化适应。其适应目的在于保护睡眠。

当你在夜晚辗转反侧难以入眠时，涌入脑海的是什么？澎湃的思绪：希冀和饥渴、恐惧和害怕、激情和愤怒、思念和爱慕——一个疲惫的心灵无法控制的尚未解决的冲突。

印度教徒将人脑象征为吵闹的猴子——每日每夜每时每刻不停地在脑海中奔流的叽叽喳喳的思绪。这种喋喋不休一直让你无法入眠，直到松果腺分泌出褪黑激素，让你昏昏入睡。然后，梦便开始将你的意识流思绪压缩进各种象征符号，给心智提供一个休息的机会，给身体提供一个痊愈的机会。

就像活塞通过减少气缸内的容量来浓缩热能一样，一个象征符号通过把多重意义压缩进一个单一的形象来创造能量。例如，一个留胡须的人物形象，穿着长袍，坐在一把大椅子上，从上俯视下方，便象征着"神父"。这个形象能辐射出各种复杂想法——判断、智慧、见识和绝对权威，同时还伴随着对惩罚的恐惧、对破坏规则的罪恶感、对保护和慈爱的感激，这一切的一切都根植于敬畏。这种意义和情感的宏大混合，都浓缩在一个形象中。

象征人物谱系

人物创作的象征主义光谱有一个从最亮到最暗的跨度，从辉煌的原型开始，到灿烂的寓言，再到熹微影绰的类型，最后终结于轮廓灰暗的模式化人物。

原理：原型将本质转化为人物。

人类对原型的本能发明，就好比鸟儿筑巢，蜘蛛织网。一个原型形象的象征力量是那样普遍，其细节可以无限变化，但永远不会丧失其基本型制。一个原型的外表无论因文化如何而异,无论是动画还是真人,它的出现便能令人痴迷。

原型是故事讲述的四大主要成分的栖居之地:事件、背景、物体、角色。

1. 事件,如"圣婴降世"(Sacred Birth)、"亚当夏娃失宠"(Fall from Grace)、"善恶之战"(Battle between Good and Evil)。

2. 背景,如"沙漠"作为冥想的场地,"花园"作为生产的奇迹,"城堡"作为权威的宝座。

3. 物体,如"光"作为"希望"的象征,"红色"作为"激情"的色彩,或者"心"作为"爱"的标识。

4. 角色,如"时运不济的恋人",在流放中漂泊的"浪子",挥舞魔杖的"巫师"。

一个原型人物,就像一座石雕一样,是表里如一的。例如,"大地母亲"便是集母性的所有品质——赐予生命、养育无辜、宽恕失败——于一身,凝练为一个坚如磐石的身份。她没有潜文本。她从不伪装,从不开玩笑,从来没有顾左右而言他的想法。没有隐藏的愿望来与其宣言自相矛盾;没有秘密的情感来令其行动复杂化。她就是一个纯粹的母性形象。

原型可以扩展,也可以收缩。"女妖"(Hag)、"老巫婆"(Crone)和"智女"(Wise Woman)都是"大地母亲"的变体。她们可以有魔法或超能力,也可以没有;她们可以是面目可憎、心狠手辣，也可以不是；她们可以助人为乐，也可以不。试比较《绿野仙踪》中"西方的坏巫婆"（Wicked Witch of the West）与"北方的好巫婆"（Good Witch of the North）。

一个人物，无论是现实的还是幻想的，在某种程度上都是在为他的古老原型站台。尽管植根于原型，但一旦被搬上舞台、文本或银幕，该人物便会对其理想形象大打折扣，因为完美只可想象，而无法演绎。为了给这些老生常谈带来新生，作家就必须发明独出心裁的新特性，以丰富其人物塑造。

人物原型数量有限，但其数量究为几何，从柏拉图到卡尔·荣格，再到今天的"推测性虚构"的作家们，可谓莫衷一是。许多取材于宗教："上帝""魔鬼""天使""邪灵"。有些来自家庭生活："母亲/王后""父亲/国王""孩子/王子/公主""仆人"。还有一些是受到社会冲突的启发："英雄"（Hero）、"叛贼"（Rebel）、"怪兽（恶棍）"［Monsters（Villains）］、"江湖骗子（小丑）"［Tricksters（Clowns）］和"帮手（圣人、师傅、魔术师）"［Helpers（Sage、Mentor、Magician）］。

这最后一个原型"帮手"，已经给我们带来了《指环王》中的甘道夫、《星球大战》中的欧比旺·克诺比、诸多版本的阿瑟王、神话中的梅林，以及更多童话故事中的仙女教母。当然，一个角色可以集两个或多个原型于一身。莎士比亚的《暴风雨》中的主角普洛斯彼罗便将"巫师""师傅""统治者""英雄""恶棍"融为了一体。

由于"推测性虚构"中的原型人物是没有维度的，他便不可能有变化：一个超级英雄可能会抗拒任务，但一旦时世召唤，他还是会披上斗篷，飞身驰援。因此，原型越纯粹，我们对其过去或将来便越不关心，对其在直接场景之外的情况越无遐想，对其内在生活越不愿窥探，而且他的行动也越能预测。

由于"现实主义"的复杂人物是富于维度和变化的，他所骑乘的原型角色和披上的神话外衣便显得没有那么重要了。不过，无论是脚踏实地的现实，还是凭空虚构的想象，一个人物若能在读者或观众的潜意识中拨动一根原型心弦，那么他的艺术张力便能倍增。另一方面，如果能让读者/观众明确地感到"哦，他是一个……的象征！"，如果他们能把人物看成是象征性的，那么该角色就会流于扁平，其冲击力将会流失殆尽。于是乎，象征主义必须戴上一个见所未见的人物塑造面纱。用人物的表象迷倒读者/观众，然后悄悄地将你的原型偷运到读者/观众的意识下面，令其潜入到他们的潜意识中，让他们能感觉到它的存在而又并不知其所以然或者根本无心顾及其所以然。

原理：寓言将价值转化为人物。

就像原型一样，一个寓言人物也是用单一材质做成的，只是密度稍小一点。一个原型可以将一个普适角色（"英雄""母亲""师傅"）的所有截面凝聚到一个单人身上，而一个寓言人物却只能体现一个截面，或正或负。在一个寓言背景的道德宇宙中，卡司便是一整套价值型制的人格化。例如，在中世纪道德剧《凡夫俗子》中，每一个人物都是人类生存状态的某一方面的化身，如"知识""美好""力量""死亡"。

在乔纳森·斯威夫特的讽刺小说《格列佛游记》的另类世界中，各种不同的人代表着各种不同的含义，如"渺小""官僚政治""荒谬科学""对权威的顺从"。威廉·戈尔丁将其小说《蝇王》的背景设置在一个海岛上。岛上的学校男生集体代表着人性，而他们各自则象征着各种不同的意义，如"民主vs专制""礼仪vs野蛮"和"理性vs非理性"。皮克斯的《头脑特工队》在主人公的潜意识内部创作了一个寓言：选择五种情感价值，将其写成了名为"快乐""悲伤""愤怒""恐惧""厌恶"的五个人物。

其他案例：一头"狮子"在《纳尼亚传奇》中代表"智慧"，而在《绿野仙踪》中则代表"怯懦"；"企业总裁"在《乐高大电影》中代表"公司专制"；一条巨大的"毛绒鲸鱼"在拉斯洛·克拉斯诺霍尔凯的《抵抗的忧郁》中代表"天启"；"叮当哥和叮当弟"（Tweedledum and Tweedledee）在《爱丽丝漫游奇境记》中代表着"无差别的差别"。《史蒂芬宇宙》（卡通电视网）的寓言式卡司的身份则全部取自各种宝石。

原理：类型将一种行为转化为一个人物。

故事，尤其是那些用"现实主义"类型讲述的故事，不一定要包含一个原型人物或寓言人物，但很少有不用一两个类型人物的。

一个类型便是一个动画形容词。迪士尼的《白雪公主与七个小矮人》（改编自格林兄弟1812年的童话故事）将七个形容词转化成了七个人物：Sleepy（瞌睡虫）、Bashful（害羞鬼）、Grumpy（爱生气）、Happy（开心果）、Sneezy（喷嚏精）、Dopey（糊涂蛋）和Doc（万事通）[i]。

这些无维度的支持型角色演绎的仅仅是一种单一的行为特性，如糊涂、关心、责备、烦躁、艺术、羞涩、嫉妒、恐慌、残忍，或者是一种单一的气质特性，如冷漠的办事员、饶舌的出租车司机、不高兴的富家小姑娘。所有形容词都有一个相反的价值负荷——幸福 vs 悲惨、痴心妄想 vs 谨小慎微、吹毛求疵 vs 逆来顺受——于是乎便使可能的类型人物数量翻倍。[2]

最早的故事讲述人是根据社会角色对人物进行分类的：国王、王后、武士、仆人、牧人等。但在《尼各马可伦理学》中，亚里士多德开始根据人格来对人进行研究。他采用了诸如此类的形容词："过度自负""灵魂伟大""暴躁易怒""好脾气""爱管闲事""喜欢争论"等。

---

[i] 中文译名已经专有名词化，所以此处将英文原名前置，否则与上文的"动画形容词"一说自相矛盾。

亚里士多德的学生泰奥弗拉斯托斯在其《人物志》中，拓展了这个理念。他列举了三十个精悍而犀利的类型，为我们对他那个时代及总体人性提供了一个见地深刻的肖像画。不过，所有三十个类型都含贬义：迷信、撒谎、神经质、自负、滑稽、谄媚、无聊、吹嘘、怯懦等。他还应列出相应的褒义例证：理性、真诚、冷静、谦逊、睿智、诚恳、有趣、审慎、英勇。但是，我怀疑他是为了取悦读者才仅仅列出了负面类型。喜剧作家米南德将泰奥弗拉斯托斯的许多类型都写成了闹剧人物，其剧名如《不高兴的人》《爱发脾气的人》《厌恶女人的人》《无人喜欢的人》。

若要将一个群众演员提升为一个类型人物，只需给他一个具体的行为就行。一个毫无特征的少年从人群中走了出来，尽管他尽了最大努力来克制自己，但还是忍不住不停地傻笑，令自己尴尬无比，于是乎，他便开始扮演一个角色。

例如，有三种熟悉的类型：

狂热分子

"狂热分子"可以是一个令人乏味的另类，一个没有才华的艺术家，或者一个永不满足的抱怨者。不过，无论他是上述的哪一类人，他都拒绝继续其毫无意义的人生，对自己的一事无成深恶痛绝。为了寻找一个新的身份，他加入一个运动，给了他一个新名字、一身新制服和一套新词汇。如此装备之后，他就变成了一个狂热分子，爱其所爱，而对反对其所爱的一切事物恨之入骨。归根结底，愤怒的狂热分子是将其自我厌弃投射到了非我族类的人或物上面。[3]

要想找到发人深省的案例，不妨研究一下亨利·宾的《信徒》中的丹尼尔·巴林特（瑞恩·高斯林饰）、保罗·托马斯·安德森的电影《大师》中的弗雷迪·奎尔（华金·菲尼克斯饰）、布拉德·伯德的电影《超人总动员》中的辛拉登（杰森·李配音）。

嬉皮士

"嬉皮士"是狂热分子的反义词。他只沉迷于他情有独钟的唯一：他自己。他身穿早就被世人遗忘的时装（夏威夷衬衫），收藏古董（便携式唱机），培养无厘头的爱好（家庭酿造）。嬉皮士总想与众不同，但并不是通过自己耳目一新的原创想法，而是凭借一些别人都不要的东西。为了规避嘲讽，他会吹嘘自己的失败是故意不想做任何有意义的事情。为了化解批评，他会装出一副"我只是在开玩笑"的傻笑，靠"大隐隐于市"的心态来苟延其反讽人生。

要看嬉皮士的案例，可以了解一下杰夫·布里吉斯扮演的《大勒保斯基》[i]、乔恩·海德扮演的《大人物拿破仑》和

---

[i] 本片的中文通译名为《谋杀绿脚趾》，而英文原名即人物名字。为了行文逻辑的连贯，此处采用直译。

奥斯卡·伊萨克扮演的《关于勒维恩·戴维斯》[i]。

镇定自若的人

"镇定自若"描述的是一种能够有效控制情感、不急不躁、无欲无求、超脱持重的类型。他静立无言,扑朔迷离,令读者/观众难识其庐山真面目。我们能感觉到他有一个隐秘的过去,但我们永远无法确知。由于造化眷顾,他总能找到其独特的谋生手段,但只有他知道到底是什么手段。作为一个在道德上模棱两可的现实主义者,他在一个荒诞的世界中按照自己的法典而生活。他不需要也不想要任何喝彩;他知道他自己的价值。我们能感受到他的深度,但对其眼神背后的秘密只能进行猜测。[4]

镇定自若类型的案例:《爱你长久》中的神秘女杀人犯朱丽叶·芳登对其秘密连续几十年忍气吞声地保持沉默;《消失的爱人》中的艾米扮演了许多致命的自我,但没有一个是她自己;克林特·伊斯特伍德在《迷雾追魂》和《荒野浪子》这样的电影中扮演的也都是镇定自若类型。

原理:模式将一个职业转化为一个人物。

类型演绎的是一种行为,而模式囊括的是一个职业。虚

---

[i] 本片通译名为《醉乡民谣》,此处还原英文原名,理由同上。

构社会要求公民扮演主要以其工作进行定义的社会角色。在不稳定的临时经济中工作的人们——当餐馆招待的研究生、沃尔玛的老年迎宾员、不务正业的艺术家——无法控制其未来。因为他们的工作与他们从生活中想要得到的东西是矛盾的，他们可能会变得过于有趣，而且维度丰富，所以无法扮演模式化人物。

反之，有稳定职位的人们则往往是在一个足够小的领域工作，所以能够控制其工作程序：律师、房屋油漆工、医生、高尔夫俱乐部的工作人员，诸如此类。工作的稳定性也许会钝化其内在创造力，以及他们对当事人、房屋业主、病人和俱乐部成员的移情，但这样的职业若配置于主角身侧的话，就变成了模式化角色。

最早的模式化人物在舞台上出现时都配备了相应的道具，这样观众便能对其进行识别：牧羊人会手持一个捕羊的曲柄杖，大使会拿着使者杖，国王则会有象征君权的节杖，英雄持剑，老头儿拄拐。

罗马讽刺剧作家普劳图斯对闹剧的模式化人物的采用可谓乐此不疲："有钱的吝啬鬼""聪明的奴隶""愚蠢的奴隶""聪明的商人""妓女""自吹自擂的士兵"，还有那种依附他人的寄生虫，我们今天可以称之为"追星族"。

在执行任务时，模式化人物无须做出任何选择：医生将坏消息传递给家属，律师解释一份遗嘱中的条款，乞丐乞讨。无论陈词滥调还是耳目一新，模式化人物的最大好处就是，其宗旨一目了然，无须进行任何解说。读者/观众知道一个模式化人物为何要进入故事，他在讲述过程中的任务是什么。不过，当模式化人物履行其职责时，他们也并不一定全无亮点。一个模式化人物也能一点都不辜负其在聚光灯下的那一个瞬间，如果你赋予了他一个非他莫属的人物塑造的话，亦即其用以执行任务的技巧可以独一无二。

模式化角色也会随着时尚而有兴衰变迁。成功神学牧师取代嬉皮士导师；俄罗斯间谍退场，中东恐怖分子亮相；人造怪兽出局，基因突变人入场；太空异形过气，僵尸部落肆虐。

由于模式化人物必须在其本职工作内行动，只能演绎其类型模式，所以，他们即使想要选择，也很少有选择余地。鉴于此，他们总是难免有沦为陈词滥调的风险。一个陈词滥调就是一个曾经的奇思妙想，而一直被抄袭到死，最终变得毫无新意。

即如亨利·詹姆斯所指出，陈词滥调式的人物尽管已经用旧，但永远用之不竭。老守财奴、年轻败家子、一分钱掰成两半花的吝啬鬼、赌徒、酒鬼、滴酒不沾的人，难道会因为以前屡屡使用而永远不能再出现？当然不会。通过想象力丰富的作家的妙手，一个模式化人物也能大放异彩。阿诺德·施瓦辛格在《终结者》中扮演的刺客就是一个心狠手辣的恶棍，典型的模式化类型，但机器/人的融合给了他一个无与伦比的人物塑造。

事实上，近几十年来，那些超级英雄的原创故事，已经被打造得越来越像是超级模式化人物在各司其职。二十世纪的原型创造，比如北欧雷神"索尔"、希腊女神"神奇女侠"以及神一样的"超人",都是一生下来就天赋异禀;而二十一世纪的英雄却是因为事故而获得了超能力(一只核辐射蜘蛛咬了"希尔克",一个随机的突变原感染了"惊奇女士"),或者由科学家自行打造("钢铁侠"自制超级装甲)。《银河追缉令》便讽刺了这种让模式化演员变成模式化外星人原型的潮流。

原理:刻板将偏见转化为人物。

刻板化始于一个逻辑谬误:"所有的X都是Y。"例如,富人经常会刻板化地认为穷人都很懒惰,而穷人则刻板化地认为富者肯定不仁。鉴于此,偏见要比陈词滥调更恶劣。陈词滥调是别人很久以前的一个非常好的创意,只是因为从那以后,作家们将这一发明敲打成了一个陈词滥调,但它仍然真谛犹存。而刻板却是对真相的扭曲。

刻板本身脱胎于原型,但将宏大削减为偏见:"大地母亲"变成了犹太母亲,"明君"变成了刻薄老板,"勇士英雄"变成了街头浪子,"女神"变成了妓女,"魔术师"变成了疯狂科学家。

那么,刻板为何总是挥之不去?因为它们很容易写。现实主义人物要求作家、读者和观众共同付出努力。

现实主义人物 vs 象征主义人物

"现实主义"和"象征主义"所创造的人物位居卡司谱系的两极——一极根植于事实,另一极源自抽象。在这两个极端之间,便是各种素质的混杂与融合,使得人类想象中的每一种人物成为可能。所以,咱们不妨将这两个极点进行条分缕析,看看它们到底是什么,将会如何影响人物创作。

"象征主义"传统始自史前神话。人类最早的故事讲述将自然力量(太阳、月亮、闪电、雷鸣、大海、山脉)"象征"为神、半神和其他超自然的存在。在这些神话中,神创造了宇宙,然后用宇宙创造了人类。无论经历多少时代,无论跨越多少文化,这些神话在口耳相传的过程中,无论怎么解读都很少走样,因为它们并不是文学。在神话中,言语的意义微不足道,重要的是象征主义的人物和行动。

"现实主义"传统可以追溯到荷马在《伊利亚特》中对武士心理和血溅沙场的生动描述。现实主义追求的是对生活的本真摹写,既无虚假信仰的掩饰,亦无感情用事的美化。其直截了当的戏剧化摹写刻意回避象征主义的梦幻虚构,而着力强调锋芒毕露的思想虚构——生活在本真现实而非良好愿望中的各式人物。

现实主义人物和象征主义人物的关键区别至少有如下十个:

1. 真实性：事实 vs 愿望实现

现实主义搏杀于一个真实的世界，其间的良好愿望几乎永远不会实现；而"推测性虚构"的各种象征主义类型——神话和奇幻，无论古今——却是将愿望实现付诸行动。今天的英雄和超级英雄，无论有无魔力，都生活在一个道德严苛的宇宙中，其间的正义总是能够战胜邪恶，爱情能够征服一切，而且死亡也不能终结生命。

其他的象征主义类型，如寓言和传奇，则将愿望处理得黑暗而又危险，所以它们要讲述警示故事，进行道德说教。伊索的《狐狸与葡萄》、格林兄弟的《汉泽尔与格莱特》[i]以及阿特柔斯家族传奇便是三个经典例子。现代寓言警示的是一个反乌托邦的未来：乔治·奥威尔的《1984》、玛格丽特·阿特伍德的《使女的故事》、娜奥米·阿尔德曼的《权力》。

2. 人物真相：复杂心理 vs 崇高人格

象征主义讲述煽动的是人物之间的冲突而非人物内心的矛盾。其结果是，象征主义人物都有一种神奇而崇高的人格，而现实主义人物则会发展出复杂心理。试比较"蝙蝠侠"（又名布鲁斯·韦恩）和"索尔·古德曼"（又名吉米·麦克吉尔）。

---

i　国内另译《糖果屋历险记》。

3. 冲突层面：外在 vs 内在

象征主义人物采取的行动是针对外部的对抗性的社会力量和物理力量，而现实主义人物常常是对战自疑、自欺、自我批评以及诸如此类的其他内在困惑与无形邪魔。

4. 复杂性：固化 vs 多维

就像当初激发他们的原型一样，现代神话人物有特性却无维度，有欲望而无矛盾，有文本但无潜文本。他们是一个浑然一体的象征物，而且表里如一。

而另一方面，多维的现实主义人物却是将其动态的矛盾之线绷紧于他们自己的公共自我、个人自我、私密自我和隐藏自我之间。

5. 细节：粗放 vs 精密

写作寓言、传奇和神话的"象征主义"作家会专注于本质精华，而通过回避一丝不苟的人物塑造特性来稀释现实的密度。

而另一方面，"现实主义"作者却会搜集生动鲜明的细节来丰富和明确他的人物。例如，可以比较一下《超人总动员》中动画家庭的光鲜轮廓与《六尺之下》中被煞费苦心细致刻画的各个不同家庭。

6. 理解：难 vs 易

现实主义要求浓缩和感悟。一个人物真实的程度，与我们对其总体自我的理解程度成正比。越矛盾而又始终如一，越变化而又统一，越不可预测而又令人信服，越具体而微而又神秘莫测，角色则会变得越真实，越令人痴迷，越引人入胜。他会迫使我们烧脑才能理解，而一旦理解了，便会回报我们以恍然大悟的洞察愉悦。了解一下"凡尔蒙子爵"（《危险关系》）、"托马斯·萨本"（《押沙龙，押沙龙！》）和"吉米·麦克吉尔"（《风骚律师》）。

神话、传奇和寓言中的象征主义人物则会很容易让我们对其进行瞬间解读。越一般化，越可预测，越囿于文本，角色便会变得越不令人惊奇，越不引人入胜，越不真实。了解一下"阿不思·邓布利多""疯狂的麦克斯""超人"。

7. 世界观：怀疑主义 vs 多愁善感

现实主义鼓励用意志坚定的情操对其人物进行处理；象征主义常常用多愁善感来增添其角色的甜度。

情操也是一种情感，它流淌于一个可信动机驱策着一个强大行动之时——父母为了孩子而甘冒一切风险，如戏剧家亨里克·易卜生的《群鬼》和阿尔文·萨金特的电影剧本《普通人》。

而多愁善感却是在操纵情绪，采用虚拟因由来触发虚假效果。例如，强行安插的大团圆尾巴便是一种古老久远而又恍如昨日的创造发明，久远如汉斯·克里斯蒂安·安徒生的《小美人鱼》，昨日如史蒂文·斯皮尔伯格的《世界之战》。

8. 结局：反讽 vs 简明

现实主义作家必须摸爬滚打于现实生活的恒久二元性：你为了达成某事而采取的步骤恰恰是确保你不可能达成此事必需的步骤，而你为了规避某事而采取的步骤则会直接将你带向此事。无论高潮是悲是喜，现实主义的转折总是具有双重效果：正面结局需要重大牺牲，而悲剧则能带来见识与智慧。现实总是充满着残酷无情的反讽，而人物也会相应地深受其害。

除了像菲利普·K.迪克这样的作者，神话、寓言和传奇都会抵制反讽，它们的人物卡司都是直接演绎纯粹的正面故事。

9. 人物动力：灵活 vs 死板

现实主义揭示出隐藏在人物内心的真相，然后对其内在本性进行富于变化的弹性处理。象征主义角色从头至尾都只拥有一个僵化的素质，于是便无所揭示，无从变化。

现实主义是怀疑论者，神话则充斥着良好愿望。只要对神话与现实进行比对测试，其原型一以贯之的愿望追求便能昭然若揭。

在二十世纪早期,心理学家卡尔·荣格的集体无意识的理论基础就是从神话中提取的原型。约瑟夫·坎贝尔臆造出一个单一神话论,亦即众所周知的"英雄之旅",指望用他的个人品牌的唯心论来取代基督教。好莱坞的动作匠人将坎贝尔关于英雄求索的伪神话打造成了一个模板,用来批量生产暑期爆款大片。[5]

10. 社会动力:灵活 vs 死板

象征主义类型的阶级结构往往是在顶层配置一个统治者,底层是农奴,其他人则介乎其中。现实主义的权力会在卡司间进行动态流转,即使讲述的故事背景是独裁专制的君主政体。

个案研究:《权力的游戏》

这个长篇连续剧由大卫·贝尼奥夫和D. B. 魏斯改编自乔治·R. R. 马丁的《冰与火之歌》,将犀利的现实主义带进了超级奇幻。在象征主义的黑白轮廓之间,他们把人物刻画成各种可能的灰度,将神话的独裁政治与小说的虚构自由相结合,创作出了一个拥有160个角色的庞大卡司,代表了所有程度的"现实主义"和"象征主义",外加政治罗盘上的所有可能的点位。

在极端主义的最右端,是兰尼斯特家族的瑟曦,七王国的守护者。在进步主义的极左端，是坦格利安家族的丹妮莉丝，龙之母。

瑟曦体现的是倒行逆施和血亲相奸的母系君主政治。出于本性，她是拥护封建主义，反对变革的。丹妮莉丝体现的是正义与进步的面向未来的人道主义精神。出于本性，她是反对封建主义并拥护变革的。丹妮莉丝拒绝神话；瑟曦则生活在神话中。

在这个极化的世界内部，作者对守夜人的英才教育，对无垢军队的平均主义，对大麻雀们的宗教狂热，对御前会议平等投票进行决策的民主政治，排列有序，娓娓道来。然而，死神是不讲政治的。当夜王率领其白鬼军队入侵时，"象征主义"和"现实主义"之间的张力便退隐为谁生谁死的问题。

如何化旧为新

你希望能发明出有史以来见所未见的人物，但是，千百年来，故事讲述人已经创造发明，再创造再发明，并回收了数以百万计的人物……实实在在的百万之数。你在这一传统中进行写作，所以你的人物的核心身份总能回响出一个原型、一个寓言、一个类型或一个模式。你的任务就是要在已知中进行创作（不然的话便无人知道如何对你的作品进行反应），而又要让你的人物变得独一无二、耳目一新，不同于此前已经遇到过的任何人物。可以试试以下四个路径：

1. 在"推测性虚构"的各种类型中,为难以置信的行动创作出可以置信的动机。

2. 在"现实主义"的各种类型中,创作出在偏离中心的场域生活的人物,而且其待人接物的方式也都是偏离中心的做派。

3. 在上述任一子集中,赋予你的人物极端经历,将旧信仰震撼为新观念。

4. 在上述任一子集中,通过"人物内写作"方式,增添一种即时感。在散文中,从过去亲历了这些事件的一个人物的主观视点来写作。在银幕或舞台上,将一个具有切身生活体验的人物的主观视点带入当下。

The Radical Character

第十三章 极端人物

现实主义/非现实主义/极端主义三角

虚构文艺作品对现实生活的处理方法往往互相冲突，这便导致人物创作的可能性呈现为一个三角态势：在第一个角上，"现实主义"赋予了人物在日常生活中正常拥有的权力；在第二个角上，"非现实主义"赋予了他们远超日常生活的权力；在第三个角上，"极端主义"对其他两个角上能够找到的各种权力无所不用其极。这三个极端在这一个三角中汇合重叠，创造出人物的无限变体。

现实主义：常规世界中的常规人物

众所周知的"现实主义"文学运动开始于两个世纪以前，是对"浪漫主义"歌剧泛滥的回应。"现实主义"的工作基点是平地而起，但实际上，它这种平实低调的即兴风格，跟它所取代的高调奢华风格，同样矫揉造作。

现实主义作家搜集对人和行为的细致观察，将这些观察搅拌进想象之中，并通过大脑的格栅，对这一混合物进行过滤，最终令其结晶为一个人物，让这个人物生活在一个可以跟我们呼应的世界。她有一个统一的自我，有一种道德平衡，有对现实的理性观察，有跟其他人物的互动，有对欲望的恣意追求，有目的明确的选择和行动的能力，有不惧变化的灵活性。这个主人公在一个类似角色的卡司环绕之下，演绎出一个故事，能让读者和观众根据文化常规而将其接受为日常现实。你一辈子看到和读到的这种作品可谓不胜枚举。

非现实主义：非常规世界中的常规人物

"非现实主义"将"现实主义"的常规人物置入超现实中。这些超现实的驱动力不一而足：有《加勒比海盗》中的超自然，有《哈利·波特与魔法石》中的魔法，有《1Q84》中的巧合，有《小猪宝贝》中的隐喻，有《死亡地带》中的灵异，有《六个寻找作者的剧中人》中的超常规，有《审判》中的暗箱官僚政治，有《爱丽丝漫游奇境记》中的梦幻，有《仿生人会梦见电子羊吗》中的未来主义科学，有《时光倒流七十年》中的时间旅行，有《环形使者》中的时间扭曲。

生活在这些延伸现实中的人物，有的会唱歌（《茶花女》），有的会跳舞（《睡美人芭蕾舞剧》），有的又唱又跳（《摩门经》）。非现实主义常常会推倒"第四面墙"，让人物直接跟剧场观众（《毛发》）、电影观众（《反斗智多星》）或电视观众（《邋遢鬼》）说话。

非现实主义要么产生于白天的显意识幻想，要么来自夜晚的潜意识睡梦。一旦这些想象中的场景和卡司激发出一个故事，它们就会被当作理想世界的宏大比喻来展开，表达人类宏伟的愿望实现。

"现实主义"和"非现实主义"的虚构世界判若天渊，但它们却有两个共同点：（1）无论一个背景有可能显得多么奇诡或真实，一旦将其折叠进一个虚构作品中，它就会发展出各种因果规则，即事物如何并为何发生的规律，像物理法则一样运行的型制，以确定什么能发生，什么不能发生。（2）生活在这两种真实世界和不真实世界的人物都相信这种法则。从卡司的视点而言，他们所见所闻的每一件事都显得像切肤之痛一样真实。

他们刚开始也许会像《土拨鼠之日》中的菲尔·康纳斯一样对其世界表示怀疑，并试探其法则，但随着时间推移，一个虚构的现实便变成了他们的现实，然后他们就会基本正常地行事。这就是故事讲述的本质。荷马的《奥德赛》的世界包含着诸神和鬼怪，但奥德修斯跟他们打交道的方式却与任何英雄无异。

常规人物存在于各种社会、文化和物理背景中。这些背景可以是"现实主义"对现实的模拟，也可以是"非现实主义"对现实的想象性再发明。常规人物的行为和动机需要可信性；其故事的意义最终必须明确并以情感冲击力进行表达；他们的对白必须努力做到浅显易懂；他们的讲述必须具备耳目一新观察入微的细节，并对人性有深刻的洞察。

此处必须特别注意的是，围绕一个统一维度而建构的充分表达的人物无论对"现实主义"还是"非现实主义",都属于标配。这些人物的栖居之地便是文本的最畅销书和舞台银幕的爆款。

因此,必须仔细想好你的读者和观众的品位,搞清楚他们想要的到底是哪一个现实:"现实主义"还是"非现实主义"。因为,大概率的可能性是,他们都不想要"极端主义"。

极端主义:非常规世界中的非常规人物

一个作家对意义的信心越丧失,她就越能感觉到一种将其拽向"极端主义"的牵引力。

从最开始,哲学家们便假定人生是有意义的,而找到那个意义就是人类的主要目标。这一追求曲折蜿蜒了几个世纪,然后到了十九世纪,尼采、克尔凯郭尔以及其他声音便开始警示一种无意义的潮汐正在上涨。这一趋势随后便日渐深化,因为由弗洛伊德、荣格和阿德勒引领的精神分析学发现了自我内部的不统一,而且想要知道你的真实身份几乎没有任何可能性,更别说找到一个可以作为其指南的意义。在两次世界大战以及十数次种族灭绝之后,虚无主义在对故事讲述和人物带来了革命性变化的荒诞派的后现代戏剧、电影和散文作品中找到了发声之地。

"极端主义"发现,无论是外在生活还是内在生活,都毫无意义,所以它要颠覆一切:用碎片化取代连续性,用扭曲取代明晰,用智力运作取代情感投入,用疏离取代参与,用重复取代进步。

非常规就是"极端主义"的常规。只要是正统的,"极端主义者"便要反其道而行之,但反讽的是,这并没有给她带来自由。即如马丁·海德格尔所指出:"反对实际上是一种刻意而为而且常常是危险的依赖。"[1]

"极端主义"之于人物,恰如"立体主义"之于肖像绘画。作家就像是在绘制一幅毕加索式的肖像画,对各种自我进行夸张、粉碎、压缩、扭曲并重组,但读者/观众还是能鬼使神差地看到一个人物。

极端主义背景具有高度象征意味,但其因果规则却是极端地矛盾混乱。在让·吕克·戈达尔的电影《周末》中,任何事情都可能毫无理由地发生;在塞缪尔·贝克特的戏剧《等待戈多》中,什么事情都没有发生,还是毫无理由。不用说,这些颠覆想象的想象需要全新而非常极端的人物来支撑。

极端人物与他们自身之外的任何事物都几乎毫无关系:目无上帝或社会;没有家庭或恋人。他们要么孤立静止(汤姆·斯托帕德的《君臣人子小命呜呼》),要么暴戾恣睢(马龙·詹姆斯的小说《七杀简史》)。他们的对白常常会退化为胡言乱语(大卫·林奇的电影《内陆帝国》)。

表达极端人物的相对容易的媒介是散文。小说家可以用第一人称或第三人称进入一个人物的脑海并模仿其支离破碎有如水漂跳石般的思绪,勾画出她的狂野主观的而且常常是偏执狂般的焦虑和领悟、她的瞬时冲动、碎片化欲望和分裂人格。这一技巧便是塞缪尔·贝克特为书页和舞台所写作的一切作品的根基。

在《白噪音》中，小说家唐·德里罗所创作的人物，其身份不仅可疑，而且是绝对的不确定。托马斯·品钦的《万有引力之虹》用400个人物环绕着蒂龙·施罗斯洛普，而这个人物到底是不是他自己，其他人物甚至就连作者都说不清楚。

对戏剧和银幕剧作家而言，表达极端人物要相对困难一些，因为演员的物理存在会赋予角色一种固态感。

在《快乐日子》中，塞缪尔·贝克特为了抵消演员的肉身效应而将其仅有的两个人物温妮和威利用泥土和瓦砾埋到了脖颈。

在《神圣车行》中，荒诞派电影导演莱奥·卡拉克斯让他的主人公奥斯卡演绎了九个不同的身份，从一个老年女乞丐到一个中国黑帮，再到一群黑猩猩的丈夫和父亲。

创作一个极端人物

要使一个人物极端化，只需将其常规表征清空即可。以下是九种可能的删减方法，可以把人物带向极端。

1. 减去自我意识

有自我意识的戏剧性人物会从斗争中退一步进行反思："你知道，此举可能给我带来真正的麻烦"，然后便不顾威胁地继续前行。但是，如果你减去自我意识，戏剧性人物就变成了喜剧性的强迫症患者。

喜剧心态是被一种盲目的强迫观念所统领,像磐石一样一心一意,像大海一样持之以恒,像雨点一样重复滴答。要创作一个滑稽闹剧,喜剧作家会将其人物锁定于她自己的固恋之中,然后抓住一切机会对其进行充分利用:

在《一条叫旺达的鱼》中,阿奇·利奇对尴尬的恐惧已成强迫之势,而他却偏偏跌跌撞撞地遭遇一个接一个的红脸屈辱。

在《粉红豹》系列影片中,克鲁索探长强迫性地追求侦探工作的完美,却偏偏在自己的查案过程中出尽洋相,一个错误接着一个错误。

在《消消气》中,拉里·大卫对社会行为规范总是强迫性地吹毛求疵,却偏偏发现自己周围的人总是不断地破坏他的小规则。

在《伴娘》中,安妮·沃克尔对其唯一的友情强迫性地珍爱有加,却总是在每一个转折点都要摧毁这种关系。

常规的喜剧性强迫症患者,就像上述各例,尚有一两个常识性的兴趣来弥补其本性。可是,极端人物却没有。极端分子会将强迫症推向偏执狂的荒诞极限。想要将一个喜剧人物极端化,就要拿掉她的一切,只保留强迫症,将其困在其中,而且永远不要让她出来:

在《女仆》中,热内将两个女仆困在她们的施虐受虐狂游戏中。

在《国王逝去》中,尤内斯库将贝朗热困在他对死亡的恐惧之中。

在《君臣人子小命呜呼》中，汤姆·斯托帕德将罗森克兰兹和吉尔登斯顿困在哈姆雷特的故事中。

在《断手斯城》中，马丁·麦克唐纳将卡迈克尔困在了对其丢失的左手的无尽搜寻之中。

2. 减去深度

一个完全、复杂并充分揭示了的人物的反面便是一个掏空了的角色——一个人物的人性已经收缩为一种内在虚空，使得她与极端的距离仅有一两步之遥。

在《崩溃》中，埃贝·罗伊·史密斯将威廉·福斯特（迈克尔·道格拉斯饰）的理性剥除。

在《卡波特》中，丹·福特曼将杜鲁门·卡波特（菲利普·塞默·霍夫曼饰）的道德抽离。

在《模仿游戏》中，格拉汉姆·摩尔斩掉了艾伦·图灵（本尼迪克特·康伯巴奇饰）的核心自我。

绝望吞噬了这三个男人的人性，将他们的生活引向了荒诞的边缘。

3. 减去变化

复杂多维的主人公会经历变化的弧光；扁平人物则不会。扁平人物会收缩为他们自己，切断与其他人物之间的纽带。

在"现实主义"的各种类型中，扁平人物也有揭示，但不会变化。例如，托马斯·哈代的小说《无名的裘德》和《德伯家的苔丝》中的裘德和苔丝。他们的唯一变化就是从希望到无望的一路下滑。[2]

在"非现实主义"的各种类型中，英雄与恶棍，无论有无超能力，也都是扁平的。在充斥着动作的推测性虚构作品中的人物能够改变世界，却永远也不会改变他们自己。他们作为善恶的化身，遵循着古老的故事讲述传统，终其一生都会保持着其或善或恶之身。

无论是"非现实主义"还是"现实主义"，没有变化的人物也暗示着一种变化可能的存在，无论这种可能性多么渺茫。如果哈代允许裘德实现其成为古典学者的梦想，裘德得偿夙愿的弧光一定会深邃而感人。如果布鲁斯·韦恩受够了公众对"蝙蝠侠"的不敬而决定利用其绝技来建立一个邪恶帝国，这种变化一定会令人震撼而又引人入胜。若有这样的续集，我肯定会去看。

所以，常规类型中的扁平人物如果变化的话，其变化则肯定会令人惊奇，但也似乎不乏可信性和现实意义。另一方面，如果一个生活在极端世界中的极端人物也会从扁平变化为复杂的话，这一转变则会显得虚假。

在《等待戈多》中，两个漫无目的的人物弗拉基米尔和埃斯特拉贡用一个不断重复的叠句"无事可干"便总结了他们的扁平本质。但是，如果一个对另一个说："不要再等了。我认为戈多永远不会出现。咱们还是去找份工作，好好过日子吧。"然后他们就离场而去了。尽管他们会对这种改变的机会兴奋不已,而塞缪尔·贝克特的存在主义杰作则会崩塌为愚蠢之作。[3]

在小说家威尔·塞尔夫的三部曲《伞》《鲨鱼》《电话》中,扁平人物被碎片化为五种不同观点。思绪碎片表达的是各种不同变种的解离性身份障碍、毒品产生的幻觉以及孤独症谱系障碍。如果作者将这些碎片统一为完整的人物,其狂野创作便会腐化变质。

4. 减去身份

在二十世纪之前,作者们都是用缠绕人物的文化丝线来编织其身份:性别、阶级、家庭、年龄、宗教、国籍、教育、职业、语言、种族、艺术品位,诸如此类。当一个人物说"我是一个……"时,随后跟进的话语便是直接取自其周边世界的形容词。这一古老操作持续至今,且被身份政治不断强化。

不过,"现代主义"运动颠覆了这一型制。它扬弃了人物之间的冲突,转而讲述深植于内在生活的故事,以及对一个恒久的私密真相的求索。现代主义人物背离世界,希望找到一个在内心深处静静等待的核心自我,并将其环饰以横无际涯的思想自由与华美创意。

不过,到了世纪末的时候,"后现代主义者"发现内在生活并不能提供这样的庇护所。外在世界和内在世界只不过是地狱的两个不同版本而已。在塞缪尔·贝克特的小说《难以命名者》中,主人公宣布他已经"紧闭家门,跟谁都不再往来……"，包括他自己。一个在内心深处无家可归的人物，便是罹患了现实感丧失症或人格解体障碍，或二者兼有。现实感丧失症就是突然感知到世界并不真实；人格解体障碍就是突然感知到你自己并不真实。

现实感丧失症是绝望的副作用，经常会被毒品和酒精放大。人格解体障碍是身体和心理创伤或极度孤独的副作用。一个被判单独监禁的囚犯久而久之会不可避免地丧失身份感。当给他穿上紧身衣终于放出来的时候，他的第一个问题（如果他还能说话的话）会是："我是谁？"

现实感丧失症会剥除一个人物的移情能力，使其再也看不到他人的人性。人格解体障碍则会斩断自我移情，让人物丧失能够感知到她自己的人性的能力。

有多少不同的方法可以让一个人物丧失自我移情并随之而最终丧失身份感？以下是一个简略清单：

（1）丧失身份源

一个人物的人物塑造和人物真相都必须从她周围的文化中来吸取。如果一个外部力量毁灭了她的身份源，她将随着这些源头的消失而消失。

简·里斯所著的《梦回藻海》中，一个克里奥尔／牙买加女继承人安托瓦内特·科斯韦嫁给了一个英国男人。他把她从海岛带到了他家，然后便侮辱她的种族并用通奸来毒化其婚姻。她被锁在一个阁楼里，被剥夺了所有自我意识，于是便疯了。

在奇努阿·阿切贝所著的《瓦解》中,一个尼日利亚的部落首领与英国殖民者和传教士做斗争,但他的部落都改信了基督教并转而反对他。由于被剥夺了祖传的身份,他自杀了。

(2)拒绝身份源

如果一个人物仇恨她的祖先,并因此而抗拒她的宗教、种族、性别或任何其他人格塑型影响,那么她即使不会彻底删除她的身份,也会对其改头换面。

约翰·奥斯本所著的《愤怒的回顾》中,吉米·波特感觉自己浑身涌动着英雄主义的能量,但是现在大英帝国已经崩塌,他意识到他想要过史诗般生活的机会已经丧失。他就是一个普通的工人,绝不可能成为一个宏图大业的一部分,绝不能以他梦寐以求的那种英勇身份来生活。

在亚当·希尔维拉所著的《比不快乐更快乐》中,青少年亚伦·索托雇了一家心理分析技术公司来删除他的同性恋身份。公司移除了一些记忆,但同性恋性取向却不是一种记忆,而是一种基因遗传。

(3)创伤

各种折磨或像精神分裂症这样的由基因异常所导致的损伤能够粉碎一个人物的身份。

在《伯恩身份》[i]中，杰森·伯恩遭受创伤性失忆，于是乎要去寻回自己的身份。

《三面夏娃》和《别名格蕾丝》中，二重身和多重人格赋予了主人公不同的身份，但没有一个是她本人。

在《蓝色茉莉》中，茉莉·弗朗西斯为了报复丈夫的出轨而向联邦调查局告发他金融诈骗。不久后，由于倾家荡产，她的身份便一蹶不振，最终导致病理性的幻灭与崩溃。

（4）身份被盗

一个冒充者慢慢地偷走一个人物的身份，直到再也没有人相信她是她所说的自己。

在《双面女郎》中，赫蒂·卡尔森有一种抽空了灵魂的根深蒂固的空虚感。为了找到一个得偿夙愿的自我，她模仿自己的室友，然后偷窃了她的身份。

（5）强迫症

当狂热主义者陷入强迫性的执迷时，他们会采取似乎完全背离其性格的行动。就连他们自己都会被自己的所为所震撼，但在退思之后会以这样的借口来原谅自己："我当时不

---

i 国内定译《谍影重重》，而此处讲的就是人物身份，所以只能还原原名原义而采用直译。

是我自己。"事实上,他们在压力之下的选择所揭示的正是其不折不扣的本来面貌。

在《色·戒》中,日军于1942年占领了上海。作为一个刺杀计划的一部分,一个年轻美丽的反叛者色诱了秘密警察的头目,但其激情变成了她的强迫性的情欲执迷。当被赋予了一个刺杀机会的时候,她突然选择不想结束他的生命而是救了他一命,此举令她自己都感到震撼。

5. 减去目的

许多极端人物会背离世界。他们会逃离人际关系的纷杂,退守于精神生活,认为唯有在这个领域,他们才能享受自由、创造性以及宁静的自我意识。但结果却适得其反,他们的冥想会漫无目的地蜿蜒;他们会发现创造力是那样矫揉造作,而自知更是令人痛苦的事。当不由自主的记忆从过去喷薄而出时,他们要么会拒斥真相,要么会把大脑抽成一片空白。困锁于内在生活和外在生活之间,他们会逃离二者,不愿生活在其中任何一个中。当极端人物渴望陪伴时,则是为了逃离于其对现代性的苦恼、存在主义的卑微和百无聊赖的内心的剧烈焦虑。他们已经丧失目的感。

在贝克特的《克拉普的最后一盘录音带》中,克拉普的医生已经警告过他,香蕉对他的健康不利。于是,克拉普剥开一根香蕉,塞进嘴里,然后一动不动地站立好几分钟,凝视着空中,不能或不愿往下咬,一根香蕉就这样杵在他的脸上。[4]

极端人物没有目的，因而身处一种被困状态：被困于一部未完成的戏剧（《六个寻找作者的剧中人》），被困于无所用心的重复（《椅子》），被困于狂热的政治（《纵火犯》），被困于一种莫名的威胁（《生日聚会》），被困于循规蹈矩（《犀牛》），被困于死亡（《国王逝去》），被困于莎士比亚戏剧（《君臣人子小命呜呼》），被困于官僚政治（《审判》），被困于警察国家（《枕头人》），被困于尘俗（《电影》），被困于亚马孙丛林（《邂逅》），被困于邻居的后院（《单独逃脱》）。就像《台词落谁家》里的即兴演员一样，这些人物被困在了舞台上，无法逃脱其编剧对他们的设定。

对许多二十一世纪作家而言，政治的荒诞已经模糊了他们的目的感。一个艺术家内心深处的交通拥塞常常会麻痹她所创作的生灵，使其沦为静态人物，觉得没有什么东西能够救赎人生——爱情不行，艺术不行，知识不行，上帝不行，当然，性更不行。因此，对当今目的感丧失的完美比喻就是僵尸。就像僵尸一样，极端人物渴望生活在一种没有生命的生活之中。如果可能的话，他们宁愿栖居于一个虚空的僵尸地带。

6. 减去统一性

一个复杂人物就是一个朝着两个方向行动的人：她既爱又恨，既讲真话又撒谎。这些具有黏性的矛盾便将其统一为一个整体。相形之下，一个极端角色的游移碎片却将人物性格分裂得支离破碎。

例如，在当今的参与性戏剧中，当一个卡司与观众进行互动时，他们的角色会分裂为人物和演员：《极限震撼》《不眠之夜》《在大马士革的66分钟》。

在伊莎贝尔·韦德纳的小说《奢华饰物》中，物品变成了人物，然后便合成了他们自己：一张印在运动衫上的脸繁殖成了一支变性人的军队。

7. 减去成熟

成熟心智的日常任务就是在自己的周围世界和内在本能之间进行冥想，平衡这两股敌对力量，谈判成一种内在和平。[5]

极端人物就是一个永恒的孩子，要么屈服于外部世界（顺从），要么听任自己的冲动（暴力），要么同时兼备二者（服从命令的暴力野蛮人）。

在村上春树的《奇鸟行状录》中，像孩子一样的小说主人公冈田亨只要不是在找猫或找老婆，就会在井底下冥思苦想。

威斯康星麦迪逊的布鲁姆街剧院[i]选送的一些不雅讽刺剧，如《奥克拉荷马同志》和《芭蕾舞女与经济学家》对成熟几乎没有兴趣。

布鲁姆街的校友查理·考夫曼的电影剧本也是异曲同

---

i　Broom Street Theater，又称"布鲁姆街"，简称"BST"，位于威斯康星州麦迪逊地峡中心的实验性黑匣子剧院，是美国历史最悠久最多产的实验剧院公司之一。自1969年创建以来，所制作的原创作品已逾350多部。

工。例如，《人性》的主人公便是一个试图教老鼠餐桌礼仪的心理学家。

8. 减去良心

一个邪恶人物会实施毫无悔意的残暴行为，因为她没有良心来约束她。丧尽天良的邪恶人物能在诸多不同的类型中激发出权力斗争，如"犯罪""战争""动作/探险"，以及"政治剧"和"家庭剧"。当利害攸关的赌注太高时，人们便知道如何腾空良心。这是人情之常。

极端邪恶会将残暴推向另一个层面，即如萨德侯爵在《闺房哲学》中所解释："通过残暴，一个人可以升华到这样的高度：对各种新的生存方式具备一种超乎常人的意识和敏感，这是任何其他方式都不可能企及的境界。"

极端邪恶的核心心理就是施虐狂：相信以逼供为目的的酷刑背离了施刑者体验中的那种无可名状的快感和超然的纯粹。极端邪恶寻求的是变态的快感。

极端邪恶的行为会令人恶心到作呕的程度。作呕是对腐烂恶臭的污秽之物的一种肠胃反应。对这些恶臭的动物排泄物的生理上的作呕反应是为了保护身体不受毒害；对道德腐败的社会性的作呕反应则是为了保护灵魂免遭邪恶侵害。极端邪恶的人物的确能让你生理上反胃。

在《指环王》中，魔君索伦还不算极端邪恶。事实上，他还颇为优雅。他为维持权力而战，但他并不是施虐狂，所以不会令人作呕。

对照之下，乔治·奥威尔的反乌托邦的《1984》中，党的思想警察头子奥布莱恩将一个铁丝笼子锁定在温斯顿·史密斯的头上，然后在笼子里装满饿极了的老鼠，任其啮咬这个人的脸部。奥布莱恩则在一旁满足地享受着这种快感，眼睁睁地看着这种令人毛骨悚然的心理酷刑将他的受害者撕裂。奥布莱恩便是极端邪恶。

9. 减去信仰

关于你所创作的任何角色，无论是常规的还是极端的，可以问一个有用的问题：我的人物的疯狂程度如何？是在一个理智的世界理智，还是在一个理智的世界不理智？是在一个不理智的世界理智，还是在一个不理智的世界不理智？前三种可能性涵盖了"现实主义"和"非现实主义"中发现的人物；极端人物则栖居于第四种。

派翠西亚·海史密斯的汤姆·瑞普利属于第二类：他周围的世界是理智的，但他不理智。他是一个反社会的变态狂，如有必要便可以杀人。对瑞普利来说，"必要"就是以他人的生命为代价来得到自己想要得到的东西。

刘易斯·卡罗尔的爱丽丝属于第二类：她是理智的，而她周围的世界却不理智。这个有着良好教养的势利小姑娘需要理智地认清这个不理智的世界，不然她就永远找不到回家的路。

瑞普利和爱丽丝之所以还属于常规人物，是因为他们相信世界是理智的。一个极端人物则缺乏诸如此类的信仰。极端人物在其外在生活和内在生活中都找不到任何意义，他们根本就不相信任何精神的东西。

信仰是对现实的一种个人化解读。宗教信仰是相信有一个上帝创造了现实并赋予其各种道德律令。爱国主义信仰是相信一个民族国家有其受制于正义和传统的现实性。科学信仰是相信数理因果律保持着现实的完整性。浪漫信仰是相信爱是一种终极价值。有了诸如此类的信仰，常规人物便能在生活中找到意义。

极端人物由于没有任何信仰作为其生命的浮标，面对荒诞便会感到绝望。

在帕特里克·聚斯金德的小说《香水》中，让·巴普蒂斯特发现所有人，包括他自己，都是那样令人作呕而且毫无意义。由于信仰空虚，他怂恿一帮饥肠辘辘的暴民将其撕裂并把他当街吃掉，以此作为对荒诞的一种终极逃离。

未来：常规世界中的非常规人物

后现代的先锋派在几十年前就已经消亡，被一种回望过去的逆先锋所取代。当今的"后后现代主义"戏剧、电影和小说，只不过是在回收二十世纪而已，对其每一个最小主义或最大主义的手法无所不用其极，直至令人作呕。就像一个贝克特人物可能会说出的台词一样："没有一件事情是过去没有做过的。"所以，为了避免抄袭过去，二十一世纪的前缘故事讲述便讽刺现在。

在经典的讽刺作品中，头脑清醒的解说人嘲讽疯狂的社会。乔纳森·斯威夫特在《格列佛游记》中使这一技巧臻于完美。七十年前，塞缪尔·贝克特以荒诞背景中的极端人物对现实本身进行嘲讽。当今的作家则反斯威夫特和贝克特之道而行：他们将极端人物置于常规背景中，然后拖拽着我们违背自己的良知而对其产生移情。

阿拉文德·阿迪加所著的《白虎》、马丁·麦克唐纳所著的《断手斯城》、亚历杭德罗·伊纳里图拍摄的《鸟人》、保罗·比蒂所著的《出卖》和贾米·阿滕伯格所著的《都长大了》中的"黑色喜剧"主人公不是罪犯就是疯子，甚或是疯狂的罪犯。

事实上，最极端的极端人物现在都成了他们自己的长篇连续剧的明星：《黑客军团》中有焦虑障碍和临床抑郁症的主人公、《真爱不死》中美丽动人的食人狂、《疯子》中的精神病药物试验者们、《含笑上台》中中了黑色邪魔的笑星们、《杀死伊芙》中可爱的系列女杀手薇拉内尔、《巴瑞》的演员刺客巴瑞和《风骚律师》中知法犯法的刑事律师吉米·麦克吉尔。

当作家把移情推向极致时，他们会要求读者和观众去认同越来越疯狂和危险的人物。"对当代读者/观众而言，多黑暗才算太黑暗？"这个问题的答案似乎越来越遥不可及。

PART 3

THE CHARACTER UNIVERSE

人物宇宙

以下三章将从三个不同的角度来审视人物:各种不同类型的故事中的人物卡司、人物在故事中所采取的行动,以及读者和观众视点中的人物。

Character in Genre

第十四章 类型人物

在故事讲述艺术中，没有任何东西会去逼迫一个作家循规蹈矩亦步亦趋地做任何事情。类型并不强加任何规条，它们只不过是遵循传统的常规型制。就像音乐或绘画的潮流一样，读者和观众渐渐知道了他们最喜欢的类型，期待并欣赏这些设计。他们自然而然地想要对其进行重新体验，但每一次却又希望有一种令其满意的不同。

例如，以下便是三套事件期待：

1."犯罪故事"：（1）一宗罪行将会被犯下。（2）不公正将会被发现。（3）主人公将会确认、搜捕并惩罚罪犯。（4）罪犯将会反抗他的搜捕和惩罚。（5）主人公可能会也不能不会恢复正义。

2."爱情故事"：（1）恋人会见面。（2）他们会坠入情网。（3）强大的力量会对抗他们的恋情。（4）恋人会与这些力量做斗争。（5）他们的爱情将会胜利或失败。

3."教育情节[i]":(1)主人公会过上一种郁郁不得志的生活。(2)他的空虚感和无意义感将会令他心情沉重,但他却不知如何是好。(3)他会遇到一个"导师级的人物"。(4)导师会指导他或激励他。(5)主人公会发展出一种新的理解,赋予其生活以意义和目的。

法庭界定犯罪,家庭鼓励或反对恋情,知识分子定义意义,其方式方法是随着时间的推移而进化的。当一个社会的信仰经历了变迁时,类型常规也会发展出与时俱进的方法来表达这些不断演化的观念。作家因对其周围的变化世界具有敏锐的观察,会对这些类型常规进行去粗取精、发扬光大的处理。但无论怎么创新,都必须以公众的预期为前提。因为读者和观众热爱他们的类型,对常规的删改或破除都必须为故事讲述增添更新更明确的意义和情感。

类型常规,只要理解恰当,不但不会限制表达,反而还会使表达成为可能。如果恋人们不见面,"爱情故事"便

---

[i] 细心的读者可能会发现,作为中心词的"类型(genre)""情节(plot)""故事(story)"在作者的语境中有互用、混用,甚至滥用之嫌。有些自带中心词的类型,如"社会剧(Social Drama)""家庭剧(Family Drama)""现代史诗(Modern Epic)"等,在表述时则干脆省略了后缀。其实,根据上下文,我们既能发现三者的同一性,也能品出其微妙的语义之差和语用之别及其或种或属的逻辑分层。也许作者一是为了表达的多样性,二是为了照顾业内约定俗成的表达习惯,三是真有语义价值和语用价值的强调与侧重。本人的译文皆从原文而不敢擅自统一或糟改,望中文读者明察,或能得出属于自己的精妙解读,亦不失为读书之一乐也。

无法讲述。如果罪行一直没被发现,"犯罪故事"便无法讲述。如果主人公过着一种幸福美满的生活,"教育情节"便无法讲述。没有类型常规,故事艺术便不复存在。

类型可以分为两个基本层级:

1. "主体类型"创造内容:人物、事件、价值和情感。
2. "表现类型"表达内容:喜剧或正剧,粗粝或诗意,事实或幻想,诸如此类。

主体类型的缘起

"主体类型"是为了顺应生活的主要冲突层面进化而来的:物理层面、社会层面、个人层面、私密层面。

为了顺应各种物理冲突,故事讲述人首先讲述的是各种起源神话:上帝如何创造了天、地、海洋和人类。一旦对超自然力量的信仰赋予了现实一种秩序感,故事讲述人便从上帝转移到英雄并发明了"动作/探险类型"。这些虚构故事演绎了人类对抗风暴雷电和洪水猛兽的殊死搏斗。

但是,对任何人生命的最致命威胁却是来自其他人类个体,所以,故事讲述人根据社会的、家庭的和亲密的冲突层面发展出额外的类型。这些冲突发射出外部变化的弧光。最后,脑海内部的斗争便催生了性格变化的弧光。

仅仅将人物锁定在一个冲突层面的纯粹故事,可谓寥若晨星。在绝大多数讲述中,都会混杂融合多种层面并令其滋生繁衍，不过咱们不妨对冲突层面进行拆解，以便看清它们是如何生成主体类型的。

自我 vs 自然

"动作/探险类型"：最早的动作故事是将英雄与化身为诸神的自然力量对垒：奥德修斯与波塞冬吹气形成的飓风进行搏斗；洛特逃离耶和华的火山烈焰和硫黄石；吉尔伽美什屠杀天牛，以及数以千计的诸如此类故事。

"恐怖类型"：希腊人将自然夸张为怪兽，如九头蛇海德拉、狮羊蛇合体的喷火女怪喀迈拉、牛头人身怪弥诺陶、独眼巨人赛克洛普斯、女吸血鬼摩耳摩（Mormo）、狼人莱卡翁和蛇发女妖美杜莎——每一个都是噩梦般的想象物。

自我 vs 社会

"战争类型"：自从第一个人类操起第一根棍棒开始，战争的怒火便再也没有熄灭过。不过，这个类型却是荷马以《伊利亚特》讲述"特洛伊战争"和战斗中的阿喀琉斯而首创的。

"政治类型"：当雅典人在公元前500年左右创立民主制度时，政治权力斗争马上便成为《安提戈涅》这样的悲剧和《蜂》这样的闹剧中的主题。

"犯罪类型"：犯罪侦探作为一个类型，最早根植于埃德加·爱伦·坡的《莫尔格街凶杀案》中的侦察大师 C.奥古斯特·迪潘。当阿瑟·柯南·道尔奉献了夏洛克·福尔摩斯之后，这个类型便征服了读者世界。

"现代史诗"：有感于二十世纪的独裁者时起时落，作家们便将古老的求索史诗进行回收翻新，改造为孤胆英雄为了自由而对抗极权独裁者的战斗。这一范畴广泛的"下风狗/上风狗"类型横跨了现实主义和非现实主义：《指环王》《1984》《斯巴达克斯》《星球大战》《使女的故事》《勇敢的心》《权力的游戏》。

"社会剧"：十九世纪的政治巨变暴露了诸如贫困、腐败和性别不平等之类的社会问题。这一类型对这些冲突进行鉴定并戏剧性地表现其可能的疗救方法。像查尔斯·狄更斯这样的小说家和亨里克·易卜生这样的剧作家终其文学生涯来揭露社会的不公正。如今，"社会剧"是一块吸引奥斯卡奖的磁石。

自我 vs 亲友

在亲密关系层面，有两个类型来演绎家人之间和恋人之间的冲突：

"家庭剧"：从《美狄亚》到《李尔王》到沃利·兰姆的小说《我知道这些是真的》到克里斯托弗·劳埃德的情景喜剧《摩登家庭》，家庭故事，无论正剧还是喜剧，都是一个古老而历久不衰的类型。它们对绑接或碎裂家庭的忠诚与背叛进行戏剧化的表现。

"爱情故事"：浪漫爱情的理想化始于对男性粗暴的一种教化努力。在中世纪后期，强奸就像流行病一样肆虐整个欧洲。于是乎，当时的流行文化使者游吟诗人便开始讲述故事并吟唱诗歌，来颂扬贞洁侠义之爱的各种美德。从那之后，"浪漫主义"的浪潮以及紧随其后的"反浪漫主义"潮汐，汹涌澎湃，一浪接着一浪，时而浮起，时而淹没着西方文化及其所讲述的爱情故事。

"爱情故事"还有一个次类型，被称为"密友故事"，是将亲密友谊而非浪漫爱情进行戏剧化讲述。例子：埃琳娜·费兰特所著的《我的天才女友》、剧作家约翰·福特·努南所著的《一对白人女子坐在一起聊天》《布奇·卡西迪与日舞小子》《瑟尔玛与露易丝》[i]。

自我 vs 自我

具有深层心理复杂性的故事会对一个人物的内在本性进行弧光处理：从激励事件处的"他是谁"到高潮时的"他变成了谁"。但一个作家对人物的内心到底能够做出什么样的具体改变？以下三个素质必居其一：道德、心智、人性。

---

i 后两个片名在国内被变译为《虎豹小霸王》和《末路狂花》，因本书为学术专著，且前文对片名所涉人物有过拆分解析（参见第117页），所以为了保持论述逻辑的完整性而选择直译。

道德：一个主人公如何对待他人？

对生活诱惑的反应要么强化要么腐化一个人物的道德本质，令其变好或变坏，使之更加诚实或更喜欢撒谎，更加善良或更加残忍，更加慷慨或更加自私。

心智：主人公如何看待和感受现实及其在现实中的生活？

对抗自杀的基因命令让我们等待死亡，但在那一暂停之外，生存并无固有的意义。面对时间的无情与时运的不测，每一个复杂人物必须回答一个极度私密的问题：我的存在有没有一个超越生存的目的？我的人生到底是有意义的还是荒诞的？在存在主义冲突层面讲述的各种故事要么会发现一个生存的正面理由，要么会向无意义投降。

人性：一个人物的人性潜能会如何变化？是趋向一个更加完善的自我，还是一个更加不堪的自我？

最为微妙而复杂的故事会郑重其事地去改变一个人物的人性。它们会提出一个作家所能问出的最难以回答的问题：随着时间推移，我的人物是会进化还是会退化？如是，故事的讲述能否满足人物人性中的什么需求或缺欠？他是会成长还是会被掏空？当你执行以下两个重大任务时，这些问题的答案便会自现：

（1）在一个故事开始的时候，一个人物的总体人性可以是深邃的，也可以是浅陋的，取决于各种素质的复杂交织：比如"智慧vs无知""同情vs冷漠""慷慨vs自私""情感冷静vs情绪冲动"，诸如此类。在故事策划阶段，想象一下你的人物内心世界的相对成熟度和丰满度，然后测量出它的正负荷或负负荷的向度。

（2）一旦你对你的人物的深度和广度有了一个把握之后，在激励事件以及随之跟进的事件中，揭示出他的本性，在故事的铺展过程中赋予其变化弧光。

你只能用一种方式来执行这两项任务：将你的人物置于压力之下，然后当他追求其欲望时，赋予其行动的选择，揭示出他现在是谁，并设置好他将来会变成谁。在故事高潮处，人物要么会升华其人性，要么会缩减其人性，成为一个更加完善或更不完善的人类个体。

十六个主体类型

主体类型会导致人物生活中或外在层面或内在生活的决定性变化。因此，主体类型可以分为两个基本套路："命运情节"和"性格情节"。

要导致并表达变化，主体类型包含四个核心常规：核心价值、核心事件、核心情感、核心卡司。下面两节将探讨十六个主体类型——十个命运，六个性格——并对其四件套的关键常规进行条分缕析。

十个命运情节

"命运情节"对一个人物生活中的外在条件进行或好或坏的改变。他的命运会在输赢、贫富、孤独团圆等价值负荷之间或上或下。

"命运情节"名下的类型皆有无数个次类型，有些至少有十几个，例如："动作"便有十六个次类型，"犯罪"有十四个，"爱情"六个。以下清单仅仅是一个母类型概览，并不包括其孩子。

1. 动作类型

核心价值：生 vs 死
核心事件：英雄命垂恶棍之手
核心情感：兴奋
核心卡司：英雄、恶棍、受害者

这三个人物构成了一个道德原型的三角。英雄的本质特性是利他，恶棍是自恋，受害者是脆弱。

英雄能改变世界但不改变自己。他们的权力灰度从超级英雄（"超人"）到动作英雄（"杰森·伯恩"）到普通英雄（"菲利普斯船长"）。超级英雄采用超越人类的力量来对战超越人类的恶棍和怪兽；动作英雄与常规恶棍较力；普通英雄身无绝技，仅靠意志力在必要的时候不顾痛苦和危险而伸出援手。

恶棍的层级也分超级恶棍、黑帮老大和街头混混。他们会毫不犹豫地使用暴力，因为他们对其受害者的人性完全冷漠；英雄必须被挑衅后才会使用暴力，因为他不可能对任何人的人性表现冷漠，包括恶棍的人性。对恶棍而言，英雄和受害者都仅仅是物体而已——达到目的的手段；对英雄而言，任何人都不是物体，就连恶棍也不是。

与犯罪故事中的罪犯不同的是，动作恶棍不可能被买通。他有一个定义其生命的项目：一宗比他本人还重要的完美的犯罪。这一策划既暧昧又神秘（不然就仅仅是犯法而已），还必须极具破坏性（不然的话，普通警察就可以搞定）。

脆弱的受害者有很多面孔：孩子、恋人、家人、小镇、民族、行星地球和整个宇宙。他们对故事讲述不可或缺。没有受害者，英雄便无用武之地，恶棍亦无作恶之处。

在一个像"动作"这样无所不在的类型中，老生常谈的重复已经将各种原型用滥。例如，这样的型制比《圣经》还古老：英雄神秘而卑微的降生，很早便有征兆显示其超人神力，迅速出类拔萃引人注目，遭到自己信任的伙伴的背叛，他的正义战胜邪恶，他的傲慢的罪孽导致他误入歧途，他自我救赎，自我牺牲，终至功德圆满。

近期的英雄在这个模板上添加了一些因人而异的变体：史波克、艾伦·里普利、詹姆斯·邦德、哈利·波特、机器人瓦力、格蕾茜·哈特和丹妮莉丝·坦格利安。

2. 恐怖类型

核心价值：生存 vs 诅咒
核心事件：英雄命垂恶棍之手
核心情感：恐惧

核心卡司：怪兽、受害者

"恐怖类型"剔除了"动作"英雄，而聚焦于怪兽/受害者冲突。"动作"英雄激发兴奋；"恐怖"怪兽挑逗恐惧。"动作"将读者和观众保持在安全的情感距离之外；"恐怖"则直击潜意识。如果说"动作"是一种力量，那么"恐怖"便是一种侵犯。

"动作"恶棍遵循自然法则；怪兽则要么以其超自然神力来破坏这些法则，要么以其超级邪灵对法则进行篡改以为己用。

"动作"恶棍是自恋狂；"恐怖"怪兽是虐待狂。恶棍有贪婪之心，魔怪有邪恶之灵。财富、权力和名誉能满足一个恶棍，但怪兽则是施加疼痛并延长苦难，因为受害者的痛苦能给他带来至高无上的快感。

3. 犯罪类型

核心价值：正义vs非正义
核心事件：英雄命垂恶棍之手
核心情感：悬疑
核心卡司：反英雄、恶棍、受害者

二十一世纪的"犯罪类型"大都抛弃了动作英雄，而代之以反英雄。就像"动作"英雄一样，反英雄也无变化弧光，但与"动作"英雄不同的是，反英雄的核心自我是多层而复杂的。

一个反英雄是一个善恶兼备的道德现实主义者。不同的是，他对此有自知之明，于是必须表面坚忍以保护一个更好的内心自我。他显得过于铁面无情，但在内心深处，却有一种匡扶正义的激情。一个反英雄在奋力遵从自己的私人法则时会将自己恶棍的一面深藏不露，以保持其道德完整。他知道一辈子跟犯罪打交道，将会令其灵魂慢慢死掉，但他还是会低着头，勉力深耕前行。

4. 爱情类型

核心价值：爱情圆满vs爱情失败
核心事件：恋爱行为
核心情感：渴望爱情
核心卡司：恋人

如果爱不痛苦，那就不是真爱。真爱的唯一行为就是一种匿名的自我牺牲行为——默默做出的好事，不求认可，不图回报，爱的人只有付出，被爱的人则纯粹受益。其余的一切，无论感受如何深切，都只不过是爱慕姿态而已。写爱情故事的最大考验就是如何创作出一个真正新颖原创的恋爱行为，对你的人物来说独一无二，对你的读者/观众来说则能感同身受。

5.家庭类型

核心价值：团圆vs分离
核心事件：家庭团圆或分裂
核心情感：渴望团圆
核心卡司：一个家庭

一个"家庭故事"的卡司可以是也可以不是血亲，但无论他们是如何组合的，其成员必须互相支持，互相保护，互相承诺，即使他们彼此之间并无真爱。

6.战争类型

核心价值：胜利vs失败
核心事件：决战
核心情感：悲痛的恐惧
核心卡司：士兵、敌人

一个成功的军事战略取决于执行它的勇气。这个类型要求人物面对恐惧进行思考和采取行动。

7.社会类型

核心价值：问题vs解决方法

核心事件：鉴别危机
核心情感：道德义愤
核心卡司：社会领袖、受害者

"社会类型"确认贫穷、种族主义、虐童或癖嗜等社会问题，然后戏剧性地表达疗救的需求。

8. 政治类型

核心价值：强权vs弱势
核心事件：强权或胜或败
核心情感：渴慕胜利
核心卡司：交战双方

在党派权力之争中，人物的官方信仰几乎毫不相干。在政治斗争中，大规模杀伤性武器就是丑闻：行贿、背后捅刀子，而且杀伤性最大的就是秘密的不正当性爱。

9. 现代史诗类型

核心价值：暴政 vs 自由
核心事件：反叛行为
核心情感：道德勇气
核心卡司：暴君 / 叛贼

在非现实主义的史诗中，如《指环王》《星球大战》《公主新娘》和《权力的游戏》，暴君永远不会得逞，英雄们总能胜利。在现实主义史诗中，如《斯巴达克斯》《1984》《勇敢的心》和《蝇王》，暴君总能胜利，而英雄们永无机会。

10. 事业类型

核心价值：成功 VS 失败
核心事件：职业失败
核心情感：鼓劲加油
核心卡司：主人公／社会机构

在这个类型中，雄心勃勃的人——科学家、运动员、企业家和诸如此类——努力奋斗，以获得成功。这个类型在自传中便能自然而然地得心应手，如克里斯·加德纳的《当幸福来敲门》和玛丽亚·莎拉波娃所著的《势不可挡》。

六个性格情节

"性格情节"对一个人物在道德、心智或人性方面的内在本性进行从好到坏或从坏到好的改变。

即如第十二章所详述，模式化人物进入一个故事只是为了执行其规定任务，仅此而已。他们是不折不扣地表里如一。而另一方面，多维人物则会将其各种内在自我隐藏在社会面具后面。通过一个又一个选择，一个又一个行动，其真实本性将会自我揭示却并不会改变。这些角色便构成了上列十个命运情节的卡司，而经历了真实的心理变化的人物则栖居在以下半打故事形式中。

这六个类型表达的就是永恒变化的人类精神的各种动态胜利和悲剧。即如前述，要赋予一个人物从一种人到另一种人的变化弧光，一个故事只需改变以下三种内在素质之一即可："道德""心智""人性"。

道德情节

每一个社会都要维持特定的司法与个人层面的法度，规定人们如何待人接物。这些法度可以横跨各种不同的谱系，从合法到非法，从善到恶，从是到非，从仁慈到残忍，不一而足。各种宗教甚至还有关于行为道德的更加详细的法度。不过，尽管大家都力趋尽善尽美，但黄金律却更多的是用来变通而不是用来遵守的。

每一个作者都会为自己所讲述的故事设计一套独一无二的道德准则，这既是他自己的个人法度缩影，也是他置身其间的文化法度缩影，更是公众在阅读或观赏时所能想象的"黄金律"理想的缩影。作者对主人公对待他人的行为进行炮制，以如下之类的价值表征作为指南："伦理/非伦理""有价值/无价值""是/非""仁慈/残忍""真实/撒谎""同情/冷漠""爱/恨""乐善好施/自私自利""善/恶"。"救赎类型"和"堕落类型"的故事便是戏剧性地表现其主人公沿着从负到正或从正到负的路径所经历的道德弧光。

1. 救赎情节 [i]

核心价值：道德 vs 非道德
核心事件：道德救赎行为
核心情感：希望改变
核心卡司：主人公

事在人为。"救赎情节"表现的是主人公从负到正的道德弧光。当主人公对待其他人类个体的行为从残忍转变为仁慈，从欺骗转变为诚实，从非伦理转变为伦理，他在高潮处的道德行动便救赎了他此前的不道德劣迹。

在欧内斯特·莱赫曼的电影剧本《成功的甜美滋味》中，一个失意的江湖骗子遇到了一个无情的导师，导师许诺给他一份有利可图的事业——如果他愿意出卖自己的话。最终，骗子的纠结良知打败了他的野心。他恢复了他更好的旧我……但也付出了代价。

---

[i] 此处请参照本章开篇关于"类型""故事"和"情节"的译注，前文刚刚提到"救赎类型"和"堕落类型"，此处以及下文的中心词又毫无过渡地变成了"情节"。作者遣词造句的纠结与用心，还得靠读者明察。

在费奥多尔·陀思妥耶夫斯基的《罪与罚》中，一个幻灭的知识分子拉斯柯尔尼科夫谋杀了一个老太婆，认为他的行为能鬼使神差地令其变得超凡脱俗，甚至成为英雄。其行动的残忍荒诞却一直啮咬着他，终至其忏悔并乞求宽恕。

在大卫·马梅的电影剧本《大审判》中，律师弗兰克·加文通过打败一家比他还要腐败的律师行而救赎了他自己先前的腐败。

安妮·玛莫罗和克莉丝汀·薇格的电影剧本《伴娘》中，安妮·沃克尔自私自利的嫉妒心的弧光落点是一份回报丰厚的友谊。

2. 堕落情节

核心价值：非道德 vs 道德
核心事件：不可逆转的非道德行为
核心情感：对失落的恐惧
核心卡司：主人公

当一个人物对待其他人类个体的行为从伦理转变为非伦理，从善转变为恶，从道德转变为非道德，他便将他的核心自我腐败了。这一从正道德到负道德的位移便是"堕落情节"的变化弧光。

在安东尼·明格拉根据派翠西亚·海史密斯的小说改编的《天才瑞普利》中，汤姆·瑞普利的变化弧光是从卑微的小骗子到身份大盗到多宗命案的杀人犯。

在阿拉文德·阿迪加所著的《白虎》中，巴尔拉姆·哈尔维的变化弧光是从勤劳仆人到腐败企业家，利用谋杀、盗窃、贿赂和不惜刺杀家人来得到他想要得到的东西。

在戏剧家罗伯特·阿斯金斯的《交给上帝》中，贾森（又名泰隆）的变化弧光是从天真无邪的青少年到撒旦的代理人。

在文斯·吉利根和彼得·古尔德创作的《风骚律师》中，吉米·麦克吉尔（又名索尔·古德曼）的变化弧光是从一个以刑事罪犯为客户的律师到一个以黑帮为客户的刑事罪犯。

心智情节

一个人物的心智包含各种认知官能，比如对人文历史和客观世界的知识，外加个人和职业经历，无论是醒着的经历还是梦中的经历，以及智商、情商和意志力等。所有这些因素的总和便构成了一个人物对现实的感知以及他在现实中对自己的看法。他的潜在态度便构筑了他的行动选择，外加他的预期反应以及他对结果的感觉。归根结底，他的心智决定了他能否发现生活的意义。

在"教育情节"和"幻灭情节"中，作家对影响着一个人物的生活态度的现实观进行炮制，以如下之类的价值表征进行表达："有意义/无意义""骄傲/谦恭""知书达理/愚昧无知""有神论/无神论""乐观/悲观""信任/不信任""满足 / 压抑""自尊 / 自弃"。

3. 教育情节

核心价值：意义 vs 虚无
核心事件：发现意义
核心情感：渴望意义
核心卡司：主人公、教师

当今的无意义危机驱动着自杀率和癖嗜率的与日俱增。人类个体追求生活的分量，需要活出生存之外的重大意义。当意义蒸发时，他们就会绝望；当他们找到了意义，就能活出目的。

"教育情节"表达的就是这种从负到正的变化：将主人公从一个发现生活毫无意义的人推移到一个学会了生活价值的人。"教育情节"得名于对这种导向至内在发现的学习经历的强调。

哈姆雷特就是一个终极的"教育情节"。两个内在自我将哈姆雷特拽向相反的方向：他的王子自我渴望一报杀父之仇，而他的核心自我却在追问"意义何在？"一个人不可能同时朝着两个方向运行，所以哈姆雷特必须进行心理斗争。因为他痛恨世界现状，所以他疏离每一个人；因至于为他内心失落，所以他疏离他自己。深受二者撕扯，生活便显得无所适从。但他最终还是在向命运的低头中找到了意义：

"一只麻雀的坠落,自有其特殊的天意……一切都是顺其自然。"

在雷·布拉德伯里所著的《华氏451度》中,格斯·蒙塔格背离其一字不识的愚昧无知而拥抱书面知识的智慧之美。

在阮越清所著的《同情者》中,主人公逐渐意识到,革命总是会背叛发起革命的革命者的初衷。即使如此,一个真正的革命者也仅为一件事而活:下一次革命。

在索菲亚·科波拉的《迷失东京》中,两个自暴自弃的人物实现了一道从无意义的孤独到有意义的爱情拥抱的变化弧光。

在贾森·雷特曼和谢尔顿·特纳的《在云端》中,主公的故事无论开始还是结束,都是一个空洞的音符,但在中间,他却有一道从自欺到自知的变化弧光。

4. 幻灭情节

核心价值:意义 VS 虚无
核心事件:丧失信仰
核心情感:对无意义的恐惧
核心卡司:主人公

"幻灭情节"的各种故事是将主人公从乐观主义推移到宿命主义,将其从一个发现生活很有意义的人改变为一个不再想象未来的人。

在伊迪丝·沃顿所著的《欢乐之家》中，莉丽·巴特将她自己困于一个矛盾之中：她痛恨精英社会的势利与空虚，而事实上却又离不开财富堆积的舒适生活。她的两难以过量服用安眠药作为终结。

在阿尔贝·加缪所著的《堕落》中，让·巴普蒂斯特从自我欣赏堕落到自我厌弃再到自我毁灭，因为他意识到他的生活是虚假的——过去一直虚假，将来还是虚假。

在菲利普·罗斯所著的《美国牧歌》中，西摩·利沃夫意识到没有人能够真诚地生活——就连他自己的内在自我都不真诚。因此，所谓的美好生活绝对是子虚乌有。

在格拉汉姆·摩尔的电影剧本《模仿游戏》中，司法当局逼迫电脑奇才和战斗英雄艾伦·图灵进行化学阉割，皆因他是同性恋。意识到社会永远不会允许他过一个诚实的人生，图灵只好自杀了。

在丹·福特曼的电影剧本《卡波特》中，杜鲁门·卡波特决意要写出一本最畅销书，花了七年时间酝酿，然后利用了两个在押杀人犯的信任。他这种愤世嫉俗的利用令其产生了幻灭感，此生再没写出另一部小说。

人性情节

从某种程度上而言，最深邃的故事永远是"人性情节"。"道德情节"和"心智情节"会改变一个主人公的移情与信仰，而"人性情节"则是对其整个生存状态赋予一道变化的弧光。

一个人物的人性不仅包括其道德原则和心智态度，还包括了其成熟度、性取向、灵性、勇气、创造力、意志力、判断力、智慧，外加对美好的感悟、对他人的洞察、对自身以及其他一切的审视。

从读者和观众的角度来看，"人性情节"是以最发人深省的关切来勾住好奇心：主人公是会变成一个人格更加完美的人类个体还是会堕落为一个具有人性缺失的人类个体？他的核心自我是会被丰富还是被衰减？他的人性是会进化还是会退化？

你所创作的每一个复杂人物都会包含一整套独一无二的素质。你会首先对你的人物的各种能力进行列表并度量，以此来奠定其人性弧光的基础。在你的人物进入故事之前，你就会以这样的问题来构建其需求状态："他的主要素质是什么？在这个节点上，他的人生已经进化到了什么程度？他的变化潜质是什么？他还能进化并成长到什么程度？什么样的事件才能将其提升到其人性的极致体验？如果故事要展现一道负面弧光，那他还能退化并皱缩到什么程度？什么样的转折点能将其人性剥离到骨头？"你所讲述的故事，便是在回答这些问题。

在"进化情节"和"退化情节"中，作家会呼唤诸如此类的价值：孩子/成人、依赖/独立、癖嗜/清醒、冲动/谨慎、脆弱/强壮、涉世未深/老于世故、自我放纵/自我控制、心智正常/神经过敏、神志清醒/精神失常。

5. 进化情节

核心价值：完满人性 vs 空虚人性
核心事件：核心自我的胜利
核心情感：对自我实现的渴慕
核心卡司：主人公

"进化情节"的作品是将人物的人性赋予一道从负到正的弧光，给他一次充分享受完满人生的机会。这些讲述中的最流行品类之一便是成长故事，一次从不成熟到成熟的革命，将主人公从孩子提升为成人。

在约翰·诺尔斯所著的小说《独自和解》中，一个叫吉恩的青少年对自己最好的朋友、姿态优雅的运动健将芬尼心存一种孩子气般的嫉妒。当芬尼去世后，吉恩的孩子气自我也随同他一起逝去。主人公失去了朋友却找到了成熟。

像《伴我同行》《长大》《南国野兽》这样的电影都是将少年进化为成人。另外的成熟弧光是从一个看似像个成年人却在内心还是一个少年的人物开始。

在史蒂夫·克罗夫斯的电影剧本《一曲相思情未了》中，钢琴师杰克·贝克就像一个野孩子似的成天游手好闲。但一旦他决定放弃流行乐的轻松舒适而直面爵士乐的严峻考验时，他便找到了其内心中的成熟。

在沃尔特·特维斯所著的小说《江湖浪子》中，快手艾迪·费尔森，享受自己迟来的青春期的台球骗子，最终还是找回了自己的成熟男性本色——皆因他对自己心爱的女人所表现出的自私冷漠触发了她的自杀。

即如我们在第十一章中所见，向人性极致的进化常常会围绕一个顿悟而旋转，一个"我明白了！"的突然感悟。在那一瞬间，主人公的生活便达到了登峰造极的人生顶点，经历了头脑与身心、情绪与感知、思想与情感的最深刻的体验。不过，为了这一峰值体验，必须付出一个代价，而这个代价往往是生命本身。

在易卜生的《赫达·加布勒》的最后一场中，赫达意识到她永远都无法离开男人而生活，而这些男人永远都会凌驾于她之上，所以她永远也不可能获得属于她自己的伟大。在这一自我意识的顶峰上以及狂暴情绪的深渊中，她拿一把枪对准了自己的脑袋。

像《俄狄浦斯王》《奥赛罗》《安娜·卡列尼娜》《送冰的人来了》《圣鹿之死》这类黑色反讽作品，是在高潮时令主人公体验到生活的绝对极致，并以此作为其人性完满实现的标志。

6. 退化情节

核心价值：完满人性 VS 失落人性
核心事件：核心自我的投降
核心情感：对空虚的恐惧
核心卡司：主人公

"退化情节"的作品是赋予人物一道从正到负的弧光，以其所做出的每一个选择和所采取的每一个行动对其人性进行渐次剥离。其中最常见的讲述之一，是癖嗜使主人公退化变质。

在休伯·塞尔比的小说《梦之安魂曲》中，四个主人公用毒品将人性撕碎，就像《护士当家》中的杰基·佩顿和《玫瑰人生》中的伊迪丝·琵雅芙一样。在《失去的周末》和《醉乡情断》中，人物用酒精毁了他们自己。在《包法利夫人》和《安娜·卡列尼娜》中，是对浪漫的癖嗜杀死了灵魂。

在埃贝·罗伊·史密斯的电影剧本《崩溃》中，军火工程师威廉·福斯特失去了他的家庭和工作。当他穿行于洛杉矶的街头，一路上对其城市景观进行肆意破坏时，他的人性便逐渐崩溃瓦解。

在伍迪·艾伦的《蓝色茉莉》中，负罪感、谎言、贫穷以及世人的拒斥，加在一起使得茉莉的神志不断退化。

一个人物所经历的突变，通常的表现仅仅是临时的，表面的，很容易逆转。但是，如果因果关系随着时间的推移而产生了固化的关联，其改变则似乎是永恒而不可避免的。请注意，前述各例中的绝大部分，无论是进化还是退化的过程，都是经历了，至少是暗示了数年乃至数十年的时间跨度，通过日积月累的变化而导致的。

十个表现类型

为了赋予主体类型生命并生动地表达其人物，故事讲述人在表演、解说、主观视点、风格和格调方面发展了各种不同的技巧。这些方法便构建了十个表现类型：

1. 喜剧

每一个主体类型都可以变成笑话。主体类型中的正剧很容易翻转为喜剧，甚至跑偏为闹剧。

2. 音乐剧

任何主体类型都可以通过歌舞来表现。

3. 科幻[i]

任何类型都可以以未来主义世界或另类现实为背景。

---

[i] science fiction：严格说来，"科幻"或其全称"科学幻想"这个概念，属于我们前辈在引入这个概念时的一种误解和误译。其本义仅仅是"科学虚构"而非"科学幻想"，是基于已知的"科学"原理而"虚构"的文学作品，亦即在"科学"基础之上的"虚构"。尽管如美国科学虚构作家和编辑莱斯特·戴尔·雷伊所言：即使是最忠实的粉丝也难以解释到底何为科学虚构。其完全令人满意的定义之所以缺失是因为科学虚构的边界实在不容易厘清。[Del Rey, Lester (1980). *The World of Science*

4. 历史

任何类型都可以发生在以前的时间。

5. 奇幻

任何类型都可以发生在一个超越时间线的世界或魔幻现实中。

6. 纪录片

任何类型都可以用真实事件来讲述。

Fiction 1926—1976（《科学虚构世界：1926—1976》），Ballantine Books〕但在英语世界仍有两个被广泛认可的定义可供中文读者参考。艾萨克·阿西莫夫："科学虚构可以被定义为描绘人类对科技变化的反应的那一文学分支。"〔Asimov, "How Easy to See the Future!"（《观未来何其容易！》），*Natural History*（《自然历史》），1975〕罗伯特·A.海因莱因："对几乎所有科学虚构作品的一个简捷实用的定义可以如下表述：对可能的未来事件所进行的现实主义推测，其坚实依据是对古今的真实世界的充分了解以及对科学方法的本质和意义的透彻理解。"〔Heinlein, Robert A.; Cyril Kornbluth; Alfred Bester; Robert Bloch (1959). *The Science Fiction Novel: Imagination and Social Criticism*（《科学虚构小说：想象与社会批评》），University of Chicago: Advent Publishers〕以此观之，在以上定义中绝无中文语境中误读出的"幻想"成分，而真正的"幻想"则在英语世界有一个专门的类型，即下文第五条中所列举的Fantasy，中文通译为"奇幻"。为此，本人多年前在《中国银幕》上写过一篇长文，专门厘清"科学虚构"（"科幻"）和"奇幻"的区别。特注以正视听，望本书的专业读者能够明察。

7. 动画

任何类型都可以变成动画。

8. 自传

任何类型都可以将一个回忆录的主人公戏剧化。

9. 传记

任何"命运情节"都可以将一个传记主体的外在生活装载在它的中心。然后作者便可以决定是否还要利用一个"性格情节"来刻画只有他才能想象的内在生活。唐·德里罗讲述李·哈维·奥斯瓦尔德的《天秤座》和乔伊斯·卡罗尔·奥茨讲述玛丽莲·梦露的《金发女郎》则对其主体采用了"退化情节"的变化弧光。

10. 高艺术

"高艺术"是常见于艺术电影、实验戏剧和先锋流行小说的一种表现主义风格。这些作品是从一个主类型开始,然后将其人物推向各种碎片化的偶发事件,以其不可靠的视点在不连贯的时间框架中进行讲述。在这种宏观畸变中,它们通常还会加入混合媒介、超验影像和图形符号的微观处理。

类型杂糅

当一部作品的中心情节和（诸多）次情节杂糅了各种不同的类型时，人物复杂性便会自然而然地轻易拓展。一个经典的例子就是，一个"犯罪故事"的中心情节辅之以一个"爱情故事"的次情节，便能本能地将一个侦探主人公的内在生活拉向警务工作所要求的强悍素质以及浪漫情缘所需要的温柔感觉。

类型可以混杂，也可以融合。

混杂类型将两条或更多的故事线交织在一起。其相反相成的情节主题能丰富作品的总体意义，同时还能增添人物的界面和维度。

例如，大卫·米歇尔的小说《云图》就是将发生在六个不同时间和背景中的六个不同类型的故事穿插在一起："教育情节""幻灭情节""进化情节""政治剧"，以及两个"犯罪"次类型——"惊悚"和"监狱剧"。从一个纪元到一个纪元，从一个故事到一个故事，所有六个故事中的主要人物都能互相呼应。

即如作者在BBC广播四台的一个访谈中所言："主要人物，除了一个，都是同一个灵魂在不同躯体内的转世投胎，以一个胎记作为识别标志，贯穿了整部小说。（《云图》的）主题就是弱肉强食——个体捕食个体，群体捕食群体，部落捕食部落，民族捕食民族……（我）在一个不同的语境中也体现了这一主题。"

混杂设计会使作家必须掌握以及读者/观众将会预期的类型常规的数量倍增，与此同时，它们还会在数量和种类上扩充作品的卡司。像《云图》那样庞大的卡司群体便对作者提出了各种极高的创作要求。有些读者会在页边空白处做笔记来厘清如此复杂的人物关系。

融合类型是将情节线进行杂糅，用故事套故事的办法来阐明动机并增加其复杂性。

两个例证：

拉塞尔·哈博的《爱无止境》的总体类型是"家庭剧"，属于"命运情节"之一种。一个已然麻烦不断的家庭由于父亲去世更是雪上加霜，提出了一个重大的戏剧问题：未亡人及其两个儿子是会继续作为一个家庭而团结如初，还是会分道扬镳？

不过，这一问题的答案却取决于在每一个主要人物心中运行的三个故事的变化弧光：未亡人的"爱情故事"以及两个"进化情节"追踪着她两个儿子走向成年的斗争过程。换言之，这三个内在的故事线激励了"家庭剧"的高潮：这个家庭之所以得以保全，是因为他们的人性进化，令其发现爱无止境。

昆汀·塔伦蒂诺的《好莱坞往事》是类型融合与类型混杂二者兼备。演员里克·道尔顿（莱昂纳多·迪卡普里奥饰）和特技替身克里夫·布思（布拉德·皮特饰）之间的"密友情节"与一个"进化情节"相融合，以道尔顿的内心变化为弧光。道尔顿要努力找到内在力量来克服他的酒瘾并挽救他的演艺生涯，但他与布思之间互相依存的友谊却堵住了他的自我控制之路。这两条故事线之间的冲突提出了一个重大的戏剧问题：这两个男人是会为了道尔顿的未来而牺牲他们的友谊，还是会继续作为朋友而一醉方休，直到最后的悲惨结局？与此同时，一个生死攸关的"犯罪情节"还与这两个融合故事交相辉映，并以臭名昭著的曼森帮的入室侵犯作为所有三个故事的高潮。

当类型融合时，一个故事的走向决定另一个故事的结局。这种杂糅缩减了卡司的规模（一个人物扮演两个类型的主人公），同时还减少了类型常规的数量（当一对恋人在一起银行抢劫案中见面时，一个激励事件便启动了两个类型）。

Character in Action

第十五章 行动人物

每一个人物都有其自我故事。这便是她回顾自己的各种过去身份时、反思自己的现在状态时、展望自己的未来自我时对她自己讲述的三个故事。她的未来故事会变得最为重要,因为它将构建并统领你的作品的进程。

在其童年的某个时段,当她沉浸在自己的家庭养育、学校教育和总体文化时,她一定有过一种梦寐以求的人生理想:理想的身份、理想的爱人、理想的事业、理想的生活方式——事情应该发生在她身上的方式。随着时间推移,她会不断改写自己的过去,使之更加合乎理性,为她是如何变成她现在已经变成的样子提供理由。当她自问"我是谁?何至于此?我如何才能融入这个世界?"时,她的自我故事便能给她答案,将其诸多自我拉拽为一个统一体。[1]一旦付诸行动,她的自我故事便能给她一个非她莫属的"作案手法"(借用"犯罪类型"的一个术语,下文简称"作法"),一种独一无二的行事方法。

一个人物的"作法"会超越创造其人格的各种人物塑造特性的集合——声音、身姿、手势、衣着、情调。会赋予她一个招数模型,令其习惯性地用来追求其欲望目标,身体力行地奔向其理想未来。她那非她莫属的"作法"会引领她努力处理各种正面和负面的不测事件——她打算如何着手去得到她想要得到的东西，外加她计划如何逃离她害怕的东西。在整个人生过程中，一个人物可能会放弃她年轻时候的"作法"，但在更多情况下，仅仅是根据家庭压力、工作压力，当然还有爱的压力进行调整而已。[2]

当你的故事的激励事件颠覆了你的主人公的生活平衡时，她会试图将自己的自我故事强加给阻遏其意志和欲望的各种力量，以恢复平衡。换言之，她会一意孤行，以其独一无二的"作法"来应对。所以，若要将你的人物付诸行动，首先就必须炮制出她的自我故事，然后想象出她自己想要的未来的样子，并锁定其特有的"作法"以实现那个未来。

人物的各种"作法"往往会麇集于各种不同的主题。为了给你一个可能性的指南，我罗列了三个最常见的前提，并辅之以从戏剧、连续剧、小说和电影中摘取的案例。每一种案例我都附加了一个有可能推进故事的额外的反转。

好莱坞主题

许多人都想把自己的日常生活过得跟电影似的。他们会在最喜欢的故事中找寻自己的个人目标；然后把自己与故事人物等同起来，并把其虚构行为作为定制其真实生活"作法"的模板。作家会将这些行为回收进故事之中，结果是，特定的"作法"对事实和虚构，对真人和虚拟人物都有驱动作用。以下仅仅是五种：

神秘恋人

由于主人公觉得日常生活太乏味，其"作法"便是去追寻一个神秘莫测的恋人。

案例：希区柯克的《迷魂记》中的斯科蒂·弗格森、保罗·塞洛克斯的小说《一只死手》中的杰里、苏珊·希尔/史蒂芬·马拉特拉特的戏剧《黑衣女人》中的阿瑟、大卫·林奇的电视连续剧《双峰》中的戴尔·库珀。

反转：最终的结果是，这个神秘人物根本就没有什么可以隐藏或言说的。为了吸引恋人，她只不过是在假装深不可测而已。

另类探险者

主人公感觉跟正常社会格格不入，于是她为自己创造了一个奇特的自我版本并追寻跟她一样怪异甚至比她还要怪异的他人——越另类越兴奋。

案例：帕姆·休斯顿的短篇小说集《牛仔是我的证人》中的无名解说人、爱德华·阿尔比的戏剧《山羊或谁是西尔维娅？》中的马丁、南希·奥利弗的电影剧本《拉斯和真女孩》中的拉斯、拉里·大卫/杰里·森菲尔德的情景喜剧《宋飞正传》中的科斯莫·克莱默。

反转：我们常常以为惊世骇俗的外表后面会藏着一个令人痴迷的人格，可是主人公却发现其伴侣的文身、疤痕和彩条发型只不过是哗众取宠的徒劳噱头而已。

童话故事

主人公扮演一个童话故事王子或公主。

案例：田纳西·威廉斯的戏剧《燕草露夫人》中的哈德威克-摩尔太太、罗纳德·摩尔的连续剧《古战场传奇》中的克莱尔、桐华的小说《步步惊心》里的张晓、威廉·戈德曼的电影剧本《公主新娘》里的芭特卡普。

反转：当王子变成小丑，公主变成女巫时，童话世界便成了荒诞世界。

纪录片

知识分子中的一个普遍"作法"就是难抑其学术冲动，对个人关系进行条分缕析，把男女约会搞得跟"发现频道"的纪录片似的。就像"海森堡测不准原理"一样，观察举动能将浪漫激情归纳为一个性爱手册。

案例：伍迪·艾伦的《安妮·霍尔》中的阿尔维·辛格、菲利普·罗斯的小说《波特诺伊的怨诉》中的亚历山大、达伦·斯塔尔的连续剧《欲望都市》中的四个主人公、大卫·埃尔德里奇的戏剧《开始》中的劳拉和丹尼。

反转：当他们解析自己的感情和行为时，谈情说爱便蜕变为一个科研项目，一种比色情文学更能令其春心荡漾的恋物癖。

三级片

施虐受虐狂们能从残忍和屈辱中得到快感。这些人物会寻求施与或承受虐待，以贬损其受害者或被贬损或同时互相贬损。

案例：让·热内的戏剧《女仆》中的索朗热和克莱尔、利奥波德·范·萨克–马索克的中篇小说《穿裘皮的维纳斯》中的泽韦林、迈克尔·哈内克的《钢琴教师》中的埃里卡、诺亚·霍利的微型系列《冰血暴》中的洛恩·马尔沃。

反转：施虐狂对死亡的恐惧会驱策她采用一种独特的"作法"以羞辱其受害者为乐。这种苦难的施加能给施虐者带来短暂的生杀予夺的上帝般的权力感。但随着时间推移，"回报递减定理"会逆转一切：她对其受害者的羞辱越多越久，她能得到的快感就会越少越短。相反，她还会感到越来越乏味，权力感会越来越衰减，直到对死亡的恐惧变得难以自禁，她会以自虐自残来化解。

政治主题

政治是我们用以指称社会组织内部的权力的使用和滥用

及其等级制度的名词——政府、公司、宗教、医院、大学，以及类似组织，甚至还可以下沉到家庭、朋友和恋人之间。只要人类聚集成群从事任何活动，就永远会有权力的不均分配——简言之，就会有政治。

暴政

主人公的"作法"会引领她扮演统治者，把他人当作自己的臣民来压迫。

案例：特蕾西·莱特的戏剧《八月：奥色治郡》中的维奥莱特·韦斯顿、大卫·蔡斯的连续剧《索普拉诺家族》中的托尼·索普拉诺、奥利弗·斯通的电影剧本《疤面煞星》中的托尼·蒙塔纳、希拉里·曼特尔的小说三部曲《狼厅》《提堂》和《镜与光》中的托马斯·克伦威尔。

反转：在一种主/奴关系中，奴隶会反叛，掀翻暴君的桌子。

再反转：现在已成主人的奴隶突然受不了挣钱付账单的压力，她试图要回她原来的工作，但她的前主人却岿然不动，已经开始享受她那没有压力的无忧无虑的生活。

民主

主人公主张平衡权力。

案例：罗伯特·海因莱因的小说《异乡异客》中的瓦

伦丁·史密斯、弗兰克·卡普拉的电影《迪兹先生进城》中的朗菲洛·迪兹、大卫·贝尼奥夫和D. B. 魏斯的《权力的游戏》中的乔恩·斯诺。

反转：父亲以温和平等的手法来照顾家庭，但对他们来说，他却显得软弱。他们渴望纪律。因为生活令他们感到害怕，他的妻子对他不忠，孩子四处撒野，潜意识中希望他能把拳头挥下来。

无政府

一个人物随心所欲地使用权力，导致了个人、家庭和社会的一片混乱。

案例：马克·卡莫莱蒂的闹剧《波音波音》中的伯纳德、在他自己的情景喜剧《消消气》中的拉里·大卫、特里·萨瑟恩的电影剧本《奇爱博士》中的杰克·D.里佩尔将军、亚历山大·蒲柏的叙事诗《愚人志》中的愚人国王。

反转：一个混乱的人物过着一种混乱的生活，得不到她想要得到的东西，所以她便决定从现在开始只采取合乎逻辑的步骤。她想象着一个理性的未来，利用理性的行动来满足她的欲望，然后在这亦步亦趋的过程中却感觉非常乏味，于是乎她便终于发现她一生中真正想要的就是那种混乱的刺激。

物化主题

无力处理好亲密关系的人物常常会把人当物体来对待。如果他们珍视另一个人的话,并不是因为这个人是谁,而是看他们能不能服务于某个目的。这种"作法"变化多端,下面列举四个比较常见的:

收藏家

这个人物喜欢收藏各种美好的东西,其百宝箱里藏的东西包括房子、汽车、艺术品和情人。

案例:约翰·福尔斯的小说《收藏家》中的弗雷德里克、安东尼·谢弗的戏剧《侦探》中的安德鲁·威克、比尔·诺顿的电影剧本《阿尔菲》中的阿尔菲、詹姆斯·帕特森的小说《亲吻姑娘们》中的尼克·拉斯金。

反转:收藏家被收藏。

玩家

这个人物把人生当成一场游戏(无论多么致命),把他人当成游戏里的玩家来对待(无论对方是有意还是无意)。

案例:爱德华·阿尔比的戏剧《谁害怕弗吉尼亚·沃尔夫》中的乔治和玛莎、诺埃尔·科沃德的喜剧《花粉热》中的布利斯家庭、鲍尔·威利蒙的连续剧《纸牌屋》中的弗兰克·安德伍德、米兰·昆德拉的小说《生命中不能承受之轻》中的托马斯。

反转：玩家被玩。

痴迷者

就像收藏家一样，痴迷者更喜欢物而不喜欢人；与收藏家不同的是，痴迷者的"作法"仅仅聚焦于一样东西，并持之以恒，不厌其烦。任何东西都可以变成一种癖嗜：

性：大岛渚的《感官世界》中的阿部定和石田吉藏。

宗教：汤姆·佩罗塔的小说和长篇连续剧《守望尘世》中的马特·贾米森。

毒品：乔纳森·拉森的摇滚音乐剧《吉屋出租》中的咪咪·马奎兹。

酒精：马尔科姆·劳瑞的小说《火山下》中的杰弗里·菲尔明。

艺术：迈克尔·费雷恩的小说《一往无前》中的马丁·克雷对一幅丢失了的勃鲁盖尔画像的痴迷。

爱：法拉利兄弟的《我为玛丽狂》中的特德·斯特罗埃赫曼。

他自己：奥斯卡·王尔德的小说《道林·格雷的画像》中的道林·格雷。

反转：痴迷者终于得到了他想要得到的东西之后却恨之入骨。

商人

这个一意孤行的老板试图像一台机器一样地经营其企业，对待其员工和客户就像对待光碟和芯片一样。

萧伯纳的戏剧《卖花女》中的亨利·希金斯教授、约翰·克里斯的十二集连续剧《弗尔蒂旅馆》中的巴兹尔·弗尔蒂、伊莱恩·梅的电影剧本《一片新叶》中的亨利·格雷汉姆、乔纳森·弗兰岑的小说《纠正》中的阿尔弗雷德·兰伯特。

反转：企业倒闭。

场景创作：行动中的人物

定义：行动指一个人物为了追求一个欲望而做的任何事情，无论是口头上还是身体上，无论是内心想法还是具体动作，无论是内在的还是外在的。若无欲望，行动就变成了活动——左手握右手百无聊赖旋转拇指的消磨时间而已。

为了让人物付诸行动，作家必须在每一个场景回答这些关键问题："这些人物在那一瞬间想要什么？他们要采取什么行动才能得到自己想要的东西？有什么出乎意料的反对行动会阻止他们的去路？他们对此会做何反应？他们下一步会做什么？"

我们来对这些问题进行排序：

我的人物想要什么？

两个欲望，现实的和未来的，驱策着一个人物走完任何场景：她的首要欲望是（1）一个迫切效果（她想要现在就发生的东西），以便更进一步地趋向（2）其长远欲望（恢复生活的平衡）。如果人物的当前愿望失败的话，她的未来就会变得暗淡；如果成功的话，她的生活就会朝着一个正面方向推进。演员们将人物的迫切欲望称为"场景目标"，而她的总体欲望则叫"超级目标"。

若要围绕一个转折点来构思一个场景，首先必须发现你的人物的场景目标：为了更进一步地趋向其超级目标，她现在想要立即完成的任务是什么？然后，将那一迫切目标铭记于心，采取她的主观视点，令其付诸行动。

她的第一个行动是什么？

随着场景的开始，每一个人物都会首选其熟悉的"作法"和最拿手的招数——过去曾经行之有效的动作和语言。每一个人物都会仰仗其对概率的最佳判断，一种半知半觉的预期，大概思路如下："在这样的情况下，如果我按照xxx来行事，就所有概率而言，yyy将会发生，而那一反应将会带领我更进一步地趋向我想要的东西。"

一个人物的生活经历已经教会她在各种不同的场合下可以预期他人的反应是什么。久而久之，人物内心就会形成一种概率意识。其预期的相对复杂性取决于她的生活年限、其经历的广度及其对事物因果的洞察深度。正因为此，每一个人物的概率意识都是独一无二的；每一个人物都会以其与众不同的方式来试探世界；每一个人物的第一个行动都是一个她自认为将会触发一个有用反应的百试不爽的招数。

阻挡她的反对行动是什么？

但是，主人公为了得到她想要得到的东西所采取的行动不但没有导致她所希望的有益反应，反而还激发了一种出人意料的对抗性的反对行动，来阻止她得到自己想要得到的东西。在每一个转折点，一个人物自以为会发生的事情会与实际发生的事情发生碰撞。其一个节拍到一个节拍、一个瞬间到一个瞬间的主观预期会不断地被其周边的人和物的客观现实所侵犯。

这些对抗性的反对行动可以来自物理力量、机构、另一个人物或团体、她内心深处的暗黑冲动，或者这些力量的任一组合。

反对行动中会蹦出什么意外？

当一个反对行动像晴天霹雳一样袭来时，主人公必定会被这一意外所震撼。在她自以为了如指掌的地方，她会突然发现诸多隐藏反应，而现在则不得不刮目相看。这一令人惊诧的反对行动的冲击也许会将她的境遇变为一种未曾预见的正面走向，但更常见的情况是，一个场景中利害攸关的价值会转向负面。

变化会对她造成什么影响？

围绕一个转折点的动态枢轴不仅会给我们提供关于人物及其背景的各种见解，还能推进情感。情感是一个价值负荷变化的副产品。情感或正或负，取决于那一变化的方向。

当一个活性价值从负变为正时，一个人物自然会经历一种正向情感。例如，从奴役到自由的变化会将一个人物从悲痛提升到欢乐。相反，当变化的弧光是从正到负，一个人物的情感也会随之沉陷。例如，从陪伴到孤独的变化可能会引发强烈的痛感。

价值不一定需要外部冲突才能带来变化。心灵本身有时候就能对价值负荷进行自我颠覆。

想象一个人物生活在一种宁静的内在信任状态。她对未来毫无恐惧。她相信，无论发生什么，她都能应对自如。可是后来，由于某种非理性的原因，对某种厄运的恐惧向她袭来，慢慢地渗入她的心灵。她的思绪会被一种反复啮咬的疑虑所充塞：在一个未知的未来，一个目前尚不知道的人将会以某种未知的方式对她构成侵犯。

在这种情况下，"安全/威胁"的价值就会从正滑向负，在这个变化中，人物就会经历各种冰冷的焦虑情感。在极端情况下，她可能会完全失控而深陷偏执狂的泥沼。

她下一步会做什么？

从激励事件开始，主人公就在追寻其欲望目标，尽其所能地依循其自我故事，恪守其对如何恢复生活平衡的理想感悟。但事情在变好之前肯定会变得更糟。她的前路肯定会被对抗力量阻挠，这些力量会越来越强大，越来越聚焦，使其在危局中越陷越深，迫使她越来越深刻地挖掘自己的潜能，以采取越来越好的行动。

在这整个冲突过程中，人物将会努力保持她对自己的真实自我的最佳感悟，以不辜负她在自我故事中为自己创造的理想身份。但是，当她的行动不断升级而遭遇各种越来越猛烈的负面反对行动时，压力也许会变得太大，致使其核心身份崩裂，并令其道德、心智或人性发生或好或坏的弯折。故事于是便进入了那六个性格变化的类型之一。（见第十四章"六个性格情节"）

将一个人物付诸行动也许会迫使你重新考虑你此前的选择。随着新的场景激发出新的行为想法，你也许会想要重新设计一个角色的人物塑造；随着新的转折点吁求各种新的招数，你也许会重新构思她的人物真相。一切都是为了尽善尽美。从场景到场景，各种行动与反应的相互作用会将原始灵感进化为由各种复杂人物和精彩故事黏合而成的天衣无缝的艺术融合体。

Character In Performance

第十六章 表演人物

观众和读者从一众人物卡司中到底想要什么？发现和认知。

发现：观众和读者想要像探险家挺进荒野一样去探寻故事的奥秘。他们要寻求发现一个见所未见的部落之后的那种人类学兴奋。因为无论背景是多么奇异或熟悉，其居民永远是陌生人。异乎寻常的特性和引人入胜的行为便是这些角色的显著标志，读者/观众想要认识他们，了解他们。即如亚里士多德所言，愉悦之大者乃无教而学之愉悦。[1] 通过各种故事及其诸多人物，读者/观众便能轻而易举地洞见人性及其欲望和行动所带来的各种现实后果。

认知：一旦进入背景，读者/观众就想要发现他自己。在故事主人公的心中，也许还在其他人物的心中，他能认识到一种能够反映其自身的人性——并不是在每一个方面都那样显而易见，而是在某种本质上异曲同工。换言之，对一个复杂人物的移情就像是照镜子一样。

一个移情人物会打开一扇情感之门，通向一种私密的，甚至是原始的，能深切感受到而又令人痴迷的认同。若无移情，读者/观众就只能坐在门外往里窥探，所感甚微，所学更少。

发现和认知使读者和观众得以穿越成千上万的虚构现实

去旅行，去实践他们此前永远不可能知道的世界中的永远不可能实践的人生，去体验与其日常生存状态差着光年的各种情感。

为了探索人物表演如何才能为读者和观众达成这一目的，我们可以从七个普通的人物功能开始：

表演人物的七个功能

1. 扩展读者／观众的认知愉悦

对预期的违反固然能激发出洞见的火花，但能给人物周遭的社会环境增光添彩的却是人物独一无二的特性以及出人意料却又令人信服的行为。

2. 培养读者／观众心中的移情

移情是关键。若无一种能够深化情感的共通人性意识，读者／观众就会变得漠不关心，有一种事不关己的疏离感。

3. 驱动悬念

悬念是情感好奇——这种好奇将读者／观众对人物本性的兴趣与对其安康的关切融为一体。没有关切的纯粹好奇会将一个人物变成一种学术研究的个案；而抽空了好奇的纯粹关切则会变成没心没肺的渴望。

为了维持贯通整个情节的悬念，一个人物的行动必须丰富多样而又取法有度。如果他只能做一件事，他便不可能产生悬念，但是，如果他能为所欲为，哪怕是最不可能的事情都不在话下，那同样也不会产生悬念。

4. 创造谜中谜

一个故事就是一个问题集群：为什么现在会发生这种事？下面还会发生什么？这件事将会如何转折？

一个复杂人物会给读者和观众提供另一套问题，将其带入心理深度：他是谁？他认为他自己想要的东西是什么？他真正想要的又是什么？他为什么会想要这些东西？他的各种欲望将会如何互相矛盾？他会变成什么样的人？

通过这种一个谜题接着一个谜题的叠加，一个人物便创造了第二条心理悬念线，与故事情节所驱动的总体悬念并驾齐驱。

5. 为了惊奇

令读者/观众感到惊奇的不仅仅是来自人物世界的出人意料的反对行动，更是人物面对这些反对行动所做出的反应。他应对变化的令人惊叹的方式能让读者和观众洞见其本性。因此，在理想状态下，在每一个转折点上，一个人物对意外事件的反应，及其随后所做出的行动选择，无论大小，都应该是出乎意料而又在"人物内"的情理之中的，既令人惊叹而又在回望中有迹可循。

6. 带出其他人物的维度

即如我们将在下一章所见，在一个设计精良的卡司中，各种人物是互相辉映、相辅相成的。

7. 激发对人性的洞见

人物无论多么现实或奇幻，都会在读者和观众心目中催生出各种内在版本。透过对各种人物本性的搜寻，他们不仅能够探索自我，还能洞悉其周围人的内心世界。

读者 / 观众 / 人物关联

恐惧、愤怒、爱、恨、怀疑、违抗和屈服等情感已经成为一种进化优势，用以应对人生最致命的威胁：他人。这是一种理智的适应。不合逻辑的是，我们却想方设法将这些能量与现实脱离开来，并将其瞄向并不存在的人。情感能帮助我们在现实中生存繁衍，但在一个虚构作品中，我们凭什么还要物伤其类般地多愁善感？

即如前述，人物可以服务于一个教育目的。无论是真人还是想象出来的人，都是有待破解的谜题。人物能激发我们的好奇心，然后，在我们感知其内心世界的过程中，能给我们提供关于自己和他人的宝贵洞见，于是乎使这种好奇心得到充分满足。

这是顺理成章的事儿。倒是我们自己的情感关联显得有点奇怪。在现实生活中，为森林大火中被烧焦的受害者哭泣是一种符合逻辑的反应，但我们凭什么要为《火烧摩天楼》中消失的人物而垂泪？想象世界中的想象生物是如何跨越幻想与现实的边界并击碎观众和读者的心？不真实的生物是如何激发真实的甚至是痛苦的情感？

"好似"的力量

在我们的理性思维和本能情感这两个内在场域之间，安坐着一个第三域。只要它愿意，心灵可以将现实抛在身后，而轻松进入"好似"的想象景观之中。

假装的能力，亦即以一种"好似"的模式进行思维的能力，是一种改善生存状态的进化适应。向假设挡的切换给予了自我一个机会去在现实发生之前排练现实，作为一个当其真正发生时将如何幸存的手段。例如，最早的艺术是舞蹈，比岩画或人物雕塑还要古老——这是一种古老的模仿狩猎和杀戮的"好似"仪式，以为现实中的生死暴力做准备。

故事及其人物也是同理。当我们把自己与并不存在的人进行关联时，我们经历的是试验性的情感——在实际的浪漫恋情到来之前体验一把真爱，在实际的威胁降临之前经历一番恐惧，在真正的失落发生之前感受一下忧伤。在各种虚构的"好似"中的情感沉浸能为心灵做好迎接现实的准备；它们排练生存技能，为我们的人生提供装备。[2]

读者/观众主观视点

从观众或读者的主观视点而言，他们与人物感同身受的各种情感似乎简单而又自然，但对作家而言，对这些经历的创作与塑造则需要在一个方面和另一个方面的行为之间找到精妙的平衡。

首先，生活仅有两个基本的情感体验：快乐的和痛苦的。不过，每一种都有无限的灰度和变种——快乐者如高兴、爱、美和感官享受，痛苦者如忧伤、暴怒、恐惧和悲哀。情感的多样化品质取决于读者/观众对人物的两个不同反应：同情和移情。

同情，亦即可爱

当观众/读者感觉到一个人物"可爱"时，同情感就会油然而生。一个欢快讨喜的人物会变成他们喜欢的某个邻居、同事或熟人，某个值得时不常攀谈的人。当然，反之亦然。如果读者/观众讨厌一个人物，那么他们的情感就会转化为恼怒，甚至蔑视，而这也许正是作家想要达到的效果。

移情，亦即认同

读者打开书本或者观众坐定的那一瞬间，他便开始搜寻故事的世界，想要找到可以安放自己的情感兴趣的最佳处所。当背景和卡司出现时，他会迅速梳理正负，鉴别有用和无用，区分无趣和有趣，明辨是非，洞悉善恶，找到那个"善中"。

他之所以要寻找"善"，是因为像所有人类个体一样，他深知自己的缺陷和弱点，但平衡之下，他坚信自己还是真多于假，正多于邪，公多于偏——他的意图是真诚的。因为他认为自己本质上还是正向的，他会自然而然地寻求故事的"善中"，以此为自己的镜像。[3]

当他感觉到自己内心深处的某个素质与存活于某一卡司成员内心的同样素质信息相通时，他便会认同那个人物。移情，即他对"跟我一样的某人"的感觉，会将这个人物变成他也许想要引为家人、朋友、恋人，甚或他自己的一个真人。

移情是本能的，它不由自主地在潜意识中发生。反感需要一种有意识的选择。当心灵在一个角色的内在本性中察觉到了道德或审美的恶感时，它便会拒绝认同，而且任何移情的机会都会萎缩为一种憎恶甚至是完全的无感。

一旦读者或观众感受到一种亲情共鸣，他会本能地为那一人物的成功喝彩。从某种程度而言，他对故事讲述的经历就会像发生在他自己身上一样。他会享受跟人物一样的平行人生，在内心深处感同身受地去表演人物的行动，经历人物的情感。

移情的首要性

当面对一个故事艺术作品时,人们会变成道德哲学家。他们会以高于用以律己的伦理标准去衡量人物的行为。在一个人物应该做什么和必须做什么之间的思想斗争中,观众会倾向于那个应该,因为他们要寻求"善中"。

这便能解释,为什么两个睿智理性的人去欣赏同一个故事却会在离场时产生相反的反应,这与故事讲述本身几乎无关,而完全是因为移情。一个人移情于主人公,所以会喜欢这个故事,潜意识中便扫除了所有的缺陷,这样才不会破坏其审美愉悦。另一个人则对主人公心存反感,所以会讨厌那个故事,并认为其缺陷忍无可忍。换言之,一个人认同了善中;另一个人则找不到善中,或者即使他找到了,也被它击退。

"善中"并不是直接罗列善良或甜美的辉煌名目。移情人物常常会在道德和非道德的冲动之间进行私密的思想斗争。所以,"善中"这个概念指的是一个人物内心深处的正向光芒,在其周遭的负向阴影中闪亮,以形成反照。为了确保移情流向最需要的地方,故事讲述人会将这一正向负荷锚定于中心情节的主人公。

在构建读者/观众的情感过程中,如何在一个人物的内心深处安置"善中",便是一个作者必须把握的诸多精妙技巧之一。关于这种平衡术,下面仅稍稍列举五项:

善的平衡

考虑一下马里奥·普佐的《教父》一、二、三：这个三部曲对一个由黑帮、恶警和腐败政客组成的犯罪宇宙进行了精妙刻画。不过，柯里昂家族却具有一个正面素质：忠诚。他们团结一心，互相守护。其他黑手党家族则在持续不断的背叛循环中背后捅刀子。这使得他们成为坏人中的坏人，而"教父"家庭的忠诚则使得他们成为坏人中的好人。当观众感知到这种正向负荷时，移情便流动起来，他们于是乎便认同了黑帮匪徒。

若要将"善中"往内心深处继续推进一步，可以看看托马斯·哈里斯的小说《沉默的羔羊》。读者在主人公克拉丽丝·斯塔林的内心找到了一个移情中心，但他们在第一圈角色汉尼拔·莱克特心中也找到了一个。刚开始，作者用一个更加黑暗的世界包围着莱克特：联邦调查局操纵克拉丽丝，同时欺骗莱克特；莱克特的精神病医生和狱卒是一个施虐狂，而且喜欢追逐媒体宣传；莱克特杀掉的警察都是傻瓜。然后哈里斯从这个人物的内心深处辐射出强大的光芒：莱克特智力超强；他同情克拉丽丝；他的冷酷智慧让人赏心悦目；他的计谋精彩绝伦，而且总是以一种镇定自若的勇气得以实施；他生活在一个地狱般的避难所，却能保持着惊人的冷静和绅士风度。随着一个"善中"在莱克特心中形成，读者便认同了他，耸耸肩地暗忖："他是吃人，但还有比吃人更坏的事情，尽管我一时想不起来是什么，但肯定会有。因为如果我是一个精神变态的、食人主义的连环杀手,我也要像莱克特那样。他太棒了。"

权力的平衡

在你的故事开发的早期,不妨这样做:将你的主人公放在一只手上,这是个比喻说法,掂量一下他在行动力、智力、想象力、意志力、成熟度和其他类似优点方面的分量。然后在你的另一只手上,掂量一下他在整个讲述过程中不得不遭遇的所有对抗力量源的力度总和。

可以从他内心深处进行较量的冲动和矛盾欲望开始;他很可能就是他自己的最大的敌人。在他的内心冲突上面,再码上他在个人关系中将要遭遇的各种问题。接下来再添加上来自他周遭的各种机构的对抗力量——就业、政府、教会,诸如此类。最后,在最顶端再放上物理世界的各种力量:交通的混乱、极端天气、致命病痛、时间紧任务重、路途太遥远无法拿到自己需要的东西,以及人生苦短这一终极烦恼。

当你将主人公的个人能量和他将要在生活的所有层面面对的所有对抗力量进行权衡时,你应该能看到他达到自己的欲望目标的胜算微乎其微。他是一条下风狗。

在内心深处,这个星球上的每一个人都认为自己是一条下风狗。穷人和弱势群体显然都是,但就连富有而强大的顶级狗在面对政府规章和各种税负时,也会顾影自怜,哀叹不已。事实上,每一个人都会觉得生活是一场爬坡的战斗,有持续不断的负面力量进行阻挠，而最开始的担忧便是这样一个事实，你的时日迟早将要完结。正因为这个原因，读者/观众不会移情于一个像《社交网络》中的马克·扎克伯格（杰斯·艾森伯格饰）那样的上风狗。因此，为了将移情吸引到你的故事内心，就得将你的主人公放置在"善中"上，布置非常强大的力量与之对抗，将其刻画为一条下风狗。

强度的平衡

有些人物我们会挚爱一辈子，而其他人物则会视而不见。一个人物在读者/观众的想象中的生动性，及其被关注的强度，取决于读者/观众认同感的力度。有了一种强烈的关联感，他们就会想象自己就是那个人物时将会如何，思其所思，感其所感。这当然也得取决于移情的意愿。有些人物我们会生吞活剥；其他人物我们仅仅是品味和评判。一个作者必须创作出一个足够复杂的角色，以抓牢读者/观众的显意识兴趣，并赋予人物足够的人性来捕捉读者/观众的潜意识移情。

焦点的平衡

将移情从故事讲述的中心人物转移到一个支持型角色身上，便有分散读者/观众的关注焦点的风险。另一方面，每一个次情节都有一个它自己的主人公的"次善心"。这些额外的故事线常常会放大总体投入感。

读者/观众可以认同很多不同的角色。当一个卡司将故事受众吸引进多条移情线时,他们可以同时将注意力聚焦于多个角色,或者在他们之间进行交替关注。一个多样化的卡司给了他们机会去参观不同的精神景观,并移情于或被拒斥于我们在其中所发现的东西。[4]

例如,《权力的游戏》追踪了三道重大的故事弧光:第一道是将瑟曦·兰尼斯特作为主人公,并以为了推翻她或摆脱其统治而战斗的诸多王族家庭与之对垒。第二道弧光是将丹妮莉丝·坦格利安作为主人公并追踪其重新夺回"铁王座"的求索之路。第三道弧光将乔恩·斯诺作为主人公,令其带领"守夜人"与"夜王"及其"白鬼"军队进行战斗。

这三个相互交织的中心情节孵化出无数次情节,有家族冲突、政治剧和爱情故事,还有人物救赎、堕落、进化和退化等诸多情节。实际上,几乎每一个主要人物都有一个次情节,以及与之匹配的"次善心"。

态度的平衡

当一个人物卡司对其成员之一做出反应时,他们的回应便会辐射出诸如移情、反感、可爱、憎恶或冷漠之类的社会信号。当读者/观众移情于卡司时,他们就会深受鼓舞,去感卡司之所感。如果他们讨厌卡司,这便会提示他们去反卡司之感而感。

例如,《廊桥遗梦》就利用餐馆内的一个场景来构建观众对通奸的态度。当一个知名的奸妇进入一家咖啡馆时，主人公（他自己也在琢磨通奸的事）主动在午餐柜台旁给她让了一个座。当她欣然落座后，本地人就开始窃窃私语，并对她怒目而视，直到她倍觉羞辱，转身离去。

那两个通奸者长相迷人，心灵睿智，举止文雅；镇上的那些人却面目狰狞，愚昧无知，各自丑态百出。观众感觉到，如果他们加入了那帮仇恨通奸的乌合之众，他们也会显得招人讨厌，令人憎恨。为了逃避这一点，他们便将移情送给了作者想要的地方：给了那两个长得好看的罪人。

移情的危险

尽管人类有移情的基因本能，但其对人物的感情强度和深度会因故事、读者和观众的不同而表现出巨大的差异。以自我利益为动机的人对人物内在心态的敏感度会比较差；具有强烈移情本性的其他人则会更加敏感。[5]若更进一步的话，过度移情的人则很容易成为被别有用心的自恋狂利用的对象。因其能让我们跟"像我一样"的人感同身受，移情还容易导致偏见并扭曲判断。它会导致我们偏爱美人而慢待丑人，偏好裙带关系而忽略真才实学，偏助直接灾害的短期受害者而无视疾病或饥饿的长期受害者。它会妨碍冷静的观察、倾听和判断。[6]另一方面，若无移情来深化投入的话，纯粹的同情则会扭曲为多愁善感。

情操 vs 多愁善感

即如前述[i]，情操是一种平衡的情感回应，与导致它的事件形成比例。多愁善感则是一种不平衡、动机不足、过分表达的放纵，与导致它的事件不成比例：比如看到孩子超越平均分的成绩单后流下了颤抖的眼泪，然后破涕大笑。

在《权力的游戏》第八季第五集《钟声》的高潮中，詹姆·兰尼斯特一路拼杀来到了身陷绝境、惊恐万状的瑟曦身旁。就在"红堡"在他们周围崩塌时，他把她抱在怀中，说道："看着我，就看着我。其他一切都不重要了。只要我们俩在一起。"他牺牲了自己的生命，陪她一起赴死。这一幕与他的爱恰成比例，令人感动的是一种真诚的情操。

《辛德勒的名单》通篇都是一个表现大屠杀的黑白片，但其中有一个小姑娘穿着一件鲜亮的红棉袄穿行于克拉科夫的肃杀之中。后来，奥斯卡·辛德勒看到了小孩子的尸体包裹在她的红棉袄中，这个景象感化了他，使他从一个自私冷酷的物质主义者转变为一个自我牺牲的高尚英雄。这完全是一种良好愿望的实现，其矫情之态有如一个恶棍爱抚一只小猫，意在表达即使邪恶如他，也能对宠物倾注温情。即如卡尔·荣格所指出，残忍会用多愁善感的糖浆来诱惑其受害者。

---

[i] 参见第 288 页第十二章《象征人物》"世界观：怀疑主义 vs 多愁善感"一节。

读者/观众解读

故事不仅会要求读者/观众解读他们眼前的事件,还要解读银幕下、舞台外或者书页外所发生的一切。他们必须将上一个导致了现在的场景之后所发生的事情进行综合考虑,推导出这一现在事件可能引发的未来。若无他们的解读能力,情感投入便不可能。

对潜文本而言,也是同理。要发现一个人物动机的真相,读者和观众必须透过他的言行、他的选择和行动进行细致观察,来找寻隐藏的原因和意义。

不过,解读取决于对欲望和价值的理解。要对一个明确意义进行充分反应和把握,读者/观众必须觉察到一个人物在每一个场景中的直接欲望,以及在这一个接一个场景中的欲望如何在高潮时培育成他的终极目标。不过,要想了解一个人物到底想要什么,读者/观众还必须了解每一个场景中发挥作用的各种价值,以及驱动故事的核心价值。

对故事价值的误解会导致对人物欲望的误解,于是乎最终导致对故事的误读。如果读者或观众无法梳理出你的人物生活中利害攸关的东西,无法甄别什么是正,什么是负,那么他们便会对人物想要什么,或者为什么想要这个,产生误解。他们的迷惑会导致错误的解读,最终歪曲你想要表达的意义。

个案研究：《黑暗之心》

约瑟夫·康拉德的中篇小说《黑暗之心》以1890年代的非洲为背景，描写江轮船长查尔斯·马洛前往刚果，为一家比利时贸易公司带回一船象牙以及公司的代理商库尔茨，因为他们担心此人已经坠入黑道。

在航行过程中，马洛询问了认识库尔茨的人，他所听到的一切都显得矛盾重重。有些人害怕且不信任他，给出了一种邪恶的暗示。其他人则称他是一个温文尔雅、富有个人魅力的艺术家和音乐家。有一件事是肯定的，库尔茨知道如何激励别人屠杀大象，致使成吨的象牙堆积如山。

在一种可能的解读中，马洛是一个心理侦探，被神秘莫测的库尔茨弄得百思不得其解。这便使得故事的核心价值"洞察/无知"以及发现库尔茨的真相成为马洛船长的欲望目标。

在一种不同的解读中，马洛是一个失落的灵魂，在道德的浑水中漂浮不定。他的欧洲同胞认为殖民主义为这个"黑暗大陆"带来了文明，但马洛怀疑这只不过是一种自欺自慰，为其贪婪进行辩解的一个方便口实而已。他希望库尔茨也能明白这一点，并反抗他的雇主，在原始高尚的美德和有违人伦的文明之间选择前者。在这样的情况下，故事的核心价值便成了"纯洁/腐败"，而马洛的欲望目标便是要证明人性在其原始状态原本是善良的。

可是，当马洛找到库尔茨时，他发现这个曾经的文明绅士已经变成了一个凶恶暴君，被遭受残暴虐待的惊恐的部落土著人像神一样地膜拜着。库尔茨对原始的拥抱并没有释放他的高尚,而是他的野蛮残暴。

不同的价值创造出不同的意义:在第一种解读中,当马洛找到了已经彻底改变的库尔茨后,他意识到由于核心自我发生了进化,则绝不可能知道另一个人的真实身份。在第二种解读中,马洛对人性的与生俱来的野蛮获得了更加深刻、更加普遍的洞察。

关键点:一旦读者/观众把握了故事的本质主题,它的核心价值,那一感知将会成为其解读人物的基石。

读者/观众感知

除了他们感受到的情感和解读的意义之外,读者和观众还会在不同层面上(文本 vs 潜文本),在事件链的不同节点上(自由意志 vs 命运),从不同的认识角度(神秘 vs 悬疑 vs 戏剧反讽)对人物进行感知。在创作过程中,一个作者需要从这三个视点上对其人物进行一一刻画:

文本 vs 潜文本

感到移情并不等同于感知到潜文本。读者和观众对自己所恨和所爱的人物,都同样能够读心。他们不仅仅是简单地满怀兴趣地去追踪一个故事,而是同时在两个层面上对所发生的一切变得了然于心:外在的所言所为 vs 内在的所思所感——文本 vs 潜文本。

即如陀思妥耶夫斯基所言，一个复杂角色的隐含内在生活就像一部交响曲。当一个人物告诉另一个人物他在想什么的时候，读者和观众听到的仅仅是两三个音符，可是却能感知到正在其内心深处演奏的一个思想和情感的交响乐团。人物表演的这两个模式会以两种非常不同的方式来激活这一感知：

在书页上，作家的创造力和读者的想象力会联合起来产生人物。在舞台和银幕上，演员在导演的支持下，与灯光、置景、摄影、剪辑、化妆和作曲一起，同心协力将作家的创造呈现给观众。

从人物塑造的角度而言，观看银幕或舞台的观众看到的是从头到脚的人物，在其社会的和物理的背景中运行。他们会对海量细节兼收并蓄，为想象留下的工作空间微乎其微。另一方面，读者会注意到细节，有些具体而微，有些是隐喻象征，然后加入自己一生中所积累的点点滴滴的个人经历，并最终将这些成分倒入她的想象，把这些零碎食材充分地搅拌在一起，调制出一个人物塑造。

从人物真相的角度而言，当观看舞台或银幕表演时，想象会透视演员的眼睛，透视言语与手势，透视意图与自欺，去搜寻从潜意识中升腾而出的真相。它看到人物在其显意识心灵中形成思想，却对其秘而不宣，将其藏匿在人格面具的表皮之下。

第一人称散文常常会将人物的显意识思想写在书页上，尽管不会对其他人物言说。现在，读者就必须穿透白纸黑字的文本去扫描主人公的潜意识。其他卡司成员的内在生活也会透过解说人的认知被过滤出来。这种做法对这些人物的思想和欲望的真相的歪曲程度会因作者而异。

第三人称散文的认知各异。有些作家会展示和暗示，其他作家则会告诉和解释。擅长展示的作家会对表面行为进行戏剧化并暗示一个人物的内在生活；擅长告诉的作家则会在书页上直接刻画一个人物的思想和情感。

海明威的《老人与海》便是第一种的榜样，弗吉尼亚·伍尔夫的《达洛维夫人》便是第二种。如今，大多数第三人称散文都是展示和告诉、暗示和解释的混合体。

自由意志 vs 命运

即如前述，当我们开始讲述一个故事并前瞻其结局时，主人公通向未来的路径是向所有可能性开放的。但是当故事结束，我们回望开头时，事件似乎都是命中注定的。既然我们已经对他有了深入的了解，我们觉得他的心理不可能会让他采取他已经采取的行动之外的任何行动。考虑到环绕他的物理世界和社会世界的内在力量，已经发生的都是注定要发生的。他的一切全凭一种无形而又无可避免的命运的驱策。

在故事讲述中，决定主义 vs 自由意志的认知取决于观众 / 读者所处的时间节点：在事件之前、之中还是之后。在事情发生之前，我们对前路一无所知，所以人物似乎可以自由选择和行动。但在事情发生之后，我们回望时便能发现，无数互相关联的力量会流淌进一切。现在的后果似乎都是命中注定。因此，作家需要把握好人物弧光的节奏：一个场景接着一个场景，一个序列接着一个序列，一幕接着一幕，于是乎我们在开头的好奇心会在结尾处通过对人物命运的回顾性洞察而得以满足。

神秘/悬疑/戏剧反讽

人物是在被发明的世界中通过被发明的事件来奋力前行的，他们并不知道自己生活在一个虚构的世界中；对他们而言，故事的讲述就是他们的生命。与此同时，读者和观众端坐于故事时间之外，在人物经历故事时间之前、之中或之后，便对事件有所知晓。这一认知的分裂便能产生三种故事讲述策略："神秘""悬疑""戏剧反讽"。

*神秘*将人物置于读者或观众之前。例如，在经典的"谋杀神秘"类型中，有人去衣橱找一件衬衣，打开柜门，一具尸体掉了出来。这个转折将凶手置于故事受众之前。杀人犯知道是谁干的，但他不说。因此，一直充满好奇的观众/读者，由于比人物知道得更少，就会在其后一路紧追，尽量前瞻，跟随各种事件导向的任何方向，试图找出人物已经知道的东西。

以神秘统领的故事，尤其是那些靠侦探大师驱动的故事，能够吸引同情，但不会有移情。夏洛克·福尔摩斯很可爱，但他却不像我们。我们无法认同他，因他的智慧已臻完美。

悬疑将读者/观众置于和卡司相同的瞬间,事件发生的那一刻,会同时对人物和故事受众产生冲击。读者/观众可能会预感到某些转折点,人物也可能会隐藏某些秘密,但从总体上而言,每一方都对过去和现在所知相同而对未来都一无所知。于是乎,重大的戏剧问题便成了:"这件事会导致什么样的转折?"90%的故事讲述都采用这一策略。

戏剧反讽将读者/观众置于人物之前,在未来事件发生在卡司身上之前便已知晓。这一策略将重大戏剧问题从"这件事会导致什么样的转折"改变为"这些人物如何并为何会做出我已经知道他们已经做出的事情"。

比利·怀尔德的两部电影《双重赔偿》和《日落大道》开篇就是主人公被子弹打成了筛子,然后再闪回到那些令其付出了生命代价的选择和行动。因为电影观众从最开始就知道结局,他便能从上帝视点来观影,知道主人公自以为能够强化他自身的那些计谋最终将会招来杀身之祸。

以著名历史事件为背景或者讲述名人的故事会自动将读者/观众定位于戏剧反讽。然而,在某种程度上而言,无论讲述策略如何,读者/观众常常会知道人物并不知道的事情。例如,在任何不包含主人公的场景中的任何所言、所为或所谋,都会立即赋予我们比主人公更大的知情权,因为我们在场而他却不在。

不过,除了传记和谋杀神秘,单独使用戏剧反讽或封闭神秘的案例还是比较罕见的。相反,大多数作家都会三者融合:用悬疑来构建其总体策略,但在其弧光之内,隐藏秘密的人物会比故事受众所知更多，而对闪回做出反应的读者和观众却会比闪回中的人物所知更多。

《卡萨布兰卡》中的政治和浪漫情节线让整个影片充满了悬疑，但在那一悬疑张力中，对两个年轻恋人初会于巴黎的闪回则增添了一层戏剧反讽色彩。当观众观看里克和伊尔莎的恋情时，他们知道等待这对恋人的黑暗未来。随后，讲述便转变为神秘，让里克采取了他的最后行动，却对此秘而不宣，瞒着所有人，包括观众。

更近的一个例子是阮越清所著的第一人称小说《同情者》，一个谍报局长抓获了一名双重间谍，强迫他写下他的生活故事，尤其是要他交代真相。我们所读的散文就是那份"供词"。重大戏剧问题上充满了悬疑：这个间谍会交代真相还是会撒谎？他的选择会救他还是会杀掉他？

当解说人的供词在三十年间穿梭交织时，围绕隐藏刺杀阴谋的各种神秘便诱惑着读者，而与此同时，戏剧反讽也像幽灵般萦绕在字里行间。我们意识到，即使主人公面临死亡，他也肯定会幸免于死，不然的话，我们便不可能读到他的这本书。

第一印象的力量

让我们以对开头的审视来结束本章：

确定地点的影像、开启小说的章节、触发场景的行动，这些便是故事的出发点，在创作这些出发点的时候，必须对第一印象的力量保持警醒。当读者／观众遭遇新生事物时，他的思绪便会向前奔涌，受着好奇心的驱使，预测最坏或最好的结局，或对两者进行权衡，想知道这件新事会导向何方。在一个人物进入讲述的那一瞬间，这一印象会尤其强烈；当这个人物还是你的主人公时，这一印象便绝对强烈。

一定要抵御将你的主人公安插在第一页的冲动。相反，为了撩拨读者或观众的兴趣，要把主人公扣押到最有效的场景，然后给他安排一个精彩的亮相。

在《卡萨布兰卡》的开篇场景中，不同的人物提出了关于主人公的问题，发现他既有个人魅力又超然冷漠，既声名远播又神秘莫测。当镜头终于着落在里克·布莱恩身上时，他穿着一件白色燕尾服，自己在跟自己对弈。通过那一切铺垫设置之后，观众自然会好奇："这家伙是谁？"

无论你想在哪儿引入你的主要人物，都要让他们隆重登场，使其产生足够的冲击力：

在大卫·利恩的《阿拉伯的劳伦斯》中，阿里警长刚开始出现时仅仅是地平线上的一个遥远的黑点，然后他骑着马慢慢地走向我们，在炽烈的沙漠天空的映衬下变得越来越大。

在尤金·奥尼尔的《长夜漫漫路迢迢》中，玛丽·蒂龙游荡到她的起居室，在一阵吸食过吗啡的迷糊中喃喃自语。

在拉尔夫·埃里森的《隐形人》中，一个男人坐在地下室里，天花板上悬挂着一百个令人炫目的裸灯泡，把整个房间照得通明。他静静地告诉读者，他在从市政偷电。

在菲比·沃勒-布里奇的《杀死伊芙》第一集中，一个面相甜美的孩子坐在一个冰激凌店内，吃着一个圣代。在房间的另一边，薇拉内尔冲她微笑，孩子报之以灿烂一笑。然后，当薇拉内尔向门口走去的时候，她便一巴掌将小姑娘的冰激凌拍到了她惊恐的脸上。

在威廉·戈尔丁的《黑暗可见》中，纳粹德国空军将二战中的伦敦炸得粉碎。然后，在狂轰滥炸的炼狱烈焰中，赫然出现了一个裸体孩子，被烧得面目全非。

在赫尔曼／劳伦斯／李的音乐剧《玛姆》中，玛姆在一个楼梯上吹号，然后从楼梯扶手上滑了下来。

在理想的情况下，一个复杂人物的入场会撩拨起我们对其未来的关怀，并邀请我们去洞察其核心自我。

PART 4

CHARACTER RELATIONSHIPS

人物关系

  没有人会把自己的全部自我透露给任何人。我们每个人都只会将某些方面昭示于人，而对其余秘而不宣，绝不外扬重大隐私。自知亦同理。没人会对自己展示自己的全部自我。由于我们对自己究为何人心存盲区，特定真相便只能为他人所感知。[1]生活中如此，虚构中亦然。一个人物也许会通过共同的学术兴趣或宗教情感或浪漫恋情而与他人相连，但绝不会跟任何人在所有方面同时同等互通。不过，如果你在这个人物周遭布局一个卡司，其每一个成员负责描画出一个具体方面，当她遭遇各种不同的卡司成员时，其特性和维度将会昭然自现。因此，作家的问题就是如何设计一个卡司，使得到高潮时读者/观众对各种人物的了解胜过人物对其自身的了解。

  人物关系原理：每一个卡司成员会互相描画出其他每一个卡司成员的特性和真相。

  第四部则是将这一原理付诸实践，以其作为卡司布局和设计的指南。

Cast Design

第十七章 卡司设计

没有人的命运之旅会是一条笔直畅行之路。我们每一个都会在一个错综复杂的社会的和个人的迷宫中蜿蜒前行,巡航于各种十字路口和立交桥,在各种关系的出入口或进或出,甚至不得不掉头回转。因此,一个人物的核心自我绝不可能是其命运的唯一决定因素。她的各种本能将其推向一套欲望,而与此同时,各种物理的、社会的和个人的海潮又会将其拉向其他欲望。由于人是互相影响的,所以我们在设计卡司时,就得围绕能够互相定义各种素质的互联和互斥关系来进行。正是在这些互联而又互斥的交集中,卡司才可能构成。

在一个结构缜密的卡司中,各种特性和维度能够创造出各种对应物,用以区分每一个不同的人物。各种角色在场景内互动或在单独场景中互相谈论或互相思考时,便能通过对照和矛盾来相互揭示和澄清。此外,当人物面对面地互动时,他们能够激发彼此的行动和反应,从而揭示出各自维度中的正/负价值负荷。

当焦点在人物之间进行转换时,这一系统将会构建出他们将如何互相帮助和妨害,他们想要什么或拒斥什么,他们会做什么或不会做什么,他们到底是谁,以及每一个人物将会如何揭露他人的特性和动态。当不兼容的欲望恶化为冲突时，人物之间的连接便会断裂，人物关系因此而发生转化。

所以，当作家开发其故事时，她会不断地对人物进行比较和对照，将其异同进行布局，创造出各种只有她才能看见的型制。哈姆雷特绝望地寻找意义，但莎士比亚一直都知道他的王子最终在哪里才能找到意义。

因此，不能因为一个人物在你的想象中出现，就意味着她能在你的卡司中挣得一席之地。每一个角色都必须在一个能够强化故事讲述的创作策略中发挥作用。读者／观众的完全心理投入并不仅仅来自主人公一人，而是来自所有卡司成员之间的异同所引发的紧张关系。如果各种人物仅仅是在一个轮轴上形成对立——善良 vs 邪恶或者勇敢 vs 怯懦——其相互关系将会变得琐屑，读者／观众对他们的兴趣也会随之衰减。但是，如果他们对立的方式复杂多样，他们便能激发好奇和移情，从而吸引故事受众的精力和专注。这便要求有深思熟虑的卡司设计。以下五节将对从主要故事讲述媒体中摘出来的五个案例进行论述。

个案研究：《傲慢与偏见》

简・奥斯汀的基本卡司设计包含了五个贝内特姐妹。奥斯汀将其最复杂的主人公伊丽莎白置于中心，赋予了她四个显著特性：冷酷理性、社交魅力、自尊和独立。为了延展伊丽莎白的维度，奥斯汀然后将这些外在表征与其四个内在素质进行对立：冲动、私密信念、谦恭和浪漫渴望。

伊丽莎白的四个维度

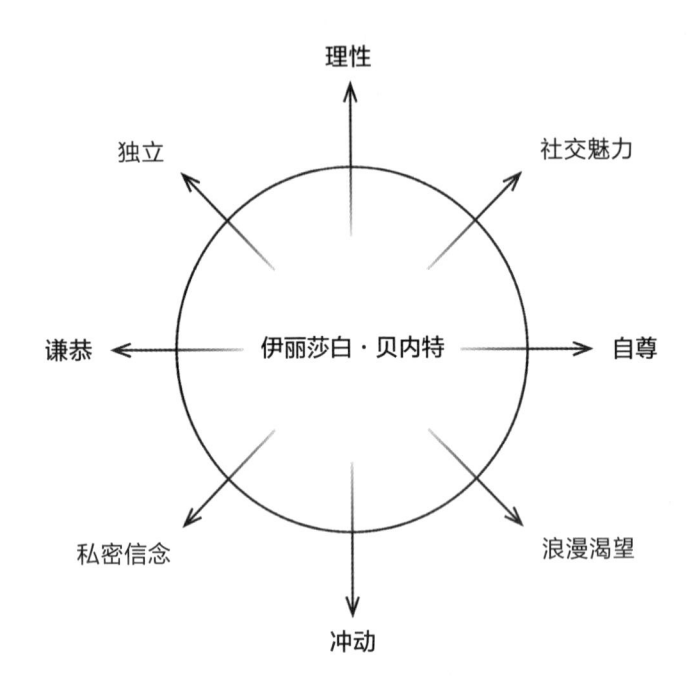

```
           理性
            ↑
   独立 ↖   |   ↗ 社交魅力
         ( 伊丽莎白·贝内特 )
   谦恭 ← —         — → 自尊
         ↙       ↘
   私密信念       浪漫渴望
            ↓
           冲动
```

这四对矛盾——理性／冲动、社交魅力／私密信念、自尊／谦恭、独立／浪漫渴望——确立了她的维度并在奥斯汀将伊丽莎白与其四个姐妹——简、玛丽、凯蒂、莉迪亚进行联通时发生作用。

其四个姐妹的人格特征仅仅依赖于其外在特性。四姐妹中没有一个维度人物；相反，每一个都是扁平的，而且完全是表里如一。在一种互相对立的设计架构中,每一个姐妹的特性都会定义并强调伊丽莎白的诸多维度之一,而伊丽莎白的各种维度又成了她们的这些特性的对应物。这些差别便赋予了所有五个人物鲜明个性。

1. 伊丽莎白与简

伊丽莎白的核心维度是使其智力和冲动针锋相对。在小说的激励事件中,她是一个对人具有耐心和成熟的洞察力的女人。但是,当她遇见达西先生时,对这位傲慢绅士却突然产生了一种冲动型的偏见判断(《傲慢与偏见》因此而得名),于是乎与其正常的平衡敏锐形成矛盾,将其与达西对立起来,奠定了其崎岖爱情之路的故事基石,使其最终认识到她的各种私密信念其实就是偏见而已,她的所谓自尊就是傲慢的同义词,她和达西互为镜像。

与伊丽莎白处心积虑的怀疑主义形成鲜明对照的是,她的姐姐简却天真地相信人的善良。简的近乎讨好的天真与其心明眼亮的妹妹形成鲜明反差,导致了其诸多不幸的选择。

2. 伊丽莎白与玛丽

伊丽莎白的第二个维度是将其迷人智慧与其道德信念对应。在内心深处,伊丽莎白有她自己斩钉截铁的伦理信仰,但为了不扫亲朋的兴,甚或成为其对立面,她将这些信念深藏于自己笑容可掬的个人魅力后面。

另一方面，玛丽则以其迂腐的道德说教和自命不凡而令他人不厌其烦。结果则与伊丽莎白完全不同，她毫无社交生活。

3. 伊丽莎白与莉迪亚

伊丽莎白的第三个维度是将其对自我价值的活泼意识与其自律而纯真的谦恭形成矛盾。

莉迪亚则正好相反，总是将其动物性展露无遗，使其琐屑的虚荣与逢场作戏显得无以复加的轻佻。

4. 伊丽莎白和凯蒂

伊丽莎白的第四个维度是将其任性的独立与其对达西先生同样强烈的浪漫吸引进行对垒。

凯蒂则与她正好相反：依赖、感情脆弱、意志薄弱，总是容易流泪。

伊丽莎白聪慧自重的冷静与其四个姐妹的脆弱狂乱的不安全感形成矛盾。在姐妹们互动的所有场景中，每一个人都会引出对方形成鲜明反照的特性，于是乎五姐妹都是那样的个性鲜明，令人难忘，而整个过程都将伊丽莎白牢牢地固着于小说的中心。

就像伊丽莎白一样，高度复杂人物的各种维度总是在所有四个自我层面之间纵横交织：社会自我、个人自我、私密自我、隐藏自我。人物维度越多，她需要用以昭示其复杂性的关系就会越多。因此，为了激活你的想象，以便更好地开发每一个人物并探索你的卡司的特性和维度之间的相互作用，我建议你将你的卡司的特性和维度画成一幅示意图。

卡司示意图

要画出你的卡司的互联示意图，先画出三个同心圆。将你的主人公置为圆心。因为矛盾需要表演时间来向读者/观众揭示，你要将大多数维度给予这个人物。例如，四维的伊丽莎白·贝内特就是《傲慢与偏见》的卡司示意图的圆心：

在第一个圆周上，分配好主要的支持型和服务型角色，指明其特性和维度。然后将其与主人公形成对比。例如，三维的达西先生和伊丽莎白的四姐妹：

乔治安娜·达西
温顺

凯瑟琳夫人
专横

嘉迪纳夫妇
文雅

柯林斯先生
浮夸

商人

高傲　自欺
傲慢

达西先生

自知　善良
内敛

村民

乔治·维克汉姆
欺诈

夏洛特·卢卡斯
理智

冲动
私密信念　浪漫渴望

莉迪亚·贝内特
轻佻

谦恭　伊丽莎白·贝内特　自尊

贝内特先生
懒惰父亲

独立　社交魅力
理性

路易莎·赫斯特
势利

凯蒂·贝内特
依赖

玛丽·贝内特
道德说教/迂腐

菲利普斯太太
低俗

贝内特太太
操心母亲

简·贝内特
天真的理想主义

仆人

卡洛琳·宾利
势利

查尔斯·宾利
可爱朋友

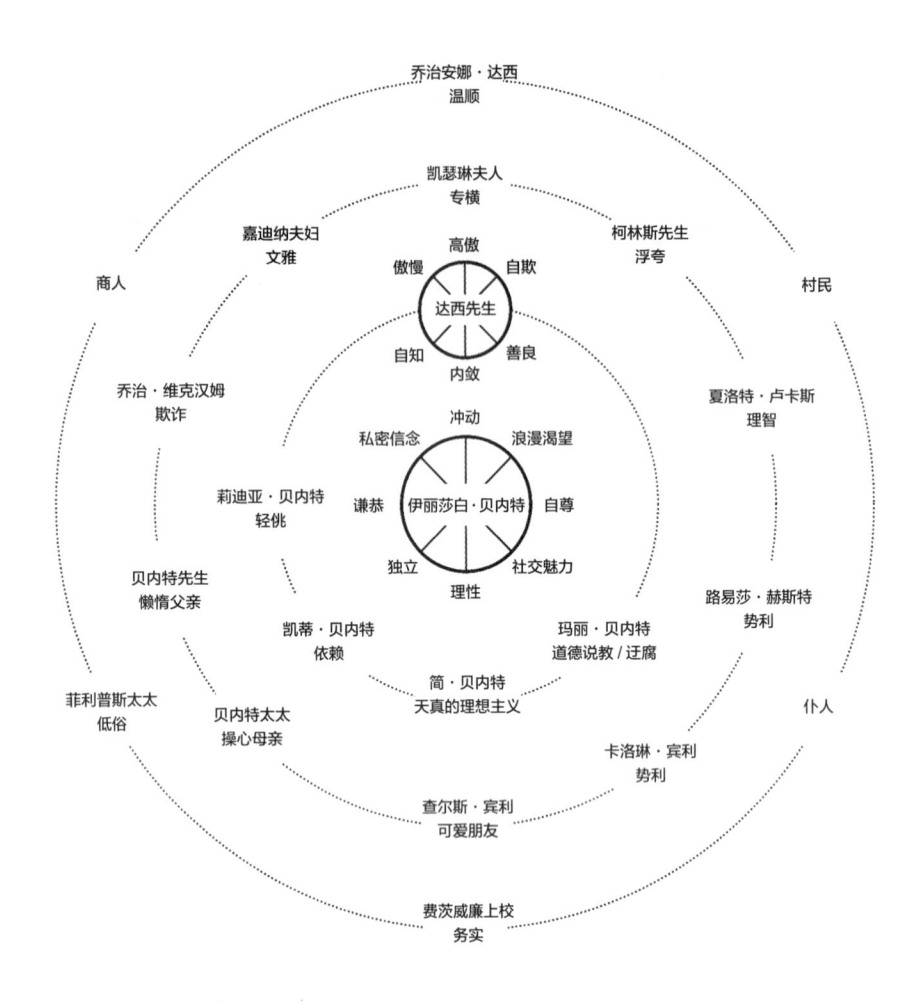

费茨威廉上校
务实

达西（高傲/内敛、傲慢/善良、自欺/自知）、简（天真）、玛丽（迂腐）、凯蒂（依赖）、莉迪亚（轻佻）。伊丽莎白带出了达西的三个正面特性。

由于维度会将兴趣点吸引到人物身上，并要消耗故事讲述时间来表达，所以对第二圈层的角色，只限赋予其一个与众不同的鲜明特性即可。例如，贝内特夫妇（操心的父母）、查尔斯·宾利（可爱的朋友）、卡洛琳·宾利（势利）、夏洛特·卢卡斯（理智）、柯林斯（浮夸）、乔治·维克汉姆（欺诈）、路易莎·赫斯特（势利）、凯瑟琳夫人（专横）、嘉迪纳夫妇（文雅）。

第三圈层角色负责填充外围：仆人、村民、商人和远亲。

个案研究：《一条叫旺达的鱼》

《一条叫旺达的鱼》由约翰·克里斯和查尔斯·克莱顿编剧。电影艺术与科学学院给了他们"最佳原创剧本"和"最佳导演"的提名，并将"最佳男配角"的奥斯卡奖颁发给了凯文·克莱恩。约翰·克里斯和迈克尔·帕林获得了英国电影电视艺术学院的"最佳男主角"和"最佳男配角"奖。英国电影学院将其排名在20世纪最伟大的英国电影之列。其灵感来自一次午餐闲聊。

有一天，当这两位编剧一起参与一个公司录像的制作时，毕业于剑桥大学法学院的克里斯说到他一直都梦想去扮演一个名律师。卡莱顿回应说，他一直都梦想去导演一个有蒸汽压路机的场景。于是他们决定合写一部包含一名律师和一台蒸汽压路机的剧本。

然后，克里斯便琢磨出这样的奇思异想：一个爱狗人士却会情不自禁地杀狗。克莱顿自然会问出一个逻辑问题：为什么？答案是：他实际上想要杀的是狗的主人，却屡屡失手。因为她是一个目击证人。什么东西的目击证人？一桩抢劫案。于是他们便进而将诸多黑色电影情节反讽为一部轻松的"犯罪喜剧"。

故事

一个叫旺达的美国骗子和她的男朋友奥托计划欺骗一把伦敦劫匪乔治及其搭档肯。当这四人成功抢劫了一笔价值数百万美元的钻石之后，旺达和奥托立刻向警方告发了乔治，但随后便发现乔治已经以骗制骗地偷偷将钻石藏了起来。

旺达找到了乔治藏宝之地的线索，因为她在肯的鱼缸里发现了一把银行保管箱的钥匙，并将其藏在了自己的项链坠里。接下来，影片增添了一个"爱情故事"次情节，让旺达去勾引乔治的律师阿奇，指望能从他那儿探知钻石的下落。但她随后却不慎将她的项链坠落在了阿奇家，而阿奇的妻子温迪将其误认为是阿奇送的礼物。

乔治吩咐肯去杀掉抢劫案的唯一目击证人考迪太太，一个养着三条口袋小狗的悭吝老太太。肯连续三次将老太太击倒，却每次都只是不慎杀死她的一条小狗。当他用一大块建筑预制板将第三条小狗压死的时候，其惨不忍睹的场景让老太太突发心脏病而死，他才终于如愿以偿。

证人没了，乔治就能释放出狱了，所以他告诉肯他把钻石藏在了哪儿,并计划一起逃离。但在一次庭审中,旺达出卖了乔治。震惊中的阿奇不经意地喊她"亲爱的"。在旁听席上观看庭审的温迪意识到阿奇和旺达有染,于是结束了他们的婚姻。

与此同时,奥托对肯进行刑讯逼供,得知珠宝藏在一家酒店的保管箱里。奥托知道了藏宝之地,而旺达有保管箱的钥匙,于是他们二人开始联手。

阿奇决心减少自己的损失,偷窃战利品并与旺达一起逃到南美。他把她拽上了自己的捷豹,快速驶向肯的公寓。但是,当阿奇跑进肯的大楼时,奥托偷了阿奇的汽车,带着旺达一起开走了。

肯和阿奇开始追逐。奥托和旺达拿到了钻石,但是旺达背叛了奥托,在一个杂物室内将其打晕。奥托苏醒后,冲刺般地急奔旺达的飞机,但阿奇在机场的跑道上截住了他。奥托刚要开枪射杀阿奇时,肯开着一辆蒸汽压路机将其辗轧。阿奇和旺达在飞机上重逢。

以下便是《一条叫旺达的鱼》的卡司示意图,铺陈了他们各自的强迫症执迷和维度:

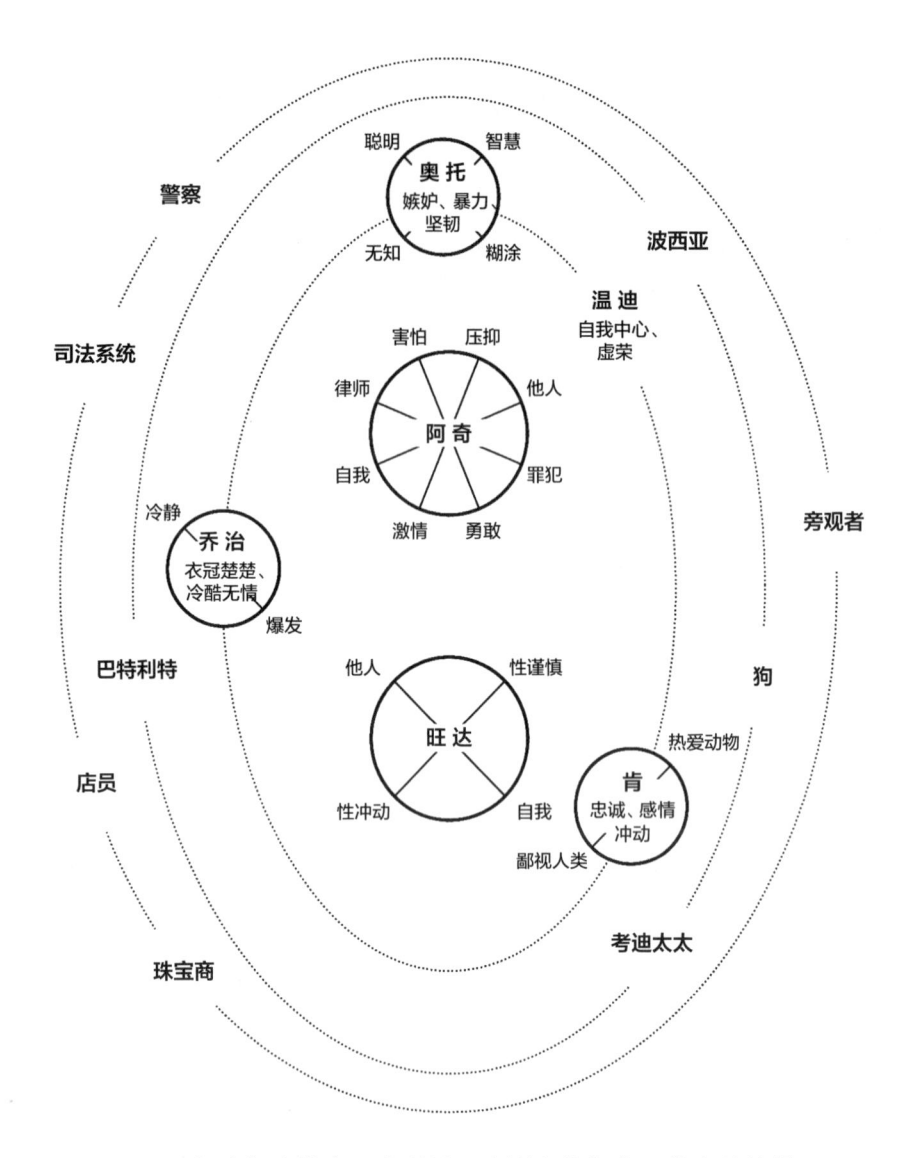

```
                    聪明   智慧
                   ╱奥 托╲
                  │嫉妒、暴力│
                  │  坚韧  │
                   ╲      ╱
                   无知   糊涂

                              温 迪
                           自我中心、
                             虚荣
                   害怕  压抑
                 律师      他人
                ╱          ╲
               │    阿奇    │
                ╲          ╱
                 自我      罪犯
                   激情  勇敢

      冷静
        ╱乔 治╲
       │衣冠楚楚、│
       │冷酷无情│
        ╲      ╱
              爆发

              他人    性谨慎
             ╱          ╲
            │    旺达    │           热爱动物
             ╲          ╱          ╱肯╲
              性冲动   自我       │忠诚、感情│
                     鄙视人类      ╲ 冲动 ╱
```

警察　　波西亚　　司法系统　　旁观者　　巴特利特　　狗　　店员　　考迪太太　　珠宝商

　　即如我们在第十三章所见，喜剧人物都有一种盲目的强迫症标志，一种死板僵化的行为，他们自己看不到，所以也就永远不会背离。

阿奇·利奇（约翰·克里斯饰）对尴尬的恐惧有一种强迫症执迷。不过，一旦他意识到了这一点，他就开始扮演一种"加里·格兰特"角色，变成了影片的浪漫主角。（阿奇·利奇就是加里·格兰特的真名。）

阿奇的三个维度

他既害怕，又勇敢。刚开始他被疯狂的奥托所震慑，但最后还是鼓起勇气去面对他。

他既是一位律师，又是一名罪犯。很多人不会把这个看成是一对矛盾，但对阿奇而言却是矛盾。他忠于法律但为爱而犯罪。

他先是忠于他人，然后才是自己。他为老婆、闺女和当事人而工作，否定了自己的自我，但一旦他爱上了旺达，他便终于为了他人生中想要的东西而战斗。

旺达·格尔什维兹（杰米·李·柯蒂斯饰）对说外语的男人有一种强迫症执迷。

旺达的两个维度

她在性方面既精于算计又冲动放纵。她的聪明远超所有男性人物，她利用自己的魅力来操纵他们，偶尔为自己的盲目强迫症执迷所害。

她先是忠于她自己，然后才是阿奇。金钱是她唯一的欲望目标，然后她爱上了阿奇，并把自己的心交给了他。

奥托·韦斯特（凯文·克莱恩饰）对尼采有强迫症执迷。

奥托的两个维度

他既睿智又无知。奥托是一个中情局前特工，喜欢引用尼采的哲学，但却认为伦敦地下铁道[i]是一个政治运动。

他既聪明又糊涂。奥托在压力下思维敏捷，善于轻松自如地撒谎，但在对话中却容易迷失焦点，而且记不住"中间情节"。

肯·派尔（迈克尔·帕林饰）对动物福利有强迫症执迷。

肯的一个维度

他对动物的爱到了强迫症执迷的程度，但又鄙视人类。一头动物的死亡会让他有一种悲情的失落感，他会不由自主地到宠物公墓去悲伤地痛哭凭吊，但他却能在大街上兴高采

---

i 原文为"伦敦地下"（London Underground），有地下党或其他地下组织的语义双关。

烈地杀人。

乔治·托马森（汤姆·乔治森饰）对作为一种白领职业的犯罪有强迫症执迷。

乔治的一个维度

他既冷若冰霜又暴烈似火。乔治冷静、算计、无情、整洁，对其犯罪行业特别忠诚，但当旺达在法庭上背叛他时，他的暴怒便向世界暴露了他的原形。

温迪·利奇（玛丽娅·艾特肯饰）对其优越感有强迫症执迷。她出身贵族，傲慢自大，对他人毫无爱心，即使对自己的女儿也是。

波西亚·利奇（辛西娅·克里斯饰）对她的鼻子有强迫症执迷。她的关键特性就是自我中心。

埃林·考迪（帕特丽夏·海耶斯饰）对她的狗有强迫症执迷。她的主宰特性就是过敏易怒。

卡司的其他成员包括检察官、法官、珠宝商、锁匠、店员、当事人、狱卒和路人。

结论

尽管评论家很少把喜剧真正当回事，但所有讲得好的故事都会产生意义。《一条叫旺达的鱼》的控制思想是：如果你愿意抛弃你的事业和家庭，你也可以得到两千万美元的钻石和梦中情人，并最终定居在里约热内卢安享余生。

个案研究：《奴隶游戏》

杰里米·O.哈里斯的戏剧

《奴隶游戏》是一个现代寓言。剧名表明是一部关于奴隶制的戏剧，但同时又有鞭笞、捆绑、瘀伤和高潮的暗示。从个体上而言，其人物都显得非常现实主义，他们为了隐秘的个人问题而勾心斗角，但与此同时，他们又象征着在强权和弱势之间的永恒冲突的夹缝中求生存的一系列类型人物。

杰里米·哈里斯还在哈佛大学念书时就开始了《奴隶游戏》的写作。该剧于2018年在百老汇外围首演，立时引发争议。第二年，该剧移师百老汇，场场爆满，直到新冠疫情关闭了所有的剧院。

《奴隶游戏》提出了这些问题：种族主义的驱动力是什么？为什么美国的种族大家庭如此功能失调？是因为先天的本性，后天的教养，还是人类灵魂中的权力欲冲动使然，抑或是种族隔离与大规模监禁的残暴的社会机构？为了寻求答案，该剧的卡司配置了四对一筹莫展的跨种族夫妻。

剧中的黑人人物内心都燃烧着种族创伤的历史火焰，但他们的白人爱人却没看见或看不见或不愿意看见或没有感受到这一点。尽管他们都是真心关怀其黑人伴侣，但他们要么无视其黑人属性，要么觉得是一种另类的性感魅力。而且，即使黑人伴侣觉得他们完全可以安全地表达自己的痛苦，其白人爱人能否看到和看懂这种痛苦；或者，黑人爱人注定要永远生活在其伴侣的盲点内？这一僵局在黑人人物身上的效果就是"快感缺乏"：丧失了感受性快感的能力。

剧情发生在弗吉尼亚的一个前种植园。其多情节的设计纵横交错于三对冲突不断的跨种族夫妻的故事线之间：菲利普和阿拉娜、加里和达斯汀、坎内夏和吉姆。还有一对女同跨种族夫妻关系中的两个支持型人物蒂娅和帕特丽夏来帮助构建戏剧张力，但她们的关系一直没有发展为一个情节。

戏剧的三幕铺陈如下：

第一幕——"工作"

第一幕演绎了三段施虐受虐狂的性爱小插曲。三对夫妻穿着内战前的服装，演绎出生猛残暴的性爱冲突，让人看似完全是货真价实的十九世纪场景，尽管偶尔会有现代音乐、现代名字和时代错误的对白点缀其间：

第一场：一个名叫坎内夏的女奴将其主子称为"吉姆老爷"，问他是不是要打她。吉姆好奇他为何会有这样的想法，坎内夏回答道："你不是有一根鞭子吗？"吉姆从来没接受过甩鞭子的训练，所以当他试图挥鞭时，他打到了自己的脸上。为了勾引他，坎内夏直接从地上吃东西，并跳抖臀舞。

第二场：阿拉娜，一个性压抑的南方美女在她的有罩盖床上搔首弄姿，卖弄风情，挥舞着一条硕大的黑色人造阳具。她的英俊的浅色皮肤奴隶菲利普伺候着她的性欲，她将那条假阳具强行塞进了他的肛门。

第三场：在种植园的谷仓内，一个白人契约奴达斯汀正在其杀气腾腾的黑人主子加里的阴影下捆扎干草。当达斯汀反抗时，随后的暴力演变为实际的强奸。当达斯汀舔加里的靴子时，加里达到了高潮，然后放声大哭。

突然，一个强大的转折点将两名扛着牌子的心理治疗师蒂娅和帕特丽夏送上了舞台，她们冲进房间，向观众透露，这三段插曲实际上是跨种族夫妻的性疗法练习。

第二幕——"操作过程"

两位心理治疗师相信，她们的这种名为"战前性表现疗法"的种族疗法能够治疗"快感缺乏"，因为它能"……帮助黑人伴侣与其已然丧失性快感的白人伴侣重塑亲密关系"。但是，当蒂娅和帕特丽夏指导这三对夫妻体验其"主/奴"经验的"操作过程"中，第一幕中施虐受虐狂幻想角色背后的真实自我会互相直视对方并施加远超于鞭子、皮靴和假阳具所带来的痛苦。一个接一个，这六人便投射出了对其真实生活自我和隐藏自我、使之恐惧的东西和令其求之不得的东西之间的碰撞的犀利洞察。

例如，通常沉默寡言的菲利普这样说道："这么说，呃，你是不是说我……嗯……我起不来的原因……我到不了的原因是因为……就因为，呃，种族主义？"在整剧通篇，像这样的台词总是施加着各种痛苦的快感，既有愉悦，又有伤害。

随着第二幕紧锣密鼓地推进，心理治疗变成了心理折磨。这种实验性疗法不但没有救治种族之伤，反倒成了火上浇油。伴侣之间互相反目；"操作过程"碰撞起火；面具滑落；核心自我被剥得一丝不挂。菲利普/阿拉娜和加里/达斯汀情节在第二幕落幕之时达到高潮。独留坎内夏/吉姆这条剧中的主导故事线来支撑第三幕。

第三幕——"驱逐"

这最后一幕描绘了一幅种族两难的凶猛肖像画。与吉姆在卧室独处时，坎内夏内心挣扎，想要试图明白为何对自己的丈夫会有本能的反感。而男方却担心这种疗法会对她造成伤害，而且他的担心是对的，但他却不明白造成伤害的具体原因。

刚开始，坎内夏被吉姆的白人属性所吸引，因为他是一个英国人，所以没有被美国偏见所污染。久而久之她便意识到，正因为他是白人，他随身都携带着一根无形的鞭子，而正因为她是一个黑人，她永远手无寸铁。权力仅仅属于男方,事情就这么简单。而他却一直在抵赖这一残酷真相。女方想要男方看到这一点,男方却充耳不闻。

在高潮时,他们突然重演了他们在第一幕时的施虐受虐狂的主/奴自我。当他们的强奸即兴表演变得过于暴力时,坎内夏喊出了安全口令[i]。当他们慢慢恢复正常时,女方感谢男方终于开始聆听。落幕。

该剧揭示了人物的双重身份,将其分割为第一幕中的象征自我,与第二幕中的核心自我构成矛盾,并在第三幕将其核心自我和象征自我融为一体——两个人物便告完成。

卡司

为了构建卡司,杰里米·哈里斯创造了一个人物认知的谱系:从犀利的洞察到蠢钝的盲目。在一个极端,站立着坎内夏,具有痛苦的自我意识而且是黑人;在另一个远端却是幸福自欺的白人吉姆。在对待黑人属性的态度上,有一个依次递进的连续体,其他六个角色则正好象征着这个连续体中的各种不同的精神类型:加里讨厌其黑人属性;帕特丽芸无视其黑人属性;蒂娅理智看待其黑人属性;菲利普超越了黑人属性;达斯汀喜欢黑人属性;阿拉娜觉得黑人属性别具风情。

---

[i] safe word:特指"捆绑、训诫、施虐、受虐"(BDSM)等剧烈性游戏中为沟通身体或情感状态而事先约定的暗号系统。最常见者为交通信号系统的移植,如"红灯"表示"停","黄灯"表示"谨慎继续","绿灯"表示"增加强度"等。但"安全口令"的默认值是"叫停"。

在我们对卡司进行图示解析之前，不妨对这八个角色从最不复杂到最复杂进行一个回顾。

帕特丽夏和蒂娅

帕特丽夏和蒂娅是一对治疗师搭档，说的是一种足以麻木心灵的心理呓语。当她们指称感情时，她们会说"心灵空间和交流球体内的处理材料"。她们沉迷于诸如"物质性"和"性别定位"之类的专业术语中。黑人成了"少数主义者"；白人社会则是"异性恋父权社会"。

这个团队对种族主义造成的感情伤害效果有精深的研究，然后通过盲目而危险的试验将这种伤害重新施加于其受试者身上。尽管她们显得是那样的善解人意，关怀备至，她们记录心理痛苦的真实原因却是为写论文而搜集数据。对她们而言，科学的权重大于心灵慰藉。这一貌似善解人意的信念和漠不关心的科学之间的内在/外在矛盾勾画出这两个女人的第一个维度。

第二个矛盾是在人物真相和人物塑造之间，在现实和外表之间，为她们每一人都增添了一层复杂性。浅棕色皮肤的帕特丽夏暗暗地觉得自己是白人，与号称是黑人却实际是白人的达斯汀互成镜像。具有冷峻的职业精神却内心烦乱的蒂娅希望自己也能像菲利普一样，超然于自己的肤色。这些未能实现的愿望赋了两个女人第二个维度：一个安全的职业自我vs一个不安的个人自我。

菲利普

菲利普是一个身型壮硕、有着模特儿般英俊的外表、受过教育但不太聪明的混血。他的白人女友阿拉娜一直在替他说话,将其锁定在背景中。他相信种族不重要,把自己视为一个"超越了黑白的超人帅哥"。他被困锁于支配型伴侣和自己的超种族身份之间,罹患了快感缺乏症。他的核心维度使其看起来性感而内心却无性。

阿拉娜

在第一幕中,阿拉娜扮演的是一个神情紧张、内心淫荡、举止狂野的种植园施虐狂,一心想要对其家奴进行兽奸并如愿以偿,她坦言:"……对我来说太刺激了,真的很刺激。"然而,在整个下一幕中,她却摇身一变为一个举手提问然后埋头记笔记的学生。当这个A型完美主义者终于瞥见了其关系的真相,即她对菲利普的种族的故意无视已经毁了他们的爱情时,她突然退缩为否认,像念咒一样不断重复:"不是因为种族。"

她的维度是让好奇与自欺以及超级自控的举止和完全失控的性欲进行对决。

加里

加里憎恨自己的黑人属性。他那被压抑的、慢慢燃烧了一辈子的怒火是隐藏在一个默默怨恨的面具之后的。在第一幕的幻想戏中，他强迫自己将近十年的爱侣达斯汀舔他的靴子，然后达到了身心震颤的高潮。他的核心维度是让内在的怒火与外在的冷峻进行对决。

达斯汀

达斯汀憎恨自己的白人属性。他可能是西班牙裔或西西里裔，但他发誓自己就是黑人。他的伴侣加里没办法把他看成任何其他而只能是白人；尽管如此，这个自恋狂的达斯汀还要狡辩说证据一目了然。当他终于被迫面对真相时，达斯汀便要了个小脾气，大声嚷嚷道："黑白之间还有不同的灰度！"他将其维度戴在了袖子上：一个坚称自己为黑人的白人。

吉姆

在第一幕中，吉姆很不情愿地扮演了坎内夏的主人，但当他命令她从地板上吃东西时，他却震颤于情欲的满足。他管她叫"王后"，其隐含意思就是把自己当成了国王，而国王是统治王后的。

在该剧的最后几分钟，一直被他压抑的真相却像一道弧光一样大白于天下：白人男性总是享有更大的权力。终于，他听到了坎内夏恳求他给予她所欲求的那种粗野的性爱。即如他对她的安慰："我们的处境是一样的。唯一的区别是，我是，你知道的，你的经理。"一个内在维度将吉姆切割为两半：显意识中，他爱他的妻子；潜意识中，他爱惩罚她。

坎内夏

白鬼缠绕着坎内夏。尽管如此，在第一幕的幻想戏中，她求吉姆叫她"女黑鬼"。然后，由于恐惧交织着情欲，她堕落为"床上用品"的角色。在第三幕中，她将其角色扮演更推进了一步，强迫吉姆承认他就是一个施虐狂白人魔鬼，尽管是出于真爱。当她引诱他扮演这个角色时，她的变化弧光从幻想变成了现实，揭示出她在第一幕中刻画出来的受虐狂形象实际上就是她的真我。当她的即兴自我和她的真实自我之间的矛盾消解之时，她在剧中的人物形象便以完美而告终。

基于以上人物关系，该剧的卡司示意图可以描述如下：

种族主义
社会

施虐狂　自知
坎内夏　惩罚　吉姆　爱恋　敏感　安全
自欺　受虐狂　帕特丽夏
安全　敏感
蒂娅
麻木　不安　不安　麻木

性感　否认自己是白人
菲利普　达斯汀
无性　欲求成为黑人
盲目　外表冷峻
完全失控　阿拉娜　过度自控　加里
洞察　内在怒火

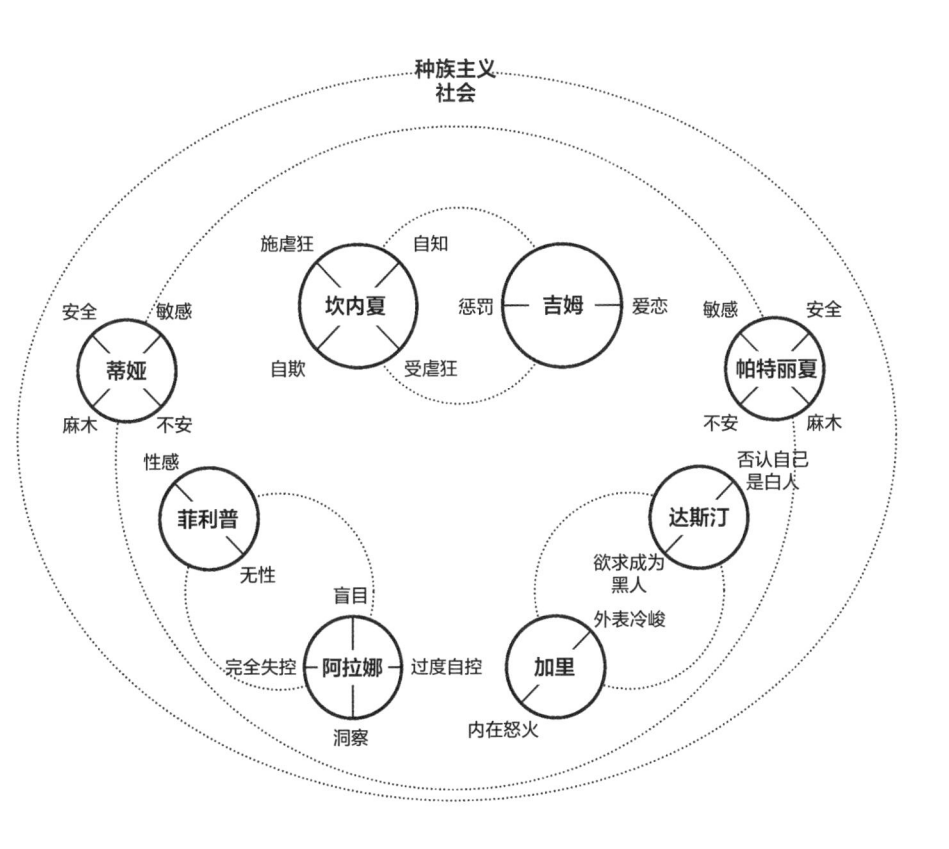

结论

　　《奴隶游戏》的剧名本身便锁定了它的含义：奴隶制将施虐受虐付诸行动。奴隶制所创造的巨额财富不过是人类最黑暗欲望的副产品而已。金钱只是手段，而不是目的。奴隶制的根深蒂固的原因，或者具体而言，对任何下层阶级的压迫，便是根源于权力欲以及对痛苦快感即施虐受虐的追求。

闪回到第八章提出的动机问题:"人们为什么会做他们做出的事情?"几个世纪以来,哲学家和心理学家一直在为这个宏大问题寻找一个单一的宏大答案。西格蒙德·弗洛伊德说全是因为性;阿尔弗雷德·阿德勒说全是因为权力;欧内斯特·贝克尔说全是因为死亡。你仔细思考会发现,性和权力实际上都与死亡有关——只不过是两种方式而已:要么通过繁殖自己而战胜死亡,要么通过战胜敌人而控制死亡。所以,我赞同贝克尔。

施虐受虐的路径轨迹如下:恐惧是一种令人颤抖的情绪,会在我们不知道将要发生什么时攫取我们。畏惧则是一种可怕的知觉,会在我们知道将要发生什么而又无力阻止其发生时淹没我们的心智。在小时候,我们发现死亡是生命之常。我们迟早都会死,而我们却无力改变这一事实。有些人对死亡畏惧的处理要优于其他人,但所有人都能感受到它。

在某一个节点上,孩子可能会发现权力会让他感觉更好……至少会暂时感觉更好。也许他捏死一只昆虫的时候,会突然感受到一种快感。在那一瞬间,会有一种驾驭生死的上帝般的权力点燃他的通体。他想要重复那种快感,越来越频繁地重复,程度越来越大地重复。在他寻求权力的过程中,他的人格至少会在某些时候倒向施虐狂,倒向一个通过向死神篡夺权力而使死亡畏惧以他自己的意志为转移的人。奴隶主每天都能感受到那种冲动,巨富之人依然如此。

或者,孩子也许会发现他毫无权力,而且永远都不会拥有权力,但他依然可以享受对死亡焦虑的逃离,如果他能在某个权力之人的阴影下找到避难之所。只要那个人能够通过令其受苦来展示其权力，他便能感受到一种临时释放畏惧，即痛苦的快感的受虐狂慰藉。奴隶在向主人卑躬屈膝时便能感受到这种快感；员工在拍老板马屁的时候也依然能够感受到。[1]

哈里斯的戏剧是对个人政治的睿智而聪敏的言说。你的作品也能做到这一点，只要你赋予权力充足的玩弄空间。因为，无论你的故事背景如何设置——从一个成千上万的卡司到一对恋人——权力总有消长之势。所以，当你开篇讲述故事的时候，就必须对卡司成员之间的权力平衡进行权衡，然后依循其变化动态（谁上？谁下？）直到最后一个场景。在构建卡司的时候玩弄权力常常能让你获得意想不到的灵感。

个案研究：《血童》
奥克塔维亚·E.巴特勒短篇小说

《血童》讲述的是一个不同物种之间的爱情故事。于1984年发表在艾萨克·阿西莫夫的《科学虚构杂志》[i]。从此之后的多年内，"雨果奖""星云奖""轨迹奖"（Hugo, Nebula and Locus awards）和《科学虚构纪事报》（*Science Fiction Chronicle*）都授予了它"最佳短篇小说奖"。[2]

---

i 关于"科学虚构"的解读，参见第340页译注。

幕后故事

多少代以前,人类的残留部分移民到了一个星球,星球上居住着一种靠将卵注入动物体内来繁殖的巨型昆虫,叫提力克。当地球人登陆后,提力克意识到人体才是最完美的孵化宿主。于是,提力克政府便建立了一个密封的保留地,来保护人类免遭星球上的产卵部落侵害,不过,作为一种生存交换条件,每一个家庭都必须选出一个亲人来生育一个提力克的幼虫。这些虫子孵化出来后要靠吃宿主的肉体来存活,这对人类来说,死亡率极高。人类同意了这笔交易。

一个有四个孩子的寡妇雷恩选择了她最小的儿子甘来生育政府高官提加托伊的虫卵。提加托伊是一个很有爱心的生物,多年前就成了这个家庭的朋友,每天都会来看他们,给他们送来一种轻度致幻的安慰药品。她对甘有一种特别的母爱。

故事

激励事件:那一天终于来临,雷恩家必须出一人来以肉体承受提加托伊的虫卵。甘深知,当她母亲怀他的时候,她就选择了他来履行这一天职。他的感情一直在炼狱般的迷茫中等待。然而甘的两个姐姐却觉得作为提力克虫卵的宿主是一种荣耀,而她们的哥哥奎却对这一想法深恶痛绝。他曾经亲眼看见一个男人在幼虫出世的过程中被啃啮而痛苦至死。

理想的情况是,当虫卵孵出,幼虫出现时,提力克会在人体上做一种类似剖腹产的手术，将饥饿的幼虫转移到某种动物的肉体内，以拯救宿主的生命。实际上，那天下午有一个孕育着虫卵而被他的提力克抛弃的男人布拉姆闯进了他们的门内，提加托伊给他做了急救手术。甘射杀了保留地内圈养的一头动物，为分娩的幼虫提供了非人肉食物，于是帮助救了那个男人一命。

当提加托伊将一条条幼虫从那个男人体内拽出时，甘目睹了这一鲜血淋漓的手术及其受害者面目狰狞的煎熬。他对此深恶痛绝，想着宁愿自杀也不要受孕。之后，当晚必须产卵的提加托伊给了他一条出路，问他是否愿意让他的一个姐姐来替他受孕。

这便是危机时刻，甘必须做出选择：为了保全自己的性命而让姐姐冒着生命危险，还是自己冒着生命危险，来展示自己的男人气概和荣耀。他选择接受他的命运，出于对家人、对人类和提加托伊的爱而主动献身。当提加托伊使甘受孕之时，她充满爱心地保证绝不会抛弃他。

卡司

短篇小说并没有提供足够的篇幅来开发庞大而复杂的卡司。在这个讲述中，只有甘和提加托伊堪称复杂；其他人物都有精妙的人物塑造但并无维度。

甘

甘是故事的第一人称解说人,这样我们便能窥知他的内在冲突以及横亘其内心的三个维度。

1. 他既害怕,又勇敢。恐惧攫取了他,但他未被开发的勇气却在储备中随时待命而发。
2. 他既想自我保全,又不惜自我牺牲。为了自私原因,他会与命运抗争,但为了道德原因,他却终于屈从于命运的安排。
3. 他是一个濒临成熟的孩子。他的开场白便定位了故事背景:"我童年的最后一个夜晚……"

提加托伊

这是一条九英尺[i]高的分节昆虫,每一体节上都有多条附肢,尾部有一根刺针,可以对人催眠。她与雷恩的长期友谊以及她对甘的睿智而耐心的挚爱赋予了她一种祖母般的气场。然而,与此同时,她的基因却在驱使她繁殖。她也有三个维度:

1. 她既善良又独断。就像一个动物园管理员一样,提加

---

[i] 约2.7米。

托伊是一个慷慨而又关爱的保护者，但也是她的人类奴仆的主人。

2. 她既慰藉痛苦，也会导致痛苦。提加托伊知道她的物种给人类造成的畏惧甚至死亡。所以她的良心谴责驱使她用镇静药丸和针剂这样的礼物来平复雷恩家庭的恐惧和焦虑。

3. 她既关爱又杀戮。她热爱雷恩的家庭，尤其是甘，但为了保全自己物种的生存也会不惜结束他们的生命，如果有必要的话。

其他的每一个卡司成员都只有一个与众不同的特性。

雷恩

特性：悲伤。寡妇雷恩知道她的儿子或女儿之一要在当晚被提加托伊的幼虫受孕，而她却对此无能为力去阻止。一种听天由命的痛苦情绪似乎令她老了很多。

奎

特性：愤怒。奎很反叛，对人类必须屈服于提力克的统治义愤填膺。

萱、皓

特性：屈从。甘的这两个姐姐看法相反。她们相信被提力克选中受孕是一种特权。

布拉姆

特性：恐惧。当幼虫在他体内破壳而出的时候，布拉姆发出了惊恐的惨叫。

提科特吉夫

特性：个人关切。使布拉姆受孕的提力克匆匆忙忙地找到了他。

医生
特性：职业关切。他帮助提加托伊救了布拉姆一命。

```
                    被征服的
                     人类

         布拉姆              萱、皓
          惊恐              自我牺牲

                     利己
                恐惧       儿童
                    ┌───┐
提科特吉夫           │ 甘 │           雷恩
   慌乱             └───┘          忧心忡忡
                成人       勇气
                     利他
                     慷慨
                善良       关爱
                   ┌─────┐
  医生              │提加托伊│          奎
  救命              └─────┘         愤怒
                杀戮       残忍
                     独断

                     提力克
                     统治者
```

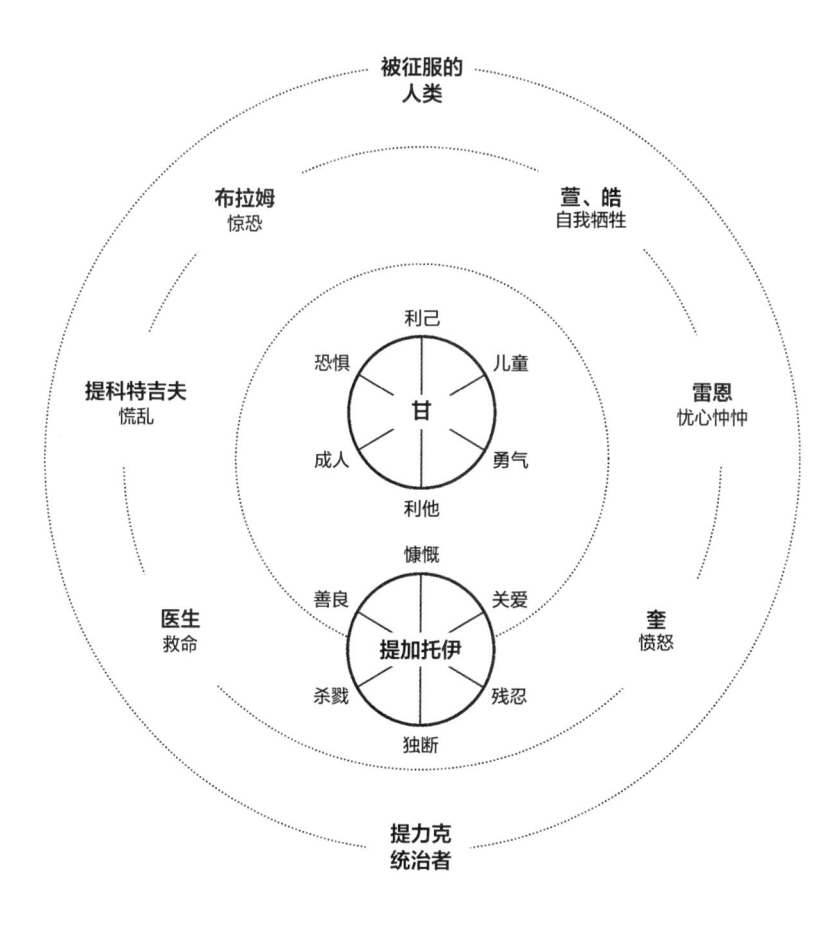

结论

"科学虚构"是一种表现类型，十六个主体类型中的任何一个都能在其间找到栖身之地。就《血童》而言，甘的变化弧光是一个从不成熟到成熟的"进化情节"。

"科学虚构"的鉴别常规是它的背景。它的时间设定也

许是也许不是未来主义,但它的社会必定是一个或多或少的扭曲空间(甚至是反乌托邦)。[3]这种自然社会秩序的紊乱皆肇始于背景故事中人类对科学的愚蠢滥用。

在《血童》中,作者没有告诉过我们到底是什么样的全球性灾变导致了卡司的祖先放弃地球,但其移徙却颠覆了自然平衡。在行星地球上,人类是主宰物种,各种不同的亚种都被人类用于食物、衣物和宠物。在行星提力克,人类沦为亚种,其用途仅仅是作为虫卵孵化器。

如果"科学虚构"是你心仪的类型,那么就要像奥克塔维亚·巴特勒一样,利用你的权力颠覆现实,创作出一个具有移情作用的卡司,将其置于一个不可预测的故事中,以警示未来的变故。

个案研究:《绝命毒师》

长篇连续剧是一种独一无二的媒介,其与散文之不同恰如电影与戏剧之不同。长篇讲述,以其开放式的集数和开放式的季数,能使数量庞大的卡司多年如一日地活跃于荧屏。对作家而言,长篇给作家提供了机会去创作具有维度和复杂性的人物,其广度和深度是任何其他故事讲述形式都不可企及的。所以,在我们拆解《绝命毒师》之前,我们可以简略地审视一下这一使之成为可能的媒介。

故事长度和卡司规模的效果

卡司越小，人物之间的关系就越少，因此，其策略、行为和欲望的种类和数量就越少。场景越少，转折点越不多样化，其人物所能进行的选择和采取的行动就越少。因为这些原因，一幕剧、短篇小说、短片和连环画的卡司，其数量和维度便极其有限。

相反，卡司越大，人物关系和维度的衍生力就越强。而且，场景的数量越多，越多样化，表演时间越长，人物的欲望及其所能进行的选择和采取的行动的种类也就越多。结果便是，填充长篇小说以及舞台和银幕上的长篇戏剧、喜剧和音乐剧的卡司，往往在种类和心理复杂性方面就极其丰富。

长篇荧屏巨作，因其卡司规模和多年的表演时间，能将故事艺术带入其他任何媒介都不可企及的人物复杂性范畴。例如，一部一千页的小说或史诗传奇所容纳的事件和人物开发量也仅相当于一部长篇连续剧的一季播出量。多季故事讲述考验的是作者的洞察力、记忆力和人情感知力的极限。因此，长篇连续剧作家的艰巨任务就是如何通过五十到一百集的故事在五到十年的时间跨度内将观众的兴趣锁定于一个庞大的人物卡司身上。

两种兴趣模式

一个故事吸引兴趣的方式是利用读者或观众的显意识好

奇和潜意识关切。

好奇：一种心智需求，意在回答问题，答疑释惑，闭合开放型制，并了解人物生活的方式和理由。

关切：一种情感需求，意在体验价值的正负荷——生，而不是死；爱，而不是恨；正义，而不是非正义；和平，而不是战争；善良，而不是邪恶。诸如此类。

然而，如果观众无法认同卡司中的至少一个主要人物的话，无论是好奇还是关切，都无法锁定兴趣。事实上，理想的长篇巨制会将移情吸引到许多"善中"，不仅仅是限于中心情节的主人公，还会兼顾次情节的主人公。

一个故事的重大戏剧问题是"这个将如何转折？"这一普遍问题的具体化变体。像《维京传奇》中"拉格纳·洛德布罗克是否会征服英格兰"或《继承之战》中"肯达尔·罗伊是否会接管他父亲的商业帝国"这样的重大戏剧问题便能够勾引并锁定观众的好奇长达多年时间。

然而，最大的磁力，能够在最长时间跨度内攫取最深兴趣的东西，则只能产生于长篇讲述中主要人物的心理深度。就像大海的诱惑一样，复杂人物的内在生活能令观众痴迷，当观众发现见所未见的特性，惊叹于公开自我和核心自我之间的矛盾，而且最重要的是，追寻主人公的变化弧光，直到他在道德、心智或人性的变化中完成自我时，便能得到无数小时的饕餮盛宴。

要记住的重点：揭示和进化能多年如一日地将长篇连续剧的观众锁定于荧屏。什么东西会杀死那一长篇连续剧的吸引力？重复与僵化。一旦主人公没有剩下任何可以揭示的东西，一旦他再也不能发生任何改变，一旦他已经被抽空，他的心力被耗尽，他的行为就会变得可以预料而且单调乏味。这样的话，观众便会敬而远之。

考虑一下《嗜血法医》[i]：这部八季连续剧在"演出时刻"上从2006年一直播放到2013年。第一季将德克斯特（迈克尔·C.霍尔饰）设定为一个精神错乱的义务警员，藏在一副可爱的人物塑造后面。抽空了情感、同情和良心，他只在杀人的时候才有活力。不过，之后两季则赋予了德克斯特对孩子的同情，对浪漫恋情的感觉以及对意外后果的负疚感。这便完成了他的人物塑造；关于德克斯特所有能知道的东西在第四季结束时已经全知。从第五季到第八季，既没有揭示此前未知的特性，也没有改变他的心理。情节转折比比皆是，但德克斯特却一直停滞不前，终至其铁粉观众将他抛弃。

五十到一百小时的长篇连续剧表演要求主人公的复杂性要远远超过三个维度。

《绝命毒师》
文斯·吉利根编剧

《绝命毒师》从2008年到2013年连续播放五季，共62集。

---

i　　Dexter，原片名即为主人公名字"德克斯特"。

其创作者给该剧取名时用的是一个南方方言[i]，意思是将你的生活带向一条不道德的暴力之路。吉利根仅用四个字来描述其故事弧光（Mr. Chips goes Scarface[ii]），便卖掉了这部剧，现已成为一个著名的推销佳话。

它有一个中心情节，25个次情节和一个内含80多名有台词角色的卡司。2013年，《吉尼斯世界纪录大全》宣布《绝命毒师》为史上最受评论界欢迎的电视连续剧。三位主演共获九项艾米奖，连续剧本身再获七项艾米奖、两项金球奖，外加两项皮博迪奖、两项评论家选择奖、四项电视评论协会奖和八项卫星奖。

另有前传《风骚律师》于2015年首播和续集《续命之徒》在2019年上映。

---

i　原文 Breaking Bad：直译即为中文中动宾结构的"破-坏"，是作者吉利根老家弗吉尼亚的一个方言，其狭义便是字面意思，"打开地狱之门，让坏东西破门而出"，其语用价值类同"破冰"。广义便如麦基所言，"投身于一种犯罪生活"。中文定译名《绝命毒师》便完全忽略了这一片名隐喻，而是重新取了一个中文名。这对不谙英文的中文观众而言，不能不说是一种遗憾，也是中文译名的一个重大误区。所以本书的所有作品名，本人的翻译原则是：为了传播效果尽量尊重定译名；实在有违原意的定译名便舍弃而重译并加注；保留定译名并加注（如本例以及上注和下注）。

ii　译成中文便不只四个字了：齐普斯先生变成了疤面人。内含两个典故，即被中国人定译为《万世师表》的《再见，齐普斯先生》（*Goodbye, Mr. Chips*）中的主人公齐普斯先生，以及被中国人定译为《疤面煞星》（*Scarface*）的《疤面人》的主人公疤面人。

背景故事

一位知识渊博的科学家沃尔特·怀特（布莱恩·克朗斯顿饰）和他的女朋友格雷琴（杰西卡·赫克特饰）与艾略特·施瓦兹（亚当·戈德利饰）合伙成立了"灰物质技术公司"。在一次纠纷之后，沃尔特卖掉了自己的股份，退出公司。艾略特和格雷琴继续坚守，利用沃尔特归公司所有的各项发明，把公司办得异常成功。日久生情，艾略特和格雷琴结婚。

沃尔特对自己的失败愤愤不平，去阿尔伯克基当了一名中学老师，娶了斯凯勒（安娜·冈恩饰），并生了两个孩子。

第一季

尽管从不抽烟，但沃尔特发现自己已经得了无法手术治愈的三期肺癌。为了在自己死前给家人挣得未来的生活保障，沃尔特走上了犯罪之路。他恐吓以前的一名学生杰西·平克曼（亚伦·保罗饰），以跟他一起合作，熬制冰毒。杰西买了一辆旧房车作为他们的厨房。在这个厨房内，沃尔特利用普通的化工产品制作出了一种药性强劲的蓝色冰毒。

当杰西试图在街上贩卖他们的毒品时，两个低级毒贩子埃米利奥（约翰·小山饰）和疯八（马克西米诺·阿西涅加饰）试图搅局。沃尔特将他们骗进了房车，毒杀了一个，然后再勒死了另一个。然后，沃尔特和杰西、图科·萨拉曼卡（雷蒙德·科鲁兹饰）做起了生意，这是一个无情而几近疯狂的匪徒。

423

第二季

与图科的一场致命枪战,让沃尔特和杰西失去了一个经销商,所以他们找到了一个刑事律师索尔·古德曼(鲍勃·奥登科克饰),帮他们勾搭上了一个大毒枭格斯·富林(吉安卡罗·埃斯波西托饰)。格斯付了他们一大笔酬金,沃尔特给自己取了一个叫"海森伯格"的江湖名号。缉毒署指派沃尔特的姐夫汉克(迪恩·诺里斯饰)牵头,开始调查这个神秘的黑帮头目。

杰西爱上了海洛因成瘾的珍妮(克里斯滕·利特饰),自己也变得吸毒成瘾。沃尔特拒绝将格斯的钱分一半给杰西,除非他不再吸毒。珍妮试图敲诈沃尔特结清余款,但她因吸毒过量而昏迷,然后被自己的呕吐物噎死,而沃尔特就在房间的另一头冷眼旁观。沃尔特安排杰西去了戒毒所。几天之后,他目睹了城市上空的两架民航客机相撞,这一悲剧皆因悲痛欲绝的空中交通管制员——珍妮的父亲唐纳德(约翰·德·兰西饰)导致,而罪魁则是沃尔特。

第三季

回到家中,沃尔特的婚姻破裂。当斯凯勒寻求离婚时,沃尔特披露了他的秘密犯罪生活,恳求说他做的这一切都是为了家庭。斯凯勒为了报复,便勾引了自己的老板,然后再用自己的私情来羞辱沃尔特。

沃尔特和杰西去为格斯工作，在一个隐藏的高科技实验室内熬制冰毒。随后不久，两个毒枭杀手为了给图科报仇而袭击汉克。汉克打发了他们，得以死里逃生，尽管短暂瘫痪。

杰西违抗格斯，因为他利用儿童上街贩毒。格斯用盖尔（大卫·康斯特布尔饰）取代杰西。沃尔特担心，一旦盖尔学会了自己熬制冰毒，格斯将会把他和杰西一起杀掉。他吩咐杰西杀掉盖尔，杰西从命。

第四季

格斯将沃尔特和杰西重新召回，熬制冰毒。斯凯勒接受了沃尔特的犯罪事业，并在索尔的帮助下，买了一个洗车行帮沃尔特洗白他的收益。

格斯消灭了他在墨西哥的敌人，然后再来对付沃尔特。沃尔特撺掇杰西去杀掉格斯。他们的第一次尝试失败了，但当沃尔特给赫克托尔·萨拉曼卡（马克·马戈利斯饰）提供了一次向格斯报仇的机会时，赫克托尔愉快地引爆了一颗隐藏的炸弹，与格斯同归于尽。

第五季，第一部

沃尔特、杰西、迈克（乔纳森·班克斯饰）和莉迪亚（罗拉·弗雷泽饰）合伙做冰毒生意。为了搞到原材料，他们实施了一次火车大劫案。杰西和迈克想要将他们所得的份额卖给凤凰城毒贩德克兰（路易斯·费雷拉饰），但沃尔特拒绝了。他转而为莉迪亚熬制冰毒，供她在欧洲分销。她的生意异常火爆，让沃尔特挣的钱数不胜数。为了结束争斗，并最终金盆洗手，沃尔特杀掉了迈克并雇用杰克（迈克尔·鲍恩饰）及其纳粹摩托帮清除了迈克的余党。汉克无意间发现沃尔特就是海森伯格。

第五季，第二部

当汉克质问沃尔特时，沃尔特令其无功而返。汉克于是去找斯凯勒，但她拒绝背叛沃尔特。感觉形势不妙，沃尔特将8000万美元埋进了沙漠。

杰克帮消灭了一个敌对帮并接管了他们的冰毒生产装备。沃尔特试图与杰克谈判，但这个纳粹匪帮跟他反目，杀死了汉克，捕捉了杰西，抢走了沃尔特的大部分金钱。

沃尔特试图劝说斯凯勒跟他一起逃跑，但当她拔出一把刀时，他们的婚姻便告结束。刚开始，沃尔特躲藏了一阵，然后他便改变了策略，胁迫艾略特和格雷琴帮助照顾他的孩子们。

在杰克帮的老窝，沃尔特用一架遥控机枪杀死了杰克及其手下，放出了被囚禁的杰西。他自己身受重伤，求杰西杀了他，但杰西拒绝并开车逃离。沃尔特临终前回顾了他的毒品帝国，然后死去。

卡司设计

第三圈角色

第三圈角色不会做出独立的决定。他们只不过是与其他更加突出的人物进行反应，并执行或协助或抵抗他们的任务。《绝命毒师》有五十多个第三圈角色。我对其中一些根据其所服务的主要人物进行了分类。

沃尔特：中学校长卡门、学校门卫雨果、枪贩劳森、肿瘤专家戴尔卡沃利医生、破烂王老乔、毒贩德克兰。

杰西：平克曼家族、布洛克、康博、亚当、温迪、小组长、克洛维斯、埃米利奥、斯普奇及其女朋友、骑自行车的孩子德鲁。

斯凯勒：她的宝贝儿霍利、小沃尔特、小沃尔特的朋友路易斯、她的离婚律师帕米拉、洗车店老板博格丹。

汉克：警察同事卡兰乔伊、芒恩、默克特、雷米和罗伯茨。

格斯：犯罪同伙马克斯、盖尔、杜安、罗恩、巴里、泰勒斯、克里斯、丹尼斯、维克托和丹。

赫克托尔：黑帮同伙胡安、图科、加夫、刚左、不瞌睡、托尔图加和赫克托尔的养老院护士。

迈克：他的家人凯莉和斯泰西。

索尔：他的员工修厄尔、埃德、弗朗西斯卡和库比。

银幕剧作家很少会对第三圈角色进行任何细节描写。为了将其具体化，导演得仰仗选角指导的指导，外加服装师和发型师给每一个角色一个外观。在此之后，就得靠演员来将其演活了。

第二圈角色

第二圈角色并不复杂，但其行动会偶尔将故事线送到新的方向。他们的写作者会赋予其具体的人物塑造，他们的演员会以饶有趣味的人格个性将其演绎得栩栩如生，但他们的内在本性却并无矛盾，因此也就没有维度。

例如，泰德·贝内克与斯凯勒开始了一段婚外情，后者从沃尔特的小金库里拿走了数百万美元送给他。格雷琴和艾略特·施瓦兹在沃尔特离开公司之后发了财。唐纳德·马戈利斯由于深受爱女夭亡的刺激，导致了一场悲剧性的空难。沃尔特的行为会影响这些人物，但他们却对自己的生活轨迹有最终决定权。

《绝命毒师》的卡司中有十七名第二圈人物：

1. 汉克的缉毒署搭档史蒂夫·葛梅兹（史蒂文·迈克尔·奎萨达饰）。
2. 格斯的熬毒师盖尔·鲍梯切尔（大卫·康斯特布尔饰）。
3. 大毒枭埃拉迪奥·维旺特（史蒂文·鲍尔饰）。
4. 过气毒枭赫克托尔·萨拉曼卡（马克·马戈利斯饰）。
5. 现任毒枭图科·萨拉曼卡（雷蒙德·科鲁兹饰）。
6. 刺客莱昂内尔·萨拉曼卡（丹尼尔·蒙卡达饰）。

7. 马可·萨拉曼卡（路易斯·蒙卡达饰）。

8. 毒贩疯八·莫里纳（马克西米诺·阿西涅加饰）。

9. 白人至上主义黑帮头目杰克·维尔克（迈克尔·鲍温饰）。

10. 杰西的女朋友安德莉娅·坎蒂罗（艾米莉·里奥斯饰）。

11. 杰西的女朋友珍妮·马戈利斯。

12. 杰西的下属巴杰·梅休（马特·L.琼斯饰）。

13. 杰西的下属斯金尼·皮特（查尔斯·贝克尔饰）。

14. 斯凯勒的老板和情人泰德·贝内克（克里斯托弗·卡曾思饰）。

15. 珍妮父亲唐纳德·马戈利斯。

16. 沃尔特的前情人格雷琴·施瓦兹。

17. 沃尔特的前生意合伙人艾略特·施瓦兹。

第一圈角色

第一圈人物常常会变成他们自己的次情节的主人公。他们有权力和机会做出决定并采取重大行动去影响中心情节和其他故事线。《绝命毒师》有十个复杂的第一圈人物：

托德：一维

人物塑造：托德（杰西·普莱蒙斯饰）是一个举止优雅的小伙子，使用暴力又快又准，无论是杀戮还是酷刑，总是雷厉风行，从不心慈手软。他是一个汉尼拔·莱克特式的人物，只是没有他那样的智商——令人毛骨悚然的冷静以及毫无必要的彬彬有礼。

人物真相：一个极端反社会的人。

托德帮助观众去量度沃尔特的邪恶极限。反社会心理的严重性有一个从温和到怯懦的谱系。沃尔特也反社会，但仅仅是在某种程度上；而托德则是在另一个暗黑的极端恭候。沃尔特并不能从他所导致的苦难中得到快感；而托德则以残暴为乐。沃尔特有感情，甚至还有同情心；而托德则全无。

维度：礼貌/冷酷。

莉迪亚·奎尔：一维

人物塑造：莉迪亚是一个紧张而又冷漠的公司经理人。

人物真相：她从公司偷盗原材料，然后卖给毒贩子。作为一个没有任何社会关系的窃贼和独行侠，她会毫不犹豫地杀掉挡她道的任何人。

维度：精致/凶残。

迈克·埃尔曼特劳特：一维

人物塑造：迈克（乔纳森·班克斯饰）疼爱孙女，所以他在实施其犯罪诡计时总是精打细算，以保万无一失。

人物真相：对迈克来说，违犯法律只不过是一种谋生方式而已。他对雇主和雇员都很忠诚，从不伤害无辜的旁观者。他是一个讲究江湖道义的黑帮反英雄。

维度：热血/冷血。

索尔·古德曼：一维

人物塑造：索尔穿着光鲜亮丽，在法庭上不可一世，在电视广告上自吹自擂。其荒唐的平衡术总能令他绝处逢生；他的尖酸刻薄为这部连续剧增添了一抹喜剧亮彩。

人物真相：他的真名是吉米·麦克吉尔，但他假名为"索尔·古德曼"是因为人们相信犹太律师。索尔是一名娴熟的律师，总能提供翔实的咨询并"独具慧眼"地找到法律漏洞来为当事人解决罪恶问题。

他还提供诸如此类的服务：证据销毁、赃物窝藏、假银行账号、假文件、行贿、恐吓、转移以及其他雇佣犯罪。

维度：罪犯/律师。

玛丽·施拉德：二维

人物塑造：玛丽（贝西·布兰特饰）是一个医疗技术人员，深爱其丈夫汉克、她妹妹的家庭以及一切紫色的东西。

人物真相：她是一个偷窃癖患者，总是以小偷小摸的刺激快感来填充空虚的生活。她感觉对丈夫有依赖性，在道德上比妹妹低人一等。当斯凯勒的罪行被揭发后，一种道德优越感便令其容光焕发。当她丈夫死后，她便找到了巨大的个人力量和独立性。

维度：依赖/独立、软弱/强大。

小沃尔特：二维

人物塑造：小沃尔特（R. J. 米特饰）是一个青少年脑瘫患者。

人物真相：夹在争吵不休的双亲之间，孩子的忠诚在父母之间摇摆，从母亲转向父亲最后又转回到母亲。当他发现父亲是一个毒贩并害死了自己的姨父时，他深受震撼，辗转反侧，然后将其转化为自己走向成熟与独立的瞬间，从一个被保护的受害者身份，改变为他母亲和妹妹的保护者。

维度：儿童/成人、被保护者/保护者。

斯凯勒·怀特：三维

人物塑造：斯凯勒是一个迷人的家庭主妇和一个残疾儿的母亲，她靠在易贝（eBay）上卖东西和在书店当兼职店员来挣点小钱。

人物真相：有人声称斯凯勒是一个备受欺凌的妻子，整个婚姻过程都谨小慎微，如履薄冰。其他人则谴责她对沃尔特虐待、妻管严并轻视。

我认为以上两种说法都对。就像许多婚姻一样，沃尔特和斯凯勒总是互相虐待，互相扶持。他们俩在内心深处都觉得自己优于对方，两人都觉得被生活羞辱（他胜于她），都想把对生活的失望发泄到对方身上。

然后，便是沃尔特得了癌症，以及随后的秘密犯罪生活。斯凯勒靠勾引自己的老板作为反击，然后当沃尔特的罪行带来了数百万收益时，斯凯勒便原谅了他，其理据就是他做这一切都是为了家庭。她帮助洗白赃款，并制作视频胁迫汉克保持沉默。

有人也许会称她为斯德哥尔摩综合征患者，对自己的压迫者言听计从，但是，如果她真的是一个备受欺凌的妻子，她怎么可能会成为一个思维敏捷、头脑清醒的商人，通过自己的洗车骗局将数百万赃款洗白？

这些矛盾揭示出一个复杂人物，其心智可以将负能量扭曲为正能量，诸如"这是很糟，但还没有那么糟。沃尔特答应会金盆洗手的，所以如果我能将这些钱洗白，其他问题就会消失，沃尔特就会重新成为沃尔特。现在只不过是一个阶段而已"。

除了小沃尔特这个特例，《绝命毒师》里的大多数人物都是不道德的，或具有道德弹性，或像斯凯勒那样，道德分裂：在理智上她能明辨是非，但在情感上她却没有中心。如果她能逃脱罪责，她会心甘情愿地去犯罪。她的情感是飘浮的，并据此而行动。

维度：理智/情感、爱/罚、道德/非道德。

格斯·富林：三维

人物塑造：格斯是一个在智利出生的彬彬有礼的餐馆老板、民间领袖和一个禁毒慈善组织的慈善赞助商。他慷慨、直率，并支持执法机关。

人物真相：格斯以马基雅维利式的执行手段残酷冷血地管理着他的犯罪企业。支撑他的内驱力便是为他的情人和犯罪合伙人马克斯的死复仇。

维度：外表善良/内心邪恶、公开低调/私下高调、直率/腹黑。

汉克：四维

人物塑造：在同事眼中，汉克辐射出一个缉毒署敬业特工的高能激情。在家里，他收藏矿石，自酿啤酒，深爱妻子。

人物真相：在其莽撞粗暴的种族主义外表下生活着一个技能娴熟的侦探。他遇男人便强，遇女人则弱，尤其是面对妻子。他的内在本性令其胆量不得不面对创伤后应激障碍综合征与无端恐惧症的考验，他同时还必须在自己的分析理性和火爆脾气之间展开第二场内在战争。

维度：愚钝/睿智、软弱/强大、坚韧/恐惧、理性/火爆。

杰西：六维

人物塑造：杰西·平克曼，沃尔特的前学生和熬毒合伙人，说话时喜用风趣的俚语，穿时髦衣服，玩电脑游戏，沉迷派对和高科技玩具，爱听说唱和摇滚，并把吸毒作为消遣。他自己的家人因其吸毒而与之断绝关系，但他深爱自己的女朋友并保护她们身处危险中的孩子们。

人物真相：杰西是看清了《绝命毒师》内心深处的道德分裂的唯一一个卡司成员。从他杀死竞争对手的熬毒师的那一瞬间开始，他便意识到自己的罪行并不是一种自我保护行为。他已经跟一个邪恶之人绑定在一起，所以在整个剧集的故事通篇他都在试图挣脱，使他经历了从不道德到道德，从自我毁灭到自我沉迷的一道又一道变化弧光。

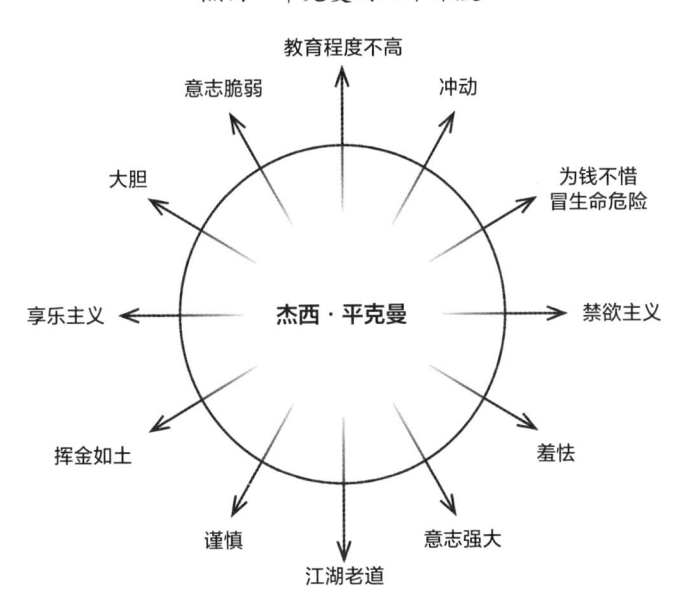

杰西·平克曼的六个维度

- 教育程度不高
- 意志脆弱
- 冲动
- 大胆
- 为钱不惜冒生命危险
- 享乐主义
- 杰西·平克曼
- 禁欲主义
- 挥金如土
- 羞怯
- 谨慎
- 意志强大
- 江湖老道

杰西救赎情节图

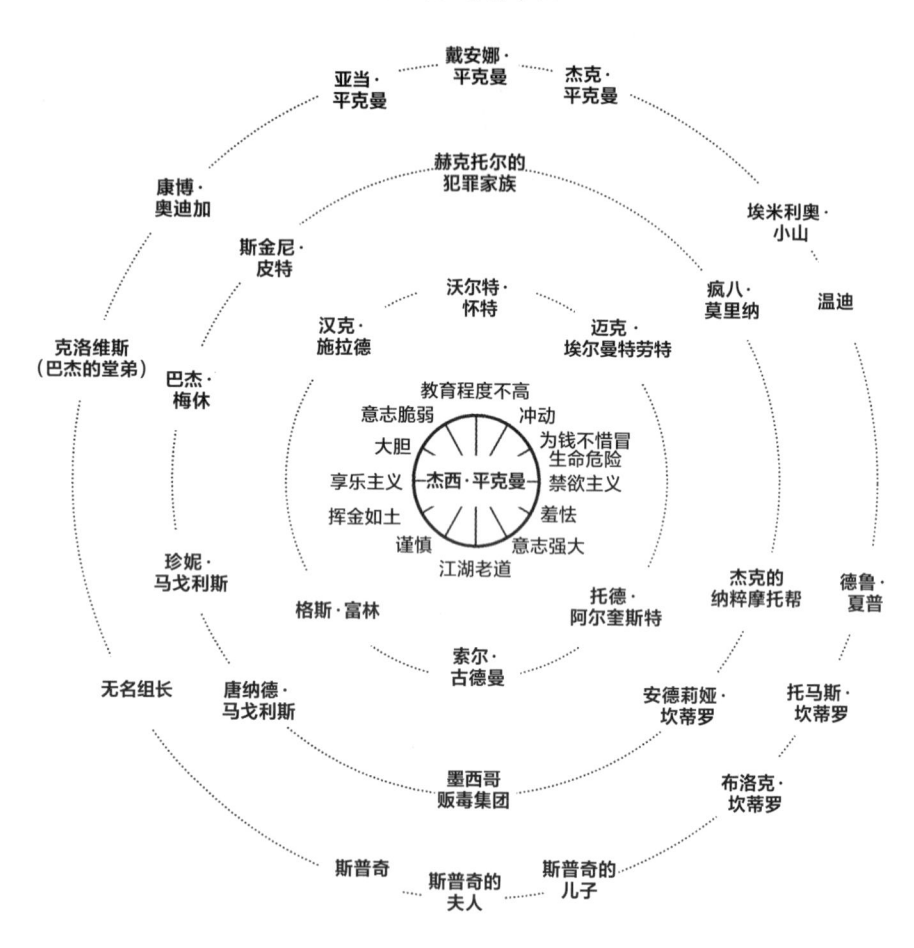

- 戴安娜·平克曼
- 亚当·平克曼
- 杰克·平克曼
- 赫克托尔的犯罪家族
- 康博·奥迪加
- 埃米利奥·小山
- 斯金尼·皮特
- 沃尔特·怀特
- 疯八·莫里纳
- 温迪
- 汉克·施拉德
- 迈克·埃尔曼特劳特
- 克洛维斯（巴杰的堂弟）
- 巴杰·梅休

中心（杰西·平克曼）特质：
- 教育程度不高
- 意志脆弱
- 冲动
- 大胆
- 为钱不惜冒生命危险
- 享乐主义
- 禁欲主义
- 挥金如土
- 羞怯
- 谨慎
- 意志强大
- 江湖老道

- 珍妮·马戈利斯
- 格斯·富林
- 托德·阿尔奎斯特
- 杰克的纳粹摩托帮
- 德鲁·夏普
- 索尔·古德曼
- 无名组长
- 唐纳德·马戈利斯
- 安德莉娅·坎蒂罗
- 托马斯·坎蒂罗
- 墨西哥贩毒集团
- 布洛克·坎蒂罗
- 斯普奇
- 斯普奇的夫人
- 斯普奇的儿子

436

一个具有如此复杂性的人物需要一个庞大的支持型卡司，带出其诸多外在特性，外加他的六个维度和变化弧光，这一切都必须通过充分延展的表演时间来讲述。围绕并与杰西互动的第一圈、第二圈和第三圈人物多达数十。

沃尔特·怀特：十六维

人物塑造：沃尔特是一个五十岁的失败科学家转行的中学老师。他爱岗敬业，以自己不拘一格的逻辑知识令教学锦上添花。在家里，他是一个善良的丈夫和慈祥的父亲，身患癌症。

人物真相：沃尔特一开始是一个未完成的人物，其驱动力是要挑战人类可能性的绝对极限的一种强烈欲求。他是一个极其狂傲的自我主义者，一心想要得到认同。其永无休止的谎言为他的最残酷的行动提供了理据。在其自欺自慰的头脑中，他是一个家庭价值、自由创业和科学进步的信徒。事实上，他残酷无情，凶狠暴烈，在打造其犯罪帝国的梦幻中，可以几无愧悔地杀人。

沃尔特·怀特的十六个维度

```
            沃尔特
      自我   爱家男人
   盲目        温和
 自疑           打工人
   暴烈          科学家
    冲动           道歉
   热爱生活        严于律人
   腐败科学        要求忠诚
对每一个人撒谎   沃尔特·怀特   要求真相
   背叛每一个人     理想化科学
    自己犯法         拼命
    从无歉疚        理性
       罪犯         冷静
      创业者       自信
         暴力    明察秋毫
           反社会 他人
            海森伯格
```

维度：沃尔特的十六个维度可以分为人物塑造vs真实自我的矛盾以及真实自我vs隐藏自我的矛盾。

维度：人物塑造 vs 真实自我

1. 爱家男人却又反社会。
2. 温和而又暴烈。

3. 既是打工人又是创业者。他是一名教师，却建立了一个价值数亿美元的毒品帝国。

4. 既是科学家又是罪犯。由于某种天真的原因，我们往往会相信科学家都是道德高尚的人。沃尔特是一个致命的书呆子，那种令其他书呆子感到自豪的书呆子。

5. 总是道歉但从无真正的歉疚。

6. 他严于律人，自己却会毫不犹豫地犯法。

7. 他要求别人忠诚，自己却几乎背叛了每一个人。

8. 他要求真相，自己却永无休止地撒谎，而且技艺登峰造极。

9. 他心怀以科学丰富生活的理想，却用毁灭人类的方式令科学蒙羞。

这些矛盾并不是沃尔特最深刻的维度，因为它们仅仅是将其人物塑造和人物真相进行了对立而已。最深层的维度并不会显露于行为的浅表。它们只能暗含于一个人物的行动之下。

维度：私密自我 vs 隐藏自我

10. 因为他身患癌症而必死无疑，所以他会毫不犹豫地玩儿命，然后，正因为他身患癌症而必死无疑，他更加热爱生活，并努力活出生命的极致。

11. 他既理性又冲动；他会审慎权衡得失，然后便不顾任何得失地赌上自己的性命。

12. 他在情感上冷静，可是一旦不能我行我素，就会因暴怒和悲伤而大发雷霆。

13. 他自信而狂傲，却又自疑和谦卑。

14. 他对他人洞若观火，却几乎毫无自我意识。

15. 他深爱家人并为他们的幸福安康而甘愿奉献自己。然而，为了满足他的自恋狂需求，他会不断地将家人置于生与死的危险境地，包括他的搭档杰西和他的姐夫汉克。在自我与他人的冲突中，他会始终如一地选择自我。

16. 首要维度：他最大的内在矛盾是在他的自我和他的自我化身之间，在他以为自己是谁和他到底是谁之间，在沃尔特和海森伯格之间。

沃尔特试图将这两个家伙进行完全区隔：一边是冷峻而精于算计的毒枭海森伯格，另一边是用心良苦的父亲和丈夫沃尔特·怀特。例如，当他乞求杰克饶了汉克的性命时，他是沃尔特，但当他告诉杰克杀掉杰西时，他是海森伯格。

他的沃尔特·怀特的一面绑架了霍利，因为他的这个襁褓中的闺女是他的生活中所剩的唯一一个可能有朝一日还会爱他的人，但是多亏了这个闺女，他终于看到了真相。他意识到他所做的一切并不是为了家人，而是为了他的真实自我，为了海森伯格。当他将霍利还给她的母亲时，他便扔掉了他的最后一片沃尔特。从那个节点开始，他就是全须全尾的海森伯格了。

为了创作出《绝命毒师》主人公的这十六个维度，需要在沃尔特·怀特与故事讲述史上最庞大的支持型卡司之一之间进行62小时持续不断的互动。为了让大家对这一庞大的队伍有一个基本概念，我重新编制了一个沃尔特的黑帮情节示意图，将帮助过他创业的所有人物置于第一圈层，把妨碍其冒险的所有人物放在第二圈，斯凯勒作为二者兼有的人物而被置于其间，而警察和黑帮团伙则在外围区域。

沃尔特的黑帮情节

妨碍者

多恩·埃拉迪奥·维旺特
胡安·波尔萨
加夫
刚左
不瞌睡
托尔图加

艾略特和格雷琴·施瓦茨

斯凯勒·怀特

卡门·莫琳娜
（校长）

迈克·埃尔曼特劳特
丹·瓦施伯格
丹尼斯·马考斯基
克里斯·马拉
维克托

帮助者

戴尔卡沃利医生
（肿瘤学家）

杰西·平克曼

多恩·埃拉迪奥的墨西哥贩毒集团

雨果·阿奇利亚
（看门人）

索尔·古德曼

迈克的手下

老乔
（破烂王）

沃尔特·怀特

弗朗西斯卡·里迪

杰克的纳粹摩托帮

劳森
（军火商）

修厄尔·巴比奴克斯

赫克托尔的犯罪家族

德尔坎及其团队
埃德·加尔布莱斯
帕特里克·库比

杰克·维尔克
托德·阿尔奎斯特
肯尼·弗朗基
莱斯特
马特

格斯帮

赫克托尔·萨拉曼卡
图科·萨拉曼卡
莱昂内尔·萨拉曼卡
马可·萨拉曼卡
疯八·莫里纳

汉克和众警

格斯塔沃·富林
马克西米诺·阿西涅加
泰勒斯·吉特
盖尔·波伊蒂切尔
巴里·古德曼
杜安·乔
莉迪亚·罗达特·奎尔
罗恩·福伦奈尔

迈克·埃尔曼特劳特
史蒂文·葛梅兹
缉毒局首席主管工雷米
缉毒局助理主管特工乔治·默克特
阿尔伯克基警察局侦探罗伯茨
阿尔伯克基警察局侦探卡兰乔伊
阿尔伯克基警察局侦探芒恩

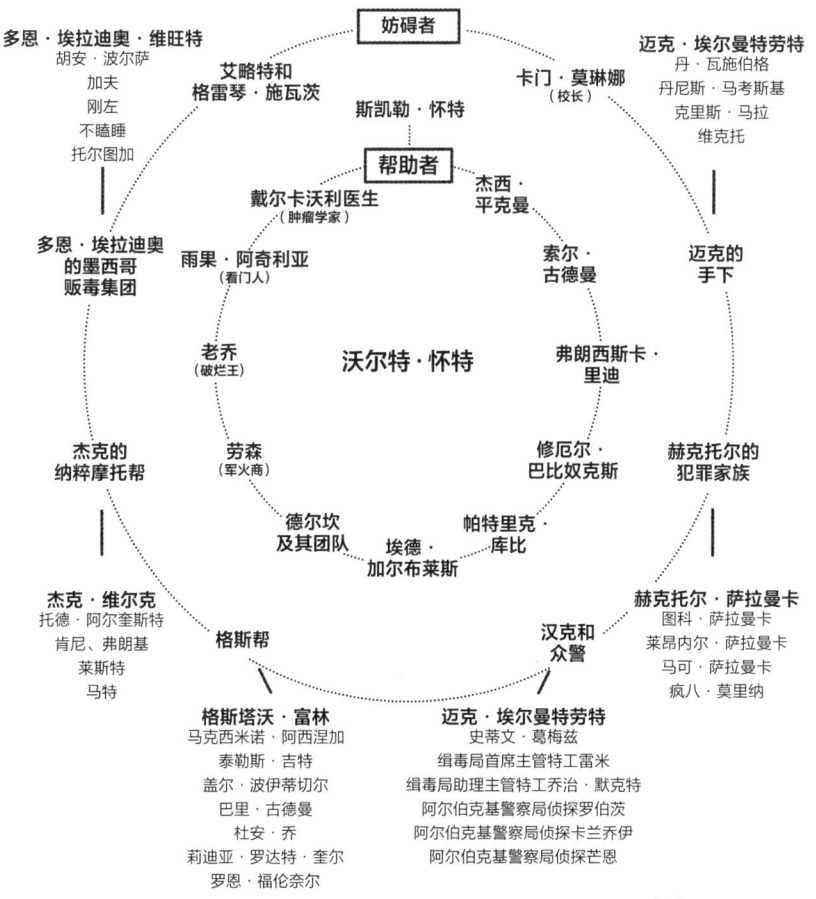

沃尔特·怀特的人物弧光

我把《绝命毒师》的中心情节命名为"海森伯格的胜利"。海森伯格并不是一个新自我。沃尔特一辈子都在压制他。一旦被释放，有了生长空间，海森伯格就获得了属于自己的生命。他毁灭了沃尔特以及沃尔特所珍视的一切。

从表面上看，《绝命毒师》的核心故事好像是一个堕落情节，展现的是一道让沃尔特从好人变成坏人的弧光。不过，有人会争辩说，最后的几集却令他获得了救赎。

通过五个播出季的揭示，我们意识到，他在拖沓的课堂上暴露在学生面前的那个无名之辈、他姐夫眼中的那个废物点心、与他妻子同床共枕的那个窝囊废，都不过是他的伪装而已。海森伯格，他在贩毒江湖上的毒王名号，才是沃尔特的真实自我。

当他把自己作为沃尔特·怀特的一面从身体里切割掉去做坏事的时候，他便能得心应手。在第一季的高潮处，当他第一次杀人之后，他回到家与妻子做爱的时候，便能表现出前所未有的激情。

但当他试图将海森伯格从身体里切割出去的时候，他就会大发雷霆。

《绝命毒师》的高潮将沃尔特的堕落情节向救赎倾斜。其解决沃尔特/海森伯格矛盾的方式是将这两面融合为一个完整的人物，用邪恶的手段去做好事。

但沃尔特并不是一个反英雄。他是一个撒旦英雄，其自我实现的成就感得之于巨大的反讽：他失去了一切却获得了一种鲜为人知的东西——人生体验的极致。

小结

《绝命毒师》的故事驱动的意义和卡司的维度都具有如此强大的人性力量，这种写法的剧集，无论在什么时代都会大获成功。但是，本剧集万人空巷的收视率为何能够超越所有预期？我相信，这是因为文斯·吉利根道出了一些在被需要道出的当时道出的真谛。吉利根的《绝命毒师》讽刺了现代创业理念。

2008年，发生了两件事情："大萧条"和《绝命毒师》热播。在这现实的和虚构的两个世界中，有些人所得颇丰；其他人则被诈骗。在这样的时世，一个人不惜一切代价去赢回他觉得从一开始就应该属于自己的东西，观众会移情于斯，便不足为奇了。

沃尔特被合伙人背叛，被自己悲苦固执的自尊流放到科学的殿堂之外。在内心深处，他深知自己的出类拔萃，当他鬼使神差地发现了自己真实的内心诉求时，他便奋起抗争，来主张他在精英世界的正当席位。他就是一个出自埃茵·兰德小说中的帝国建设者，以弱示强，蓄势待发，谋求复仇。

沃尔特利用其技术强项，创立了一个起步公司，生产出了一种具有竞争优势的精锐产品。这并非易事。然后，这位白手起家的男人便不得不应对不靠谱的合伙人以及无情的竞争对手。一方面是原材料短缺，另一方面是供应链问题，使之处于不断的困扰之中。外加所有企业的那一死结：政府管制。具体到他而言，就是美国缉毒总署。

就像所有自我创业者一样，沃尔特必须应对各种蠢人，他们觉得他的才华是一种威胁，而对其愿景无法理解。

在第一季中，每一个人都是罪人：玛丽从商店偷窃，而她的丈夫则违法乱纪。几乎整个卡司都是由犯罪商人、犯罪律师、腐败警察、毒贩和瘾君子构成。

所以，沃尔特的熬毒和杀人从一开始就显得仅仅是程度问题而已。但是，文斯·吉利根迫使我们意识到，程度就是问题。

沃尔特不仅仅是另一个罪人而已。他从自己的暗黑灵魂中释放出了对城市和家庭的毁灭。他背负着多条命案，并创造了无数瘾君子。任何人，比如杰西，只要看清了他的真实面目，就能知道他就是撒旦。

不过，这个剧集的天才之处在于，能让观众移情。我们认同这个"黑暗王子"。就像亿万观众一样，沃尔特承载着终生的深层愤怒与怨恨。他向妻子尖叫说无人尊重他的伟大。就像被体制辗轧在地的所有人一样，沃尔特的每一个行动都在呐喊："承认我！"

《绝命毒师》将沃尔特跟其他破坏者和创新者归为同类，他们从车库起家，然后创造出震撼社会的产品。（我这并不是在暗示马克·扎克伯格和史蒂夫·乔布斯也是毒贩子——尽管他们的产品似乎也颇能让人上瘾。）

沃尔特·怀特之所以能成为一个令人满意的人物，是因为他关爱自己的家庭，救了杰西的命，摧毁了杰克的纳粹摩托帮，并终结了自己的帝国，以他自己的规矩，而不是按照法律的规定。

《绝命毒师》的核心类型就是"进化情节"，属于人性弧光的正面。沃尔特对其人性潜力的实现及其内心本性的完成的需求，最终都得到了满足。

结语：革命性作家

想要成为一个艺术家，成为一个将审美置于金钱之上的人，这种欲求常常会遭到排斥，以及随之而来的贫穷和揶揄。这些恐惧已经破碎了诸多天才作家的意志。要正面它们，一个作者必须成为一个革命者，而不是一个叛逆者。叛逆者憎恶权威是因为他们觉得缺爱，缺欣赏。一个真正的革命者的革命只会发自内心，不为人知，而独自坚守。她知道自己的全面价值，不需要任何人告诉她自己的价值何在。叛逆者想要推翻权威，以便自己取而代之。一个默默的革命者却没有这样的愿望；一个孤独的革命者就是一个人道主义者。

她并不狂热，而是独立。

她相信人类创造力的中心性以及意识的最高价值，而这一切的出发点便是同情心。

她乐于呼朋唤友。事实上，她对朋友和熟人的洞察便是其痴迷于人物创造的初始灵感。

她保持怀疑，但并不愤世嫉俗。她鄙视人们深信不疑的谎言，对其用以替代现实的各种幻觉嗤之以鼻。洞穿了所有群体、所有社会的局限之后，她便能将自己解放出来，摆脱泥土和血缘的羁绊，超然于对国家、阶级、种族、党派、宗教……甚至家庭的盲目忠诚。

她从不复制生活。真人也许能激发灵感，但他们仅仅是一个开端，而且永远不够。

她对精进手艺孜孜不倦，让直觉和洞察来指路。

她从不满足于浅表的人物塑造。相反，她会以前所未有、闻所未闻的方式去探索隐秘生活，创造出我们大家都喜闻乐见的人物。

她从不炫耀。她从不会哗众取宠地为文而文。

她知道标奇立异并不是新颖原创。

她知道自知才是她最真实的人物创造源泉，所以她会不惜时间内省于心。

她不会为自己的灵感源泉设限，她会随时随地将所能发现的各种想法兼收并蓄——无论其来自偶发事件、他人还是自身。

她会探索冲突并沉醉于各种复杂性。

她会以神奇的广度和渊博的深度来烛照人类精神。

她绝不会轻易终结自己赋予人物的故事路径，直到他们完全兑现其人性承诺。

革命性作家会让我们的夜晚充满欢愉。

我看到了末页的底端升腾上来迎接我，所以在时间结束之前，请让我举杯敬贺你们，所有的作家们——你们是故事的导航人，人物的探索者。祝愿你们找到自己的路，穿越人类的荒野，挖掘埋藏的宝藏，然后安全地重返家园。

名词解释

行动（Action）：一个人物为了导致变化而以一种目标明确的努力在身心两方面所做的任何事情。

活动（Activity）：一个人物没有目的而做的任何事情。没有目的的事迹和想法可以消磨时间，但不会改变任何事情。

代理自我（Agent Self）：心灵中的某个方面，负责实施一个人物的各种行动。代理自我执行核心自我交给它的任务，而核心自我却坐在后面观察并了解所发生的一切。核心自我把它的代理自我称为"我"，比如"那是我做的；我正在做这个；我会把那个办好的"。

寓言人物（Allegorical Character）：一个角色，代表一个普遍概念的某一具体界面。例如，如果作者想要将"创造力"这个概念戏剧化，每一个卡司成员就可能会象征着各种艺术之一："诗歌""绘画""舞蹈""音乐""雕塑""电影""戏剧"，或诸如此类。

原型人物（Archetypal Character）：一个角色，象征着一个普遍概念。原型人物代表着各种理想的最纯粹形式，如"母性""时间""权力""善良""邪恶""生命""死亡"和"不朽"等。

卡司地图（Cast Map）：卡司人物关系的展示。这一图示像地图一样描画出人物的各种特性是如何互相对位的，其各种维度是如何互相激励的。

善中（Center of Good）：一个主要人物内心深处的一种正向素质。诸如勇敢、善良、力量、智慧和诚实之类的属性，通常会见于主人公，能够吸引读者和观众的移情意识。这一正向中心与其他卡司成员或社会环境中的负价值负荷进行对照时，则会变得更具磁性。

人物复杂性（Character Complexity）：一个型制，由各种一以贯之的矛盾所构成。这些动态维度构建着一个人物的外在人格和内在身份。

人物驱动故事（Character-driven Story）：一个由主要人物导致主要事件的故事。来自物理的、社会的或巧合源头的外部影响只起次要作用。

人物塑造（Characterization）：一个人物的外在身份。这种可观察到的人格会将其所有的身体的和声音的特性与其代理自我所佩戴的社会的和个人的人格面具相结合。

核心自我（Core Self）：心灵的声音。当被问及"我是谁"时，这一意识中心会回答"我"，即如"事情发生在我身上；事情现在正在发生在我身上；事情有朝一日会发生在我身上"。这一认知核心会观察代理自我执行任务的全过程，并对其结果进行判断。这个观察自我还会研究它周边的人，记住过去的事件，预期未来的事件并幻想可能的事件。

危机（Crisis）：主人公所面临的最强大的最后对峙。在这个场景中，故事的各种对抗力量以其最大极限的力度对主人公形成面对面的压顶之势，使其陷入各种可能行动的两难之境，逼其进行终极选择，将故事推向高潮。

人物深度（Depth of Character）：欲望与意识的潜流。一泓知觉的溪流静静地流淌在深邃人物的意识深处，并有分量更重的认知在更深层的静默处进行涡流旋转。当观众和读者认同了这些人物时，他们便能感觉到其广博的认知，读懂其没有表达的思想，甚至还能更加深入地感知到从其眼神背后闪耀出来的潜意识欲望。

维度（Dimension）：一个活生生的矛盾。维度是一个枢轴，支撑着一个人物的行为在两个对立的素质或特性之间旋转。例如，一个人物，时而睿智，时而愚蠢；时而行善，时而作恶；对某些人慷慨，对另一些人自私；在一种情况下坚强，在另一种情况下却软弱。

戏剧反讽（Dramatic Irony）：对过去、现在和未来的同时知觉。当一个读者或观众的知觉发生了从神秘（比人物所知更少）到悬疑（跟人物所知相等）到戏剧反讽（比人物所知更多）的改变时，她的好奇会从"下一步会发生什么"而转变为"这些人物发现了我已经知道的事情时会如何反应"。当故事受众在事情发生之前就知道人物身上会发生什么的时候，她的好奇会变换为恐惧，她的移情也会深化为同情。

命运（Fate）：预先决定事件的一种无形力量。对命运的相信产生于一种宿命论观念，认为生命中所发生的事情都是由一种神一样的力量在前世注定的，因此是注定要发生的。生活中的事件，无论有多复杂，都只有一条而且是唯一一条可能的路径，仅有一种而且是唯一一种可能的结局。以此观之，自由意志则成了一个幻象。

第一人称解说人（First-Person Narrator）：像自传一样讲述一个虚构故事的声音。作者会将这种解说人的知识限定在一个人所能知道的范围之内。

焦点人物（Focal Character）：能吸引最大兴趣的角色。一个卡司的焦点人物几乎总是主人公，但在罕见情况下，一个独树一帜的支持型角色也能夺走聚光灯。

陪衬人物（Foil Character）：一个照亮主人公的角色。一个陪衬的对照鲜明的素质有助于定义主人公，不过如有必要，这个人物还可以解释或说明一个遥远或神秘的主人公。

对抗力量（Forces of Antagonism）：阻遏一个人物的欲望的反作用力。这些力量产生于自然力、社会机构、个人关系或人物内心的暗黑冲动。

隐藏自我（Hidden Self）：潜意识。从知觉层面之下渗出的那种静默的而且经常是互相矛盾的内驱力。这些精神能量是确立一个（勇敢、怯懦、仁慈、残忍、暴虐、冷静等）身份的燃料，并在人物对突然压力进行反应时显露出来。

激励事件（Inciting Incident）：一个故事线的第一个重大转折点。激励事件就是指"以冲击力开始的事件"。这个事件会彻底地颠覆生活的平衡，并激发出主人公的超级目标——力图恢复平衡的欲望。

动机（Motivation）：对满足的固有渴望。诸如对安全感的需求、性欲和对饥饿的恐惧之类的总括动机会将一个人物推向具体的欲望,比如一个有门禁系统的社区、一个性感的恋人、一顿饱餐。这些持续发生的激情和欲望罕有持久餍足的时候。

欲望目标(Object of Desire):主人公在恢复生活平衡的努力中想要的东西。这个东西可以是个人的或社会的,也可以是精神的或身体的。

情节(Plot):一个故事的各种事件的秩序、关联和交织。

情节驱动故事(Plot-driven Story):一个故事,由物理的、社会的和巧合的力量来导致主要事件。来自人物欲望和资源的影响只起次要作用。

主观视点人物(Point-of-View Character):在整个讲述过程中负责引导读者/观众的角色。大多数故事都是从事件到事件紧随主人公,但偶尔也有作者会让主人公保持一段神秘距离而从一个支持型人物的主观视点来解说。

表现类型(Presentational Genres):基于形式的故事类型,以其风格、格调或表达媒体的不同而划分。

主体类型(Primary Genres):基于内容的故事类型,以人物、事件、价值、情感的不同而划分。

可靠解说人(Reliable Narrator):一个诚实的故事讲述声音。当作者叙述故事时,他们会发明一个第三人称的声音,对人物和历史具有上帝般的了解。当人物进行解说时,他们会用一种第一人称声音说话,其知识仅限于他们的个人经历。在这两种情况下，如果读者/观众能够信任他们不会歪曲真相的话，那么他们就是可靠的。

结局（Resolution）：紧接着中心情节的高潮而出现的任何场景或描述。

揭示（Reveal）：一个隐藏真相的暴露。

场景目标（Scene-Objective）：人物在距离其超级目标仅一步之遥的那个功败垂成的瞬间想要达成的目标。

服务型角色（Service Role）：一个人物，其行动能够影响故事事件的进程。

模式化角色（Stock Role）：一个人物，按其职业或社会地位来执行一项任务，但不会影响事件进程。

潜文本（Subtext）：一个人物没有表达的内在生活。读者和观众透过一个复杂人物的表面行为（文本）来窥探其内心，发现这些没有言说和无法言说的思想、情感和欲望（潜文本）。

超级目标（Super-Objective）：恢复生活平衡的需求。从激励事件开始，一个主人公的超级目标便一直鼓舞着她努力达到自己的欲望目标并因此而恢复生活平衡。

支持型角色（Supporting Role）：一个人物，能够促进场景但不能影响事件进程。

悬念（Suspense）：情感好奇。理性兴趣和移情投入联手拉拽着读者/观众走完故事进程。

讲述（Telling）：故事的同义词。

文本（Text）：一个艺术作品的感官外表——小说书页

上的文字、银幕上的声音和影像、舞台上的演员和布景。

第三人称解说人（Third-Person Narrator）：作者发明的一个讲述其故事的声音。这个声音对待一个虚构作品的方式就好比那是其中人物的一个传记。其知识范畴从对一个故事的历史、背景和卡司的全知理解到对一个单一人物的内在和外在生活的有限洞察。

人物真相（True Character）：由三重自我构成的一个人物的内在身份：显意识的核心自我、活跃的代理自我及其潜意识的隐藏自我。

转折点（Turning Point）：一个事件，能够将人物生活中的价值负荷从正变成负或从负变成正。

不可靠解说人（Unreliable Narrator）：一个混乱的、无知的或不诚实的故事讲述声音。如果一个不可靠的第三人称声音讲述一个故事，她也许会警告读者她不可信任，或者只是让读者自己去琢磨。如果一个不可靠的第一人称人物来解说，她也许是真诚的，但仅仅是带有偏见或对真相视而不见。

价值（Value）：一种满含负荷的二元体验，可以将一个人类境况从正变为负或从负变为正：生／死、快乐／痛苦、正义／非正义，以及诸如此类。

鸣谢

初稿不但粗糙，还很生涩。我首先要感谢阿什莉·布莱克及谢尔曼图书馆图书俱乐部的会员们——安德烈·奥康纳、苏珊娜·艾希莉、科琳·凯沃尔基安、凯瑟琳·德安德里亚——他们帮我审阅厚重而粗疏的原稿，使之充满了被他们拯救的思想见地，焕发新生。

对贯穿于章节、段落和语句之中的逻辑流程，无人能比编辑玛西亚·弗里曼更具洞察慧眼。为此，我一如既往地对她感激不尽。

同样，我得感谢设计艺术家奥利弗·布朗，他以清晰的图形使得卡司和人物的品质大为增色。

最后，如果有人读了一遍初稿，然后对你说了许多恭维话，那对你并无真正的助益。所以，我要以最深层的感激，谢谢我的朋友克丽丝塔·艾奇特尔，感谢她的大才和本真。

译后记

作者罗伯特·麦基"编剧教父"的江湖名号，不用我赘述，《故事》一书从1997年出版以来，已经被翻译成23种语言，畅销至今便是明证。

其实，《故事》赖以成书的"故事讲座"早在1983年[i]即已开始，与绝大多数"八〇后"读者同龄甚至年长，可以说有好几代电影人是聆听着麦基的教诲长大的，以至正如本书作者简介所云："已有超60人获奥斯卡金像奖，200多人获美国电视艾美奖，100多人获美国编剧工会奖，50多人获美国导演工会奖，另有多人获普利策奖与布克奖。"麦基的故事艺术讲座风靡全世界，包括洛杉矶、纽约、伦敦、巴黎、悉尼、多伦多、波士顿、拉斯维加斯、旧金山、赫尔辛基、奥斯陆、慕尼黑、特拉维夫、奥克兰、新加坡、巴塞罗那、斯德哥尔摩、莫斯科、阿姆斯特丹、北京、上海、孟买、圣保罗、里约热内卢、波哥大，以及印度海得拉巴的罗摩吉电影城。其中的上海讲座

---

[i] 1983年，麦基作为富布莱特学者加盟美国南加州大学的电影电视学院，开设"故事讲座"课。该课程次年在全世界向公众开放，提供3天30小时的强化班，场场爆满，自1984年以来，学员人数已逾5万。

便有果麦的功劳。

正如评论界所公认，麦基的故事讲座并不是将"故事"作为一种"机械"形式灌输给学员，而是教诲"故事原理"，令戏剧、小说、电影和电视的写作者们（亦即本书书名所涵盖的"文本、舞台、银幕"以及本书正文中所标定的"全媒体"[i]作家）自由自在地去运用这些原理，从而写出行之有效的终极故事。

1998年我译《故事》的时候，不知道《故事》会畅销至今，也不知道二十多年后还会有《人物》（作者写完本书时已是八十高龄）作为"罗伯特·麦基虚构艺术三部曲"（Robert McKee's trilogy on the art of fiction）的殿军之作，更不知道这个《人物》的翻译任务还会鬼使神差历史性地落到我的头上（与其说是轮回，不如说是一个完美句号）。

正如作者所言："我会将人物宇宙解析为银河系，将银河系解析为太阳系，将太阳系解析为行星，将行星解析为生态，将生态解析为生命力——一切均旨在帮助你揭示神秘人性的创作意义……"[ii]《人物》探讨的就是这个"人物宇宙"的设计与建造。作者以其渊博的知识、高深的见地，以及在文学、艺术和影视戏剧领域的广博阅读量与观片量，广征博引，游刃有余，信手拈来地从历史、文化、哲学、文学、心理学和社会学等方面对"人性"进行了鞭辟入里、独具洞察

---

[i] 参见本书第076页："让你的才华富有弹性，给自己安上一个全媒体头衔：作家。"
[ii] 参见本书第005页。

的剖析,将人格解析为"社会自我""个人自我""私密自我"和"隐藏自我"四个层面,提出了"四个自我寻找一个人物"的概念,用以彰显复杂人物的各种维度,辅之以各种独具一格的图表与图示,犹如精确的GPS,生动形象地引领作家读者在"人物宇宙"中开疆拓土,发明创造。

《故事》《对白》和《人物》,虽跨度二十余年,但作为"虚构艺术三部曲",三本书相辅相成,相得益彰,堪称一个完美整体。而《人物》作为其"完美句号"的独到之处在于,即使你没读过《故事》和《对白》,它也能自成一体,将故事元素和原理作为不可或缺的有益背景融会贯通于人物建构的探索之中。而且,从"三部曲"的副标题便能窥知,其读者面是层层递进的:《故事》主要是面向专业编剧,即银幕剧作家;《对白》则扩展到了"文本"和"舞台";《人物》则更具普适价值,因为它几乎就是一部关于"人性"的哲学、心理学、社会学和文艺学等领域的具有可读性和娱乐性的科普著作。只要是对"人性"这个永恒命题感兴趣的读者,都能从中找到自己的阅读趣味。哪怕是无心成为专业写手的业外读者,也能对书中的条分缕析叹为观止并感同身受,并对自己这辈子在各种文艺作品中已经邂逅和将要涉猎的各种伟大的"虚构人物"有更加直观生动和细致入微的认识。

书中的每一章每一节,都凝聚着作者对这一行当的挚爱与激情,其特有的率真、渊博与睿智透射于字里行间。读之便能深受感染与激励,促使自己更加努力,成为一个更加聪明、更加成功、更加真诚的专业作家。正如作者在序中阐述的,"人物不是人。人物之不是人,恰如《米罗的维纳斯》《惠斯勒的母亲》和《甜美的佐治亚·布朗》之不是女人。人物是一个艺术品——是对人性的一个深情的、有意味的、值得纪念的比喻,它出生于作者的心智子宫,安卧于故事的怀抱,注定要得永生",愿咱们的读者都能得益于本书,学而时习之,反复捧读,创造出这种"安卧于故事的怀抱"的"注定要得永生"的"不是人"的艺术精品。

多年来,有很多朋友说,《故事》,尤其是老版并无太多译注的《故事》,看了很多遍都没真正看明白,那是因为罗伯特·麦基所独创的一些故事概念,如"激励事件""人物弧光"等,中文读者因为文化差异而始终难得其正解。所以在这次《人物》的翻译过程中,还是秉持果麦版《故事》的原则,尽量加注,尤其是涉及文化差异和产业理念差异的地方,都会加上译注。

同时,为便于读者更好地读透字里行间的潜文本,麦基先生自己也在书尾加了名词解释,对核心概念进行了属于他自己的阐释。

比如,在中文语境中闻所未闻、被统称为"配角"的"支持型角色"和"服务型角色",作者便特意在"名词解释"中给了明确界定:

支持型角色(Supporting Role):一个人物,能够促进场景但不能影响事件进程。

服务型角色(Service Role):一个人物,其行动能够影响故事事件的进程。

再如在《故事》中首次进入中文语境的"激励事件",在本书中,也给予了充分阐发,并同时出现在名词解释中:

激励事件(Inciting Incident):一个故事线的第一个重大转折点。激励事件就是指"以冲击力开始的事件"。这个事件会彻底地颠覆生活的平衡,并激发出主人公的超级目标——力图恢复平衡的欲望。

另外,就像《故事》一样,本人在翻译的时候,尽量提升文本的文学性,因为原文风格还是像《故事》一样,是脱胎于讲义的。而作为一个文论,本身的文学性应该也是默认值,所以在翻译的时候,尽量在这个属性上进行了一些必要的提升和美化。好比刘勰的《文心雕龙》,如开篇的"夫玄黄色杂,方圆体分,日月叠璧,以垂丽天之象;山川焕绮,以铺理地之形:此盖道之文也",其本身的文学性应该已达到文论之最高境界。即使撇开其理论性不谈,其作为文论的文学性亦能令人叹为观止。

正是基于这种考虑,我的翻译原则是,必须"用中文来说英文",让读者读到地地道道的中文,而不是"用英文说中文",以至满纸翻译腔,尤其要用文学的中文来传译那些不太文学甚至并不文学的英文,因为它是像《文心雕龙》一样的文论。这便是我一直在"中国电影走出去"的理论与实践中反复强调并在拙著《号脉电影》(增订版)中进行了深入阐发的"文化变译"论:好比"器官移植",必须首先从文本上杜绝"排异反应"的可能性,根据目标文本的文化语境,"变"而"译"之。《故事》在中文世界的销量和影响力远超其原作,或能佐证这一翻译原则在传播学意义上的有效性。

比如,《人物》中有这么一段:

As they struggle to reach their goal, they suffer and benefit mutually—what happens to one affects them all. If one individual has a success, they all share in it and move forward together. If one has a loss, they all fall back together.

直译就是:"当他们挣扎着要达成自己的目标时,他们的受苦和受益都是相互的——发生在一个人身上的事儿,会影响到他们所有人。如果一个个体获得了一项成功,他们都会分享到它,并一起前进。如果一个人遭受了一项损失,他们都会一起向后倒退。"

如此翻译,信则信矣,达亦无碍,但雅却无存。所以,严几道的译事三难"信达雅",尽管有人持不同看法,但它至少在《故事》《对白》和《人物》这种文艺理论专著的翻译中,并不过时。

在我的翻译实践中,这种"求雅"的提升和美化,无处不在,因为我要让我的中文读者,尤其是中文作家读者,读

到的是真正的优雅中文,而不是二把刀翻译腔。所以,我的译文是:

在为了达成目标的奋斗过程中,他们必须同甘共苦,祸福相依,一荣皆荣,一损俱损。

从符号学的翻译宏旨而言,此译与原文的信息量对等,不多不少。就像我为了阐发我的"文化变译"理论,用"宋词"翻译了一首外文歌词一样,若对照原文,其符号学信息量也基本对等:

Sona

The light of the sun took us strolling

With the treasures of the world lying ahead

Magic stones as bright as our eyes

Lighting a path before us

The peace of the woods was music to our hearts

Echoing the sound of the streams

Autumn leaves, the voice on the wind

As nature is the source of our love

Travelling in this forest like a lost soul

Bright stars of knowledge shining for the king

Travelling in this forest like a lost soul

Bright stones lighting our way

Now the stars are dancing in the sky
While the world is quietly sleeping
Lovely visions in the secret garden
Of dreams floating all around us

Eyes ever shining with light
Eyes under a secret spell
Dreaming of the jewels in the garden
Of wonders that will never be revealed

满庭芳

红镜偕行，世珍在望，魔石亮比明眸，照临前路。林静咏心讴，应和小溪低唱。风声唳，叶舞金秋。缠绵意，天人合一，灵石伴箜篌。

悠悠。万籁寂，隐园幽梦，四处飘浮。似孤魂迷路，林莽弋游。智星辉映明君，银海炯，秘咒和柔。小园内，奇珍异宝，凭梦永存留。

与此同时，原文中的大小写、斜体、粗体和名词复数等文本标识，以及包括电影片名在内的各种作品名，本人在翻译时也给予了充分的文本观照，甚至在必要时加注说明，以便让中文读者充分领会原作的精气神，决不"贪污"或折损源语的语义价值和语用价值，尽量还原其表层结构和深层结构以及能指与所指，尤其是各种修辞格。相信细心的读者定能明察。

谢谢大家！

周铁东

2022 年 4 月 6 日

附录1：尾注

Chapter One Characters Versus People
第一章 人物vs人

1. *Forms of Life: Character and Moral Imagination in the Novel*（《生命形式：小说中的人物和道德想象》），Martin Price, Yale University Press, 1983
2. *Character and the Novel*（《人物与小说》），W. J. Harvey, Cornell University Press, 1965
3. *Forms of Life: Character and Moral Imagination in the Novel*（《生命形式：小说中的人物和道德想象》），Martin Price, Yale University Press, 1983
4. *Aesthetics*（《美学》），James K. Feibleman, Humanities Press, NY, 1968; *The Aesthetic Object: An Introduction to the Philosophy of Value*（《审美对象：价值哲学导论》），Elijah Jordan, Principia Press, 1937
5. *Love's Knowledge: Essays on Philosophy and Literature*（《爱的知识：哲学与文学论文集》），Martha Nussbaum, Oxford University Press, 1992
6. *The Art of Fiction*（《虚构艺术》），Henry James, Longman's Magazine 4, September, 1884
7. *Forms of Life: Character and Moral Imagination in the Novel*（《生命形式》），Martin Price, Yale University Press, 1983
8. *The Journal of Jules Renard*（《朱尔斯·雷纳德日志》），Jules Renard, Tin House Books, 2017
9. *After Sacred Mystery, a review by Roger Scruton of Mario Vargas Llosa's Notes on the Death of Culture*（《〈神圣秘密之后〉——罗杰·史克鲁顿评马里奥·瓦加斯·略萨的〈关于文化之死的笔记〉》），TLS, NOVEMBER 4, 2015
10. *Aesthetics: A Study of the Fine Arts in Theory and Practice*（《美学：美术理论与实践研究》），James K. Feibleman, Humanities Press, 1968

11. *Character and the Novel*（《人物与小说》）, W. J. Harvey, Cornell University Press, 1965
12. *Aesthetics: A Study of the Fine Arts in Theory and Practice*（《美学：美术理论与实践研究》）, James K. Feibleman, Humanities Press, NY, 1968
13. *Character and the Novel*（《人物与小说》）, W. J. Harvey, Cornell University Press, 1965

Chapter Two The Aristotle Debate
第二章 亚里士多德辩题

1. *The Art of Fiction*（《虚构艺术》）, Henry James, 1884; repr., Pantianos Classics, 2018.
2. *Wilhelm Meister's Apprenticeship and Travels*（《威廉·麦斯特》）, Johann Wolfgang von Goethe, translated by Thomas Carlyle, Ticknor, Reed, and Fields, 1851
3. *Forms of Life: Character and Moral Imagination in the Novel*（《生命形式》）, Martin Price, Yale University Press, 1983

Chapter Three An Author Prepares
第三章 作者准备

1. "Dissociating Processes Supporting Causal Perception and Causal Inference in the Brain,"（《支持大脑的因果感知和因果推理的分裂过程》）Matthew E. Roser, Jonathan A. Fugelsang, Kevin N. Dunbar, et al.,*Neuropsychology*（《神经心理学》）, 19, no. 5, 2005
2. *The Story of Art*（《艺术的故事》）, E. H. Gombrich, Phaidon Press, 1995
3. *The Politics of Myth: A Study of C. G. Jung, Mircea Eliade and Joseph Campbell*（《神话政治学：C. G. 荣格、米尔恰·伊利亚德和约瑟夫·坎贝尔研究》）, Robert Ellwood, State University of New York Press, 1999
4. *Forms of Life: Character and Moral Imagination in the Novel*（《生命形式：小说中的人物和道德想象》）, Martin Price, Yale University Press, 1983

Part Two Building a Character
第二部 人物创作

1. *Six Plays*（《六部戏剧》）, August Strindberg, author's foreword to Miss Julie, Doubleday, 1955

Chapter Four Character Inspiration: Outside In
第四章 人物灵感：由表及里

1. *My Life in Art*（《我的艺术生命》）, Konstantin Stanislavsky, Routledge, 2008
2. *JAWS*（《大白鲨》）, Peter Benchley, Ballantine Books, 2013
3. *45 Years*（《45年》）, film adaptation by Andrew Haigh of "In Another Country," a short story by David Constantine
4. *On Writing: A Memoir of the Craft*（《论写作：创作回忆录》）, Stephen King, Scribner, 2000
5. *Identity and Story: Creating Self*（《身份与故事：创造自我》）*in Narrative*, Dan McAdams and Ruthellen Josselson, *The Narrative Study of Lives*, vol. 4, American Psychological Association, 2006.
6. *The True Believer: Thoughts on the Nature of Mass Movements*（《真实信徒：关于群众运动本质的思考》）, Eric Hoffer, Harper Perennial Classics, 2010

Chapter Five Character Inspiration: Inside Out
第五章 人物灵感：从内到外

1. *The Art of Fiction*（《虚构艺术》）, Henry James, Pantianos Classics, 1884
2. *Connectome: How the Brain's Wiring Makes Us Who We Are*（《连接体：大脑线路是如何决定我们究为何人的》）, Sebastian Seung, Houghton, Mifflin, Harcourt, 2012; *Networks of the Brain*（《大脑网络》）, Olaf Sporn, MIT Press, 2011
3. *The Birth and Death of Meaning: An Interdisciplinary Perspective on the Problem of Man*（《意义的诞生与死亡：关于人类问题的跨学科透视》）, Ernest Becker, Free Press, 1971
4. *The Feeling of What Happens: Body, Emotion, and the Making of Consciousness*

（《感受当下：身体、情绪以及意识的构成》），Antonio Demasio, Mariner Books, 2000

5. *The Self Illusion*（《自我错觉》），Bruce Hood, Oxford University Press, 2012
6. *The Concept of Mind*（《大脑概念》），Gilbert Ryle and Daniel C. Dennett, University of Chicago Press, 2000
7. *Greek Religion*（《希腊宗教》），Walter Burkert, Harvard University Press, 1985
8. *Grecian and Roman Mythology*（《古希腊和罗马神话》），Mary Ann Dwight, Palala Press, 2016
9. *Thinks...*（《思考……》），David Lodge, Viking Penguin, 2001
10. *Incognito*（《虚假身份》），David Eagleman, Pantheon Books, 2011
11. *The Principles of Psychology*（《心理学原理》），William James, vols. 1–2, 1890; repr., Pantianos Classics, 2017
12. *Psycho-Analytic Explorations*（《心理分析探索》），Donald W. Winnicott, Grove Press, 2019
13. *Consciousness*（《意识》），Susan Blackmore, Oxford University Press, 2005
14. *Hamlet: Poem Unlimited*（《哈姆雷特：诗无止境》），Harold Bloom, Riverhead Books, 2004
15. *The Rise and Fall of Soul and Self: An Intellectual History of Personal Identity*（《灵魂与自我的兴衰：个人身份的思想史》），Raymond Martin and John Barresi, Columbia University Press, 2005
16. *The Principles of Psychology*（《心理学原理》），William James, vol. 1, chap. 9, "The Stream of Thought," Dover Books, 1950
17. *The Complete Essays*（《论文全集》），Michel de Montaigne, Penguin Classics, 1993
18. *The Work of the Negative*（《否定之作》），Andre Green, Free Association Books, 1999
19. *Strangers to Ourselves: Discovering the Adaptive Unconscious*（《我们自己的陌生人：发现适应性无意识》），Timothy D. Wilson, Harvard University Press, 2002
20. *Terrence Rafferty on E. L. Doctorow*（《特伦斯·拉弗蒂论多克托罗》），*New York Times Book Review,* January 12, 2014

Chapter Six Roles Versus Characters
第六章 角色vs人物

1. *Character and the Novel*（《人物与小说》），W. J. Harvey, Cornell University Press, 1965

Chapter Seven The Outer Character
第七章 外在人物

1. *Philosophical Investigations*（《哲学探索》），Ludwig Wittgenstein, translated by G. E. M. Anscombe, Macmillan, 1958
2. *Forms of Life: Character and Moral Imagination in the Novel*（《生命形式：小说中的人物和道德想象》），Martin Price, Yale University Press, 1983
3. *Forms of Life: Character and Moral Imagination in the Novel*（《生命形式：小说中的人物和道德想象》），Martin Price, Yale University Press, 1983
4. *Forms of Life: Character and Moral Imagination in the Novel*（《生命形式：小说中的人物和道德想象》），Martin Price, Yale University Press, 1983
5. *Theory of Literature*（《文学理论》），Rene Wellek and Austin Warren, Harcourt, Brace, 1956
6. *Character and the Novel*（《人物与小说》），W. J. Harvey, Cornell University Press, 1965
7. *The Time Paradox*（《时间悖论》），Philip Zimbardo and John Boyd, Simon and Schuster, 2008
8. *Actual Minds, Possible Worlds*（《现存的思想，可能的世界》），Jerome Bruner, Harvard University Press, 1986
9. *Dialogue: The Art of Verbal Action for Page, Stage, Screen*（《对白：文字、舞台、银幕的言语行为艺术》），Robert McKee, Hachette Book Group/Twelve, 2016
10. *Revolutionary Writing: Reflections of the Revolution in France and the First Letter on a Regicide Peace*（《革命书写：关于法国大革命和第一封弑君和平的书信的反思》），Edmund Burke , 1796
11. Theophrastus' full list of character types: The Ironical Man, The Flatter, The Garrulous Man, the Boor, The Complaisant Man, The Reckless Man, The Chatty Man, The Gossip, The Shameless Man, The Penurious Man, The Gross Man, The

Unseasonable Man, The Officious Man, The Stupid Man, The Surly Man, The Superstitious Man, The Grumbler, The Distrustful Man, The Offensive Man, The Unpleasant Man, The Man of Petty Ambition, The Mean Man, The Boastful Man, The Arrogant Man, The Coward, The Oligarch, The Late-Learner, The Evil-Speaker, The Patron of Rascals, The Avaricious Man. For an amusing explanation of each unpleasantness, read Theophrastus'*Characters: An Ancient Take on Bad Behavior* （《人物：恶行古记》）, James Romm, Callaway Arts & Entertainment, 2018
泰奥弗拉斯托斯的人物类型完整清单：反讽人、谄媚者、唠叨人、粗鲁的人、顺从的人、鲁莽人、饶舌人、八卦人、无耻人、悭吝人、粗俗的人、不合时宜的人、爱管闲事的人、蠢人、性情乖戾的人、迷信人、爱发牢骚的人、不可信的人、爱冒犯的人、令人不快的人、胸无大志的人、刻薄人、爱吹牛的人、傲慢人、懦夫、寡头、大器晚成的人、说坏话的人、流氓的保护伞、贪婪的人。

12. *The Oxford Handbook of the Five Factor Model*（《关于五因素模型的牛津手册》）, Thomas A. Widiger, Oxford Library of Psychology, 2016

13. *Story: Substance, Structure, Style and the Principles of Screenwriting*（《故事：材质、结构、风格和银幕剧作的原理》）, Robert McKee, Harper-Collins, 1997, pp. 243-248

Chapter Eight The Inner Character
第八章 内在人物

1. *Nicomachean Ethics*（《尼各马可伦理学》）, Aristotle, book 3, chaps. 1-5, SDE Classics, 2019

2. *Punished by Rewards*（《通过奖励来惩罚》）, Alfie Kohn, Mariner Books, 1999

3. *The Denial of Death*（《拒斥死亡》）, Ernest Becker, Simon and Schuster, 1997

4. *The Stages of Psychosocial Development According to Erik H. Erikson*（《埃里克·H. 埃里克森的心理发展阶段论》）, Stephanie Scheck, GRIN Verlag GmbH, 2005

5. *Man's Search for Meaning*（《人对意义的追寻》）, Viktor Frankl, Beacon Press, 1959

6. *Understanding Civilizations: The Shape of History*（《理解文明：历史的形状》）, James K. Feibleman, Horizon Press, 1975

7. *The Science of Logic*（《逻辑学》）, Georg Hegel, translated by George Di

Giovanni, Cambridge University Press, 2015

8. As Claudia Koonz notes in *The Nazi Conscience*（Belknap Press, 2003）, death camp commandants suffered sleepless, guilt-ridden nights when their crematoriums weren't running on schedule.（据克劳迪娅·库恩兹在《纳粹良心》中阐述，死亡营的指挥官会因为火葬场不能按时运行而夜不能寐，深感愧疚。）

9. *Thinking, Fast and Slow*（《思维，快与慢》）, Daniel Kahneman, Farra, Straus and Giroux, 2013; *Subliminal: How Your Unconscious Mind Rules Your Behavior*（《阈下：你的无意识如何统领你的行为》）, Leonard Mlodinow, Vintage, 2013; *Strangers to Ourselves: Discovering the Adaptive Unconscious*（《我们自己的陌生人：发现适应性无意识》）, Timothy Wilson, Belknap Press, 2004

10. *How the Mind Works*（《大脑如何工作》）, Steven Pinker, W. W. Norton, 1997

11. Jenann Ismael on the nature of choice: "We are shaped by our native dispositions and endowments, but we do make choices, and our choices…are expressions of our hopes and dreams, values and priorities. These are things actively distilled out of a history of personal experience, and they make us who we are. Freedom is not a grandiose metaphysical ability to subvert the laws of physics. It is the day-to-day business of making choices: choosing the country over the city, children over career, jazz over opera, choosing an occasional lie over a hurtful truth, hard work over leisure. It is choosing that friend, this hairstyle, maybe tiramisu over a tight physique, and pleasure over achievement. It is all of the little formative decisions that when all is said and done, make our lives our own creations."（耶南·意斯梅尔论选择的本质："我们为自己天生的性情和禀赋所塑造，但我们还是能进行选择。而且，我们的选择……是我们的希望与梦想、价值与偏好的表达。这便是我们从自己的个人经验的历史中积极提炼出来的东西，正是这些东西决定了我们是谁。自由并不是一种颠覆物理法则的宏大的形而上学能力，自由就是一项进行选择的日常事务：选择乡村而不是城市，选择事业而不是孩子，选择爵士乐而不是歌剧，选择偶尔撒谎而不是伤人的真相，选择努力工作而不是游手好闲。自由就是选择那个朋友，选择这个发型，也许还要选择提拉米苏而不是节食瘦身，选择享乐而不是功成名就。自由就是各种细小的建设性决定的总和，当该说的都说过，该做的都做过之后，将我们的人生构建成我们自己的创造。"）"Fate's Scales, Quivering,"（《命运的天平》）Jenann Ismael, *TLS*, August 9, 2019

12. *Free Will and Luck*（《自由意志与运气》）, 2008, and *Effective Intentions: The Power of Conscious Will*（《有效意图：自觉意志的力量》）, 2009, both by Alfred Mele, Oxford University Press

Chapter Nine The Dimensional Character
第九章 多维人物

1. *Not Easy Being Greene: Graham Greene's Letters*（《做格林不易：格雷厄姆·格林书信集》）, Michelle Orange, *Nation*, May 4, 2009
2. *BBC Culture Series*（《BBC文化系列》）, April, 2018
3. *The Odyssey*（《奥德赛》）, translated by Emily Wilson, W. W. Norton, 2018

Chapter Ten The Complex Character
第十章 复杂人物

1. *The Power Elite*（《权力精英》）, C. Wright Mills, Oxford University Press, 1956; *Civilization and its Discontents*（《文明及其不满》）, Sigmund Freud, W. W. Norton, 2005
2. "The Financial Psychopath Next Door"（《财务精神病患者》）, Sherree DeCovny, *CFA Institute Magazine, Volume 23*, Issue 2, March-April, 2012
3. *Twilight of the Elites*（《精英的暮光》）, Christopher Hayes, Random House, 2012
4. *The Self Illusion: How the Social Brain Creates Identity*（《自我错觉：社会大脑如何创造身份》）, Bruce Hood, Oxford University Press, 2012
5. *Games People Play*（《人们玩的各种游戏》）, Eric Berne, Random House, 1964
6. *The Five Factor Model*（《五因素模型》）, Thomas Widiger, Oxford Library of Psychology, 2017
7. *Personality, Cognition and Social Interaction*（《个性、认知与社会互动》）, edited by John F. Kihlstrom and Nancy Cantor, Psychology Library Editions, 2017; *Subliminal: How Your Unconscious Mind Rules Your Behavior*（《阈下：你的无意识如何统领你的行为》）, Leonard Mlodinow, Random House, 2012
8. *The Private Life*（《私生活》）, Josh Cohen, Granta, 2013

9. *The Courage to Be*（《生存的勇气》），Paul Tillich, Yale University Press, 1952
10. *Dialogue: The Art of Verbal Action for Page, Stage, Screen*（《对白：文字、舞台、银幕的言语行为艺术》），Robert McKee, Hachette Book Group / Twelve, 2016, pp. 45-53

Chapter Eleven The Completed Character
第十一章 完成人物

1. *Time in Literature*（《文学中的时间》），Hans Meyerhoff, University of California Press, 1955
2. *Upheavals of Thought: The Intelligence of Emotion*（《思想的激变：情感智慧》），Martha Nussbaum, Cambridge University Press, 2003

Chapter Twelve The Symbolic Character
第十二章 象征人物

1. *Man and his Symbols*（《人类及其象征物》），Carl G. Jung, Dell, 1968; *Archetype, Attachment, Analysis: Jungian Psychology and the Emergent Mind*（《原型、依附、分析：荣格心理学与应急大脑》），Jean Knox, Brunner-Routledge, 2003
2. *The Book of Qualities*（《素质手册》），J. Ruth Gendler, Harper Perennial, 1984
3. *The True Believer*（《真实信徒》），Eric Hoffer, Harper and Brother, 1951
4. *The Origins of Cool in Postwar America*（《战后美国的镇定源流》），Joel Dinerstein, University of Chicago Press, 2018
5. *The Politics of Myth: A Study of C. G. Jung, Mircea Eliade and Joseph Campbell*（《神话政治学：C. G. 荣格、米尔恰·伊利亚德和约瑟夫·坎贝尔研究》），Robert Ellwood, State University of New York Press, 1999

Chapter Thirteen The Radical Character
第十三章 极端人物

1. *The Principle of Reason*（《理性的原理》），Martin Heidegger, translated by Reginald Lilly, Indiana University Press, 1991

2. *Flat Protagonists: A Theory of Novel Character*（《扁平主人公：小说人物理论》），Marta Figlerowicz, Oxford University Press, 2017
3. *On Beckett: Figures of Subjective Destiny*（《论贝克特：主观命运人物》），Alain Badiou, Clinamen Press, 2003
4. "Beckett, Proust, and 'Dream of Fair to Middling Women',"（《贝克特、普鲁斯特与〈对中产妇女公平的梦想〉》）Nicholas Zurbrugg, *Journal of Beckett Studies* no. 9, 1984
5. *Civilization and its Discontents*（《文明及其不满》），Sigmund Freud, Verlag, 1930

Chapter Fifteen Character in Action
第十五章 行动人物

1. *Childhood and Society*（《童年与社会》），Erik Erikson, W. W. Norton, 1963
2. *Love is a Story*（《爱是一个故事》），Robert Sternberg, Oxford University Press, 1998

Chapter Sixteen Character in Performance
第十六章 表演人物

1. *Aristotle: The Desire to Understand*（《亚里士多德：理解欲望》），Jonathan Lear, Cambridge University Press, 1988
2. *Language as Symbolic Action*（《作为象征行动的语言》），Kenneth Burke, University of California Press, 1968
3. "The Myth of Universal Love,"（《博爱的神话》）Stephen T. Asma, *New York Times*, 6 December, 2013
4. *Actual Minds, Possible Worlds*（《现存的思想，可能的世界》），Jerome Bruner, Harvard University Press, 1987
5. *The Better Angels of Our Nature*（《我们天性中的更好天使》），Steven Pinker, Penguin Group, 2015
6. *Gut Reactions: A Perceptual Theory of Emotion*（《直觉反应：情感知觉论》），Jesse Prinz, Oxford University Press, 2004

Part Four Character Relationships
第四部 人物关系

1. *The Sociology of Secrecy and of Secret Societies*（《隐秘社会学与隐秘社会》），Georg Simmel, CreateSpace Independent Publishing Platform, 2015

Chapter Seventeen Cast Design
第十七章 卡司设计

1. *The Birth and Death of Meaning: An Interdisciplinary Perspective on the Problem of Man*（《意义的诞生与死亡》），Ernest Becker, Free Press, 1971; *The Denial of Death*（《拒斥死亡》），Ernest Becker, Free Press, 1973
2. *Bloodchild and Other Stories*（《〈血童〉及其他短篇小说》），Octavia E. Butler, Seven Stories Press, 2005
3. *The Shifting Realities of Philip K. Dick: Selected Literary and Philosophical Writings*（《菲利普·K.迪克的变换现实：文学与哲学文选》），Lawrence Sutin, Vintage Books, 1995

附录2：人名

A

埃莉诺·罗斯福（Eleanor Roosevelt）

阿瑟·米勒（Arthur Miller）

阿奎那（Aquinas）

安德烈·纪德（Andre Gide）

安东·契诃夫（Anton Chekov）

安·拉模特（Anne Lamott）

奥古斯特·斯特林堡（August Strindberg）

爱德华·阿尔比（Edward Albee）

安娜·伯恩斯（Anna Burns）

埃德加·爱伦·坡（Edgar Allan Poe）

阿加莎·克里斯蒂（Agatha Christie）

奥诺雷·德·巴尔扎克（Honore de Balzac）

埃德蒙·伯克（Edmund Burke）

阿尔弗雷德·阿德勒（Alfred Adler）

安德鲁·西恩·格利尔（Andrew Sean Greer）

安德烈·海恩斯（Andres Heinz）

爱丽丝·伯奇（Alice Birch）

埃斯库罗斯（Aeschylus）

安东尼·伯吉斯（Anthony Burgess）

艾丽丝·默多克（Iris Murdoch）

阿拉文德·阿迪加（Aravind Adiga）

埃文·汉德勒（Evan Handler）

奥斯卡·伊萨克（Oscar Isaac）

阿诺德·施瓦辛格（Arnold Schwarzenegger）

阿尔文·萨金特（Alvin Sargent）

埃贝·罗伊·史密斯（Ebbe Roe Smith）
艾伦·图灵（Alan Turing）
埃琳娜·费兰特（Elena Ferrante）
安妮·玛莫罗（Annie Mumolo）
安东尼·明格拉（Antony Minghella）
奥克塔维亚·E. 巴特勒（Octavia E. Butler）
艾萨克·阿西莫夫（Isaac Asimov）
安娜·冈恩（Anna Gunn）
艾米莉·里奥斯（Emily Rios）
埃茵·兰德（Ayn Rand）
奥利弗·斯通（Oliver Stone）
奥斯卡·王尔德（Oscar Wilde）

B

布莱恩·巴特（Bryan Batt）
布莱恩·埃文森（Brian Evenson）
布莱恩·考克斯（Brian Cox）
保罗·亨雷德（Paul Henreid）
鲍尔·威利蒙（Beau Willimon）
比利·怀尔德（Billy Wilder）
比尔·默瑞（Bill Murray）
彼得·芬奇（Peter Finch）
布莱恩·克朗斯顿（Bryan Cranston）
彼得·谢弗（Peter Shaffer）
保罗·托马斯·安德森（Paul Thomas Anderson）
布拉德·伯德（Brad Bird）
本尼迪克特·康伯巴奇（Benedict Cumberbatch）
保罗·比蒂（Paul Beatty）
彼得·古尔德（Peter Gould）
布拉德·皮特（Brad Pitt）
鲍勃·奥登科克（Bob Odenkirk）
贝西·布兰特（Betsy Brandt）
保罗·塞洛克斯（Paul Theroux）

C

查理·考夫曼（Charlie Kaufman）

查理·辛（Charlie Sheen）

C. S. 刘易斯（C. S. Lewis）

查尔斯·狄更斯（Charles Dickens）

村上春树（Haruki Murakami）

查尔斯·克莱顿（Charles Crichton）

查尔斯·贝克尔（Charles Baker）

D

蒂娜·菲（Tina Fey）

戴维·洛奇（David Lodge）

大卫·马梅（David Mamet）

多克托罗（E. L. Doctorow）

迪克·沃尔夫（Dick Wolf）

狄潘（Dith Pran）

大卫·米恩斯（David Means）

大卫·蔡斯（David Chase）

达斯汀·霍夫曼（Dustin Hoffman）

丹泽尔·华盛顿（Denzel Washington）

达蒙·林德洛夫（Damon Lindelof）

黛安·基顿（Diane Keaton）

达米安·刘易斯（Damian Lewis）

丹尼·鲁宾（Danny Rubin）

大卫·艾根伯格（David Eigenberg）

大卫·托马斯（David Thomas）

D. H. 劳伦斯（D. H. Lawrence）

大卫·贝尼奥夫（David Benioff）

D. B. 魏斯（D. B. Weiss）

大卫·林奇（David Lynch）

丹·福特曼（Dan Futterman）

大卫·米歇尔（David Michell）

大卫·利恩（David Lean）

迪恩·诺里斯（Dean Norris）
大卫·康斯特布尔（David Constable）
丹尼尔·蒙卡达（Daniel Moncada）
达伦·斯塔尔（Darren Star）
大卫·埃尔德里奇（David Eldridge）
大岛渚（Nagisa Oshima）

E

厄文·皮斯卡托（Erwin Piscator）

F

F.司各特·菲茨杰拉德（F. Scott Fitzgerald）
弗兰克·辛纳特（Frank Sinatra）
费·唐娜薇（Faye Dunaway）
菲利普·罗斯（Philip Roth）
弗吉尼亚·伍尔夫（Virginia Woolf）
弗洛莱恩·泽勒（Florian Zeller）
弗雷德里克·怀斯曼（Frederick Wiseman）
弗拉基米尔·纳博科夫（Vladimir Nabokov）
弗洛伦斯·皮尤（Florence Pugh）
弗雷德里克·埃斯利（Frederick Exley）
弗兰克·达拉邦特（Frank Darabont）
菲利普·K·迪克（Philip K. Dick）
菲利普·塞默·霍夫曼（Philip Seymour Hoffman）
菲比·沃勒–布里奇（Phoebe Waller-Bridge）
弗兰克·卡普拉（Frank Capra）
法拉利（Farrelly）

G

格雷厄姆·格林（Graham Greene）
格雷厄姆·摩尔（Graham Moore）

H

荷马（Homer）

黑格尔（Hegel）

亨利·詹姆斯（Henry James）

惠特·斯蒂尔曼（Whit Stillman）

赫南·迪亚兹（Hernan Diaz）

霍林斯赫德（Holinshed）

哈维·凯特尔（Harvey Keitel）

亨弗莱·鲍嘉（Humphrey Bogart）

赫拉克利特（Heraclitus）

哈维尔·巴登（Javier Bardem）

哈里·卡拉汉（Dirty Harry Callahan）

亨利·宾（Henry Bean）

华金·菲尼克斯（Joaquin Phoenix）

亨里克·易卜生（Henrik Ibsen）

汉斯·克里斯蒂安·安徒生（Hans Christian Andersen）

J

吉米·麦克吉尔（Jimmy McGill）

杰西·平克曼（Jessie Pinkman）

J.J.吉提斯（J. J. Gittes）

杰克·尼克尔森（Jack Nicholson）

加斯顿·勒鲁（Gaston Leroux）

杰森·贝特曼（Jason Bateman）

杰伊·麦克伦尼（Jay McInerney）

君特·格拉斯（Günter Grass）

杰里米·斯特朗（Jeremy Strong）

基努·里维斯（Keanu Reeves）

贾斯汀·塞洛克斯（Justin Theroux）

J.D.塞林格（J. D. Salinger）

金·卡特罗尔（Kim Cattrall）

贾森·刘易斯（Jason Lewis）

金基德（Ki-duk Kim）

杰夫·布里吉斯（Jeff Bridges）
简·里斯（Jean Rhys）
贾米·阿滕伯格（Jami Attenberg）
贾森·雷特曼（Jason Reitman）
阿尔贝·加缪（Albert Camus）
杰斯·艾森伯格（Jesse Eisenberg）
简·奥斯汀（Jane Austin）
加里·格兰特（Cary Grant）
杰米·李·柯蒂斯（Jamie Lee Curtis）
杰里米·O.哈里斯（Jeremy O. Harris）
杰西卡·赫克特（Jessica Hecht）
吉安卡罗·埃斯波西托（Giancarlo Esposito）
杰西·普莱蒙斯（Jesse Plemons）
杰里·森菲尔德（Jerry Seinfeld）

K

克里奥帕特拉（Cleopatra）
科尔·波特（Cole Porter）
卡尔·马兰蒂斯（Karl Marlantes）
卡尔·桑德伯格（Carl Sandberg）
卡尔·荣格（Carl Jung）
康斯坦丁·斯坦尼斯拉夫斯基（Konstantin Stanislavsky）
肯·凯西（Ken Kesey）
克里斯蒂娜·亨德里克斯（Christina Hendricks）
卡莉·克里（Callie Khouri）
柯南·道尔（Conan Doyle）
克里斯蒂安·贝尔（Christian Bale）
库尔特·冯内古特（Kurt Vonnegut）
卡洛琳·凯普尼斯（Caroline Kepnes）
科马克·麦卡锡（Cormac McCarthy）
克莱尔·梅苏德（Claire Messud）
卡丽·库恩（Carrie Coon）
克里斯·诺斯（Chris Noth）

481

柯克·道格拉斯（Kirk Douglas）

卡勒德·胡赛尼（Khaled Hosseini）

克莉丝汀·戴维斯（Kristin Davis）

克尔凯郭尔（Kierkegaard）

克里斯托弗·劳埃德（Christopher Lloyd）

克里斯·加德纳（Chris Gartner）

克莉丝汀·薇格（Kristen Wiig）

昆汀·塔伦蒂诺（Quentin Tarantino）

凯文·克莱恩（Kevin Kline）

克里斯滕·利特（Krysten Ritter）

克里斯托弗·卡曾思（Christopher Cousins）

L

罗伯特·彭斯（Robert Burns）

利奥波德·布鲁姆（Leopold Bloom）

拉斯金（Ruskin）

路伊吉·皮兰德娄（Luigi Pirandello）

里娜·韦特缪勒（Lina Westmuller）

拉里·大卫（Larry David）

鲁德亚德·吉卜林（Rudyard Kipling）

李·戈德堡（Lee Goldberg）

罗伯特·路易斯·史蒂文森（Robert Lewis Stevenson）

劳拉·林尼（Laura Linney）

罗伯特·德尼罗（Robert DeNiro）

刘易斯·卡罗尔（Lewis Carroll）

拉尔夫·埃里森（Ralph Ellison）

林恩·诺塔奇（Lynn Nottage）

雷蒙德·钱德勒（Raymond Chandler）

罗伯特·本顿（Robert Benton）

罗宾·怀特（Robin Wright）

拉里·麦克默特里（Larry McMurtry）

罗伯特·杜瓦尔（Robert Duval）

罗丽·摩尔（Lorrie Moore）

罗恩·尼斯瓦纳（Ron Nyswaner）
李·霍尔（Lee Hall）
罗伯特·潘·沃伦（Robert Penn Warren）
拉斯洛·克拉斯诺霍尔凯（László Krasznahorkai）
莱奥·卡拉克斯（Leos Carax）
罗伯特·阿斯金斯（Robert Askins）
雷·布拉德伯里（Ray Bradbury）
莱斯特·戴尔·雷伊（Lester del Rey）
李·哈维·奥斯瓦尔德（Lee Harvey Oswald）
拉塞尔·哈博（Russell Harbaugh）
莱昂纳多·迪卡普里奥（Leonardo DiCaprio）
雷蒙德·科鲁兹（Raymond Cruz）
罗拉·弗雷泽（Laura Fraser）
路易斯·费雷拉（Louis Ferreira）
路易斯·蒙卡达（Luis Moncada）
罗纳德·摩尔（Ronald Moore）
利奥波德·范·萨克-马索克（Leopold von Sacher-Masoch）
罗伯特·海因莱因（Robert Heinlein）

M

马库斯·奥里利乌斯（Marcus Aurelius）
马里奥·普佐（Mario Puzo）
玛格丽特·阿特伍德（Margaret Atwood）
迈克尔·费雷恩（Michael Frayn）
米歇尔·德·蒙田（Michel de Montaigne）
玛丽安杰拉·梅拉托（Mariangela Melato）
马修·维纳（Matthew Weiner）
马克·沃尔伯格（Mark Wahlberg）
马克·哈登（Mark Haddon）
迈克尔·翁达杰（Michael Ondaatje）
马克·吐温（Mark Twain）
莫里斯·韦斯特（Morris West）
马丁·麦克唐纳（Martin McDonagh）

马克·海曼（Mark Heyman）

马龙·白兰度（Marlon Brando）

马尔科姆·麦克道威尔（Malcolm McDowell）

马克斯韦尔·安德森（Maxwell Anderson）

摩根·弗里曼（Morgan Freeman）

米南德（Menander）

马丁·海德格尔（Martin Heidegger）

马龙·詹姆斯（Marlon James）

迈克尔·道格拉斯（Michael Douglas）

玛丽亚·莎拉波娃（Maria Sharapova）

玛丽莲·梦露（Marilyn Monroe）

马克·扎克伯格（Mark Zuckerberg）

迈克尔·帕林（Michael Palin）

玛丽娅·艾特肯（Maria Aitken）

迈克尔·C.霍尔（Michael C. Hall）

马克西米诺·阿西涅加（Maximino Arciniega）

马克·马戈利斯（Mark Margolis）

迈克尔·鲍恩（Michael Bowen）

马特·L.琼斯（Matt L. Jones）

迈克尔·哈内克（Michael Haneke）

马克·卡莫莱蒂（Marc Camoletti）

米兰·昆德拉（Milan Kundera）

马尔科姆·劳瑞（Malcolm Lowry）

N

奈尔斯·克雷恩（Niles Crane）

诺埃尔·科沃德（Noel Coward）

诺亚·克罗斯（Noah Cross）

尼古拉斯·蒙萨拉特（Nicholas Monsarrat）

娜塔莉·波特曼（Natalie Portman）

娜奥米·阿尔德曼（Naomi Alderman）

南希·奥利弗（Nancy Oliver）

诺亚·霍利（Noah Hawley）

O

欧仁·尤内斯库（Eugene Ionesco）

欧内斯特·贝克尔（Ernest Becker）

欧里庇得斯（Euripides）

欧内斯特·莱赫曼（Ernest Lehman）

P

普鲁塔克（Plutarch）

帕特里克·麦克格雷斯（Patrick McGrath）

平克·弗洛伊德（Pink Floyd）

帕特里克·聚斯金德（Patrick Süskind）

佩内洛普·赖芙丽（Penelope Lively）

帕特里克·马博（Patrick Marber）

帕迪·查耶夫斯基（Paddy Chayefsky）

普劳图斯（Plautus）

派翠西亚·海史密斯（Patricia Highsmith）

帕特丽夏·海耶斯（Patricia Hayes）

帕姆·休斯顿（Pam Houston）

Q

乔伊斯·卡罗尔·奥茨（Joyce Carol Oates）

乔恩·汉姆（Jon Hamm）

恰克·帕拉尼克（Chuck Palahniuk）

乔纳森·弗兰岑（Jonathan Franzen）

乔纳森·班克斯（Jonathan Banks）

乔治·艾略特（George Elliot）

乔尔·舒马赫（Joel Schumacher）

乔治·卢卡斯（George Lucas）

乔纳森·斯威夫特（Jonathan Swift）

乔恩·海德（Jon Heder）

乔治·奥威尔（George Orwell）

乔治·R. R. 马丁（George R. R. Martin）

奇努阿·阿切贝（Chinua Achebe）

乔纳森·拉森（Jonathan Larson）

R
让·热内（Jean Genet）
若泽·萨拉马（Jose Saramago）
瑞恩·高斯林（Ryan Gosling）
让·吕克·戈达尔（Jean Luc Godard）
阮越清（Viet Thanh Nguyen）
R.J.米特（R.J.Mitte）

S
萨默塞特·毛姆（Somerset Maugham）
莎士比亚（Shakespeare）
索福克勒斯（Sophocles）
斯坦利·库布里克（Stanley Kubrick）
萨克索·格拉玛提库斯（Saxo Grammaticus）
苏珊·柯林斯（Suzanne Collins）
斯蒂芬·金（Stephen King）
塞缪尔·贝克特（Samuel Beckett）
桑顿·怀尔德（Thornton Wilder）
斯图尔特·欧南（Stewart O'Nan）
苏珊-洛瑞·帕克斯（Suzan-Lori Parks）
史蒂芬·克莱恩（Stephen Crane）
索菲·特雷德维尔（Sophie Treadwell）
塞缪尔·巴特勒（Samuel Butler）
莎拉·杰西卡·帕克（Sarah Jessica Parker）
史蒂文·斯皮尔伯格（Steven Spielberg）
萨德侯爵（Marquis de Sade）
索菲亚·科波拉（Sophia Coppola）
史蒂夫·克罗夫斯（Steve Kloves）
史蒂文·迈克尔·奎萨达（Steven Michael Quezada）
史蒂文·鲍尔（Steven Bauer）
史蒂夫·乔布斯（Steve Jobs）

苏珊·希尔（Susan Hill）
史蒂芬·马拉特拉特（Stephen Mallatratt）

T
托妮·莫里森（Toni Morrison）
田纳西·威廉斯（Tennessee Williams）
汤姆·斯托帕德（Tom Stoppard）
托马斯·哈里斯（Thomas Harris）
汤姆·贝伦杰（Tom Berenger）
特伦斯·温特（Terence Winter）
泰奥弗拉斯托斯（Theophrastus）
汤姆·佩罗塔（Tom Perrotta）
汤姆·汉克斯（Tom Hanks）
托马斯·哈代（Thomas Hardy）
唐·德里罗（Don DeLillo）
托马斯·品钦（Thomas Pynchon）
汤姆·乔治森（Tom Georgeson）
特蕾西·莱特（Tracy Lett）
特里·萨瑟恩（Terry Southern）

W
沃尔特·怀特（Walter White）
威廉·伦道夫·赫斯特（William Randolph Hurst）
威利·洛曼（Willy Lowman）
伍迪·艾伦（Woody Allen）
沃尔夫冈·冯·歌德（Wolfgang von Goethe）
威廉·詹姆斯（William James）
威廉·惠勒（William Wyler）
维克多·弗兰克（Victor Frankl）
文斯·吉利根（Vince Gilligan）
沃尔特·特维斯（Walter Tevis）
威尔·塞尔夫（Will Self）
文森特·卡塞瑟（Vincent Kartheiser）

威廉·戈德曼（William Goldman）
威廉·达福（Willem Dafoe）
伍迪·哈里森（Woody Harrelson）
威廉·戈尔丁（William Golding）
沃利·兰姆（Wally Lamb）

X

谢尔盖·爱森斯坦（Sergei Eisenstein）
西德尼·尚伯格（Sydney Schanberg）
希拉里·曼特尔（Hilary Mantel）
辛西娅·尼克松（Cynthia Nixon）
谢尔顿·特纳（Sheldon Turner）
休伯·塞尔比（Hubert Selby）
辛西娅·克里斯（Cynthia Cleese）
萧伯纳（G. B. Shaw）

Y

亚伯拉罕·林肯（Abraham Lincoln）
以利亚·约旦（Elijah Jordan）
伊夫林·沃（Evelyn Waugh）
伊芙琳·穆瑞（Evelyn Mulwray）
约翰·哈斯顿（John Huston）
约瑟夫·康拉德（Joseph Conrad）
伊丽莎白·鲍恩（Elizabeth Bowen）
伊丽莎白·斯特劳特（Elizabeth Strout）
约瑟夫·坎贝尔（Joseph Campbell）
英格玛·伯格曼（Ingmar Bergman）
约翰·斯莱特里（John Slattery）
伊丽莎白·莫斯（Elisabeth Moss）
伊芙·贝斯特（Eve Best）
伊恩·班克斯（Ian Banks）
伊恩·皮尔斯（Ian Pears）
亚伯·林肯（Abe Lincoln）

约翰·肯尼迪·图尔（John Kennedy Toole）

约翰·麦克拉夫林（John McLaughlin）

约翰·弥尔顿（John Milton）

雅努斯（Janus）

雅克·拉康（Jacques Lacan）

约翰·麦克莱恩（John McClane）

约翰·奥斯本（John Osborne）

约翰·帕特里克·尚利（John Patrick Shanley）

约翰·马克斯维尔·库切（John Maxwell Coetzee）

伊索（Aesop）

亚当·希尔维拉（Adam Silvera）

伊莎贝尔·韦德纳（Isabel Waidner）

亚历杭德罗·伊纳里图（Alejandro Inarritu）

约翰·福特·努南（John Ford Noonan）

伊迪丝·沃顿（Edith Wharton）

约翰·诺尔斯（John Knowles）

尤金·奥尼尔（Eugene O'Neill）

约翰·克里斯（John Cleese）

亚当·戈德利（Adam Godley）

亚伦·保罗（Aaron Paul）

约翰·小山（John Koyama）

约翰·德·兰西（John de Lancie）

亚历山大·蒲柏（Alexander Pope）

伊莱恩·梅（Elaine May）

Z

詹姆斯·乔伊斯（James Joyce）

詹纽瑞·琼斯（January Jones）

珍妮特·伊万诺维奇（Janet Evanovich）

詹姆斯·瑟伯（James Thurber）

朱尔斯·费弗（Jules Feiffer）

詹姆斯·麦克布莱德（James McBride）

附录3：剧作与书名

A

《奥德赛》（*Odyssey*）

《奥丽芙·基特里奇》（*Olive Kitteridge*）

《安妮·霍尔》（*Annie Hall* 美国/1977）

《阿甘正传》（*Forest Gump* 美国/1994）

《爱丽丝漫游奇境记》（*Alice's Adventures in Wonderland* 1871）

《奥赛罗悲剧》（*Tragedy of Othello*）

《奥斯特兰德》（*Ostland* 2015）

《爱发脾气的人》（*The Peevish Man*）

《爱你长久》（*Il y a longtemps que je t'aime* 法国、德国/2008）

《奥克拉荷马同志》（*Oklahomo* 2003）

《安提戈涅》（*Antigone* 古希腊）

《爱无止境》（*Love After Love* 美国/2017）

《阿拉伯的劳伦斯》（*Lawrence of Arabia* 英国/1962）

《傲慢与偏见》（*Pride and Prejudice*）

B

《暴风雨》（*The Tempest* 英国/1611）

《百年孤独》（*100 Years Of Solitude* 2003）

《霸王铁金刚》（*The Man Who Would Be King*）

《搏击俱乐部》（*Fight Club* 1996）

《玻璃动物园》（*The Glass Menagerie* 1994）

《捕蜂器》（*The Wasp Factory* 1984）

《芭蕾》（*Ballet* 美国/1995）

《巴顿将军》（*Patton* 美国/1970）

《白虎》（*The White Tiger* 2008）

《崩溃》（*Falling Down* 美国、法国、英国/1993）

《白雪公主与七个小矮人》（*Snow White and the Seven Dwarfs* 美国/1937）

《不高兴的人》（*The Grouch*）

《冰与火之歌》（*A Song of Ice and Fire* 1996）

《白噪音》（*White Noise* 1985）

《伴娘》（*Bridesmaids* 美国 / 2011）

《比不快乐更快乐》（*More Happy Than Not* 2015）

《伯恩身份》（*The Bourne Identity* 美国、德国、捷克、法国 / 2002）

《别名格蕾丝》（*Alias Grace* 1996）

《不眠之夜》（*Sleep No More* 2011）

《芭蕾舞女与经济学家》（*The Ballerina and the Economist* 2005）

《巴瑞》（*Barry* 美国 / 2018—）

《布奇·卡西迪与日舞小子》（*Butch Cassidy and the Sundance Kid*）

《伴我同行》（*Stand By Me* 美国 / 1986）

《包法利夫人》（*Madame Bovary* 1856）

《波特诺伊的怨诉》（*Portnoy's Complaint* 1967）

《冰血暴》（*Fargo* 美国 / 2014—）

《八月：奥色治郡》（*August: Osage County* 美国 / 2007）

《疤面煞星》（*Scarface* 美国 / 1983）

《波音波音》（*Boeing-Boeing* 美国 / 1965）

C

《沧海无情》（*The Cruel Sea* 英国 / 1953）

《沉默的羔羊》（*The Silence of the Lambs* 1988）

《耻》（*Disgrace* 澳大利亚、南方 / 2009）

《重返布莱兹海德庄园》（*Brideshead Revisited* 1945）

《春夏秋冬又一春》（*Spring, Summer, Fall, Winter... and Spring* 韩国、德国 / 2003）

《超人总动员》（*The Incredibles* 美国 / 2004）

《茶花女》（*La Traviata* 1853）

《出卖》（*The Sellout* 2015）

《成功的甜美滋味》（*The Sweet Smell Of Success* 1957）

《长夜漫漫路迢迢》（*Long Day's Journey into Night* 美国 / 1956）

《穿裘皮的维纳斯》（*Venus in Furs* 1870）

D

《电话》（Phone 2017）

《大卫·科波菲尔》（David Copperfield）

《帝国反击战》（The Empire Strikes Back 美国/1980）

《等待戈多》（Waiting for Godot 1953）

《斗士》（The Fighter 美国/2010）

《第22条军规》（Catch-22 1961）

《冬天的故事》（A Winter's Tale）

《灯红酒绿》（Bright Lights, Big City 1984）

《第五号屠宰场》（Slaughterhouse Five 美国/1969）

《大西洋帝国》（Boardwalk Empire 美国/2010—2014）

《大白鲨》（Jaws 美国/1975）

《刀锋》（The Razor's Edge 1944）

《大海，大海》（The Sea, The Sea 1978）

《倒扣的王牌》（Ace in the Hole 美国/1951）

《到灯塔去》（To the Lighthouse 1927）

《抵抗的忧郁》（The Melancholy of Resistance 1989）

《大师》（The Master 美国/2012）

《大勒保斯基》（The Big Lebowski 美国、英国/1998）

《大人物拿破仑》（Napoleon Dynamite 美国/2004）

《断手斯城》（A Behanding in Spokane 2010）

《德伯家的苔丝》（Tess of the d'Urbervilles 1891）

《电影》（The Flick 2013）

《单独逃脱》（Escaped Alone 2016）

《都长大了》（All Grown Up 2017）

《当幸福来敲门》（The Pursuit of Happiness 美国/2006）

《大审判》（The Verdict 美国/1982）

《堕落》（The Fall 1956）

《独自和解》（A Separate Peace 1959）

《达洛维夫人》（Mrs. Dalloway）

《迪兹先生进城》（Mr. Deeds Goes to Town 美国/1936）

《道林·格雷的画像》（The Picture of Dorian Gray 1891）

E

《俄狄浦斯王》（*Oedipus Rex* 古希腊 / 约公元前 431 年）

《鄂榭府崩溃记》（*The Fall of the House of Usher* 1849）

《俄瑞斯忒亚》（*The Oresteia*）

《俄狄浦斯在科洛诺斯》（*Oedipus at Colonus* 古希腊 / 约前 406 年）

F

《风骚律师》（*Better Call Saul* 美国 / 2015）

《发条橙》（*A Clockwork Orange* 英国、美国 / 1971）

《飞越疯人院》（*One Flew over the Cuckoo's Nest* 1962）

《福克斯和奥黑尔》（*Fox and O'Hare*）

《父亲》（*The Father* 2015）

《弗朗西斯·麦康伯短促的幸福生活》（*The Short Happy Life of Francis Macomber*）

《弗尔蒂旅馆》（*Fawlty Towers* 英国 / 1975—1979）

《分裂》（*Splinter* 美国 / 2008）

《法律与秩序》（*Law And Order* 美国 / 1990）

《菲利普斯船长》（*Captain Phillips* 2013）

《粉丝笔记》（*A Fan's Notes* 1968）

《愤怒的回顾》（*Look Back in Anger* 1956）

《凡夫俗子》（*Everyman*）

《仿生人会梦见电子羊吗》（*Do Androids Dream of Electric Sheep* 1968）

《反斗智多星》（*Wayne's World* 美国 / 1992）

《粉红豹》（*The Pink Panther* 美国 / 1963—1993）

《疯子》（*Maniac* 美国 / 2018）

《蜂》（*The Wasps* 古希腊）

G

《公民凯恩》（*Citizen Kane* 美国 / 1941）

《国王逝去》（*Exit the King* 1962）

《广告狂人》（*Mad Men* 美国 / 2007）

《供水系统》（*The Waterworks* 1994）

《改编剧本》（*Adaptation.* 美国 / 2002）

《关于施密特》（*About Schmidt* 美国 / 2002）

《歌剧魅影》（*The Phantom of the Opera* 1909）

《国王班底》（*All the King's Men* 1947）

《告密的心》（*The Telltale Heart* 1842）

《高中》（*High School* 美国 / 1968）

《贵妇画像》（*The Portrait of a Lady* 1881）

《闺蜜假期》（*Girls Trip* 美国、加拿大 / 2017）

《孤鸽镇》（*Lonesome Dove* 美国 / 1985—1990）

《格列佛游记》（*Gulliver's Travels* 1726）

《闺房哲学》（*Philosophy in the Bedroom* 1795）

《关于勒维恩·戴维斯》（*Inside Llewyn Davis* 美国、英国、法国 / 2013）

《公主新娘》（*The Princess Bride* 美国 / 1987）

《古战场传奇》（*Outlander* 美国 / 2014—）

《钢琴教师》（*The Piano Teacher* 奥地利、法国、德国 / 2001）

《感官世界》（*Ai no korida* 日本、法国 / 1976）

H

《惠斯勒的母亲》（*Whistler's Mother*）

《糊涂戏班》（*Noises Off* 美国 / 1992）

《海隅逐客》（*An Outcast of the Islands* 1896）

《黑暗之心》（*Heart of Darkness* 1899）

《浩劫妙冤家》（*Swept Away* 意大利 / 1974）

《护士当家》（*Nurse Jackie* 美国 / 2009）

《海鸥》（*The Seagull* 1895）

《荒蛮故事》（*Wild Tales* 阿根廷、西班牙 / 2014）

《化身博士》（*The Strange Case of Dr Jekyll and Mr Hyde* 1886）

《黑钱胜地》（*Ozark* 美国 / 2017—）

《荒凉山庄》（*Bleak House* 1852）

《湖上艳尸》（*Lady in the Lake* 美国 / 1947）

《婚外情事》（*The Affair* 美国 / 2014—2019）

《汗水》（*Sweat* 2015）

《黑客帝国》（*The Matrix* 美国 / 1999）

《黑天鹅》（*Black Swan* 美国 / 2010）

《红色英勇勋章》（*The Red Badge of Courage* 1895）

《毁灭》（*Ruined* 2009）

《坏种》（*The Bad Seed* 1954）

《虹》（*The Rainbow* 1915）

《荒野浪子》（*High Plains Drifter* 美国/1973）

《狐狸与葡萄》（*The Fox and the Grapes*）

《汉泽尔与格莱特》（*Hansel and Gretel*）

《哈利·波特与魔法石》（*Harry Potter and the Philosopher's Stone* 英国、美国/1997）

《环形使者》（*Looper* 美国、中国/2012）

《黑客军团》（*Mr. Robot* 美国/2015—2019）

《含笑上台》（*I'm Dying Up Here* 美国/2017—2018）

《华氏451度》（*Fahrenheit 451* 1953）

《欢乐之家》（*The House of Mirth* 1905）

《赫达·加布勒》（*Hedda Gabler*）

《好莱坞往事》（*Once Upon a Time…in Hollywood* 美国、英国、中国/2019）

《火烧摩天楼》（*The Towering Inferno* 美国/1974）

《黑暗可见》（*Darkness Visible* 1979）

《黑衣女人》（*The Woman in Black* 1987 仍在排演）

《花粉热》（*Hay Fever* 1939）

《火山下》（*Under the Volcano* 1947）

J

《绝命毒师》（*Breaking Bad* 美国/2008）

《继承之战》（*Succession* 美国/2018）

《皆大欢喜》（*As You Like It* 英国）

《吉姆老爷》（*Lord Jim* 1900）

《间谍》（*The Secret Agent* 1907）

《饥饿游戏》（*The Hunger Games* 2008）

《禁忌星球》（*Forbidden Planet* 美国、日本/1956）

《记忆碎片》（*Memento* 美国/2000）

《教父》（*The Godfather* 美国/1972）

《教父2》（*The Godfather: Part II* 美国/1974）

《教父3》（*The Godfather: Part III* 美国/1990）

《金翅雀》（*The Goldfinch* 2013）

《君臣人子小命呜呼》（*Rosencrantz and Guildenstern Are Dead* 英国、美国/1990）

《惊魂记》（*Psycho* 美国/1960）

《机器人总动员》（*WALL-E* 美国/2008）

《纠正》（*The Corrections* 2001）

《家》（*Home* 2012）

《基础训练》（*Basic Training* 美国/1971）

《寄生虫》（*Parasite* 韩国/2019）

《假面》（*Persona* 瑞典/1966）

《机械人生》（*Machinal* 1928）

《加勒比海盗》（*Pirates of the Caribbean* 美国/2003）

《极限震撼》（*Brute Force* 2005）

《交给上帝》（*Hand to God* 2011）

《江湖浪子》（*The Hustler* 1959）

《金发女郎》（*Blonde* 澳大利亚、加拿大、美国/2001）

《镜与光》（*The Mirror and the Light* 2020）

《吉屋出租》（*Rent* 美国/1993）

K

《开罗紫玫瑰》（*The Purple Rose of Cairo* 美国/1985）

《卡萨布兰卡》（*Casablanca* 美国/1942）

《卡波特》（*Capote* 美国、加拿大/2005）

《卡里加里博士的小屋》（*The Cabinet of Dr. Caligari* 德国/1920）

《科里奥兰纳斯》（*Coriolanus*）

《克莱默夫妇》（*Kramer vs. Kramer* 美国/1979）

《克拉普的最后一盘录音带》（*Krapp's Last Tape*）

《快乐日子》（*Happy Days* 1961）

《科学虚构杂志》（*Science Fiction Magazine*）

《开始》（*The Beginning* 2017）

L

《老人与海》（*The Old Man and the Sea*）

《六个寻找作者的剧中人》（*Six Characters in Search of an Author* 美国/1976）

《拉格泰姆时代》（Ragtime 1975）

《邋遢鬼》（Fleabag 英国/2016）

《了不起的盖茨比》（The Great Gatsby 1925）

《老爸老妈的浪漫史》（How I Met Your Mother 美国/2005—2014）

《罗生门》（Rosomon 日本/1950）

《罗杰疑案》（The Murder of Roger Ackroyd 1926）

《临终祷告》（A Prayer for the Dying 1999）

《卢纳莎之舞》（Dancing at Lughnasa 1990）

《罗密欧和朱丽叶的悲剧》（The Tragedy of Romeo and Juliet）

《丽南山的美人》（The Beauty Queen of Leenane 1998）

《老无所依》（No Country For Old Men 美国/2007）

《李尔王》（King Lear）

《莱斯》（Less 2017）

《廊桥遗梦》（The Bridges of Madison County 美国/1995）

《猎爱的人》（Carnal Knowledge 美国/1971）

《楼上的女人》（The Woman Upstairs 2013）

《洛丽塔》（Lolita 1955）

《绿野仙踪》（The Wizard of Oz 美国/1939）

《乐高大电影》（The Lego Movie 美国、丹麦、澳大利亚/2014）

《六尺之下》（Six Feet Under 美国/2001—2005）

《蓝色茉莉》（Blue Jasmine 2013）

《拉斯和真女孩》（Lars And The Real Girl 2007）

《狼厅》（Wolf Hall 2009）

M

《米罗的维纳斯》（Venus de Mile）

《马特洪峰》（Matterhorn 2010）

《玛丽莲》（Marilyn 2000）

《美丽心灵》（A Beautiful Mind 美国/2001）

《麦田里的守望者》（The Catcher in the Rye 美国/1951）

《马群的倒下》（A Collapse of Horses 2016）

《莫扎特》（Amadeus 美国、法国、捷克斯洛伐克、意大利/1984）

《麦克白夫人》（Lady Macbeth 2016）

《马耳他之鹰》（*The Maltese Falcon* 美国 / 1941）

《米德尔马契》（*Middlemarch* 1871）

《美狄亚》（*Medea* 约前 431 年）

《猫眼》（*Cat's Eye* 1988）

《迷雾追魂》（*Play Misty for Me* 美国 / 1971）

《摩门经》（*The Book of Mormon* 2011）

《毛发》（*Hair* 1969）

《模仿游戏》（*The Imitation Game* 英国、美国 / 2014）

《梦回藻海》（*Wide Sargasso Sea* 1966）

《莫尔格街凶杀案》（*The Murders in the Rue Morgue* 1841）

《摩登家庭》（*Modern Family* 美国 / 2009—2020）

《迷失东京》（*Lost in Translation* 美国、日本 / 2003）

《美国牧歌》（*American Pastoral* 1997）

《梦之安魂曲》（*Requiem for a Dream* 1978）

《玫瑰人生》（*La Vie en Rose* 法国、英国、捷克 / 2007）

《玛姆》（*Mame* 1966）

《卖花女》（*Pygmalion* 1913）

N

《诺斯特罗莫》（*Nostromo* 1904）

《男孩别哭》（*Boys Don't Cry* 美国 / 2000）

《你妈妈也一样》（*Y tu mamá también* 墨西哥 / 2001）

《你》（*You* 2014）

《女仆》（*The Maids* 1947）

《虐童疑云》（*Doubt* 美国 / 2008）

《纳尼亚传奇》（*The Chronicles of Narnia* 英国、美国 / 2005）

《尼各马可伦理学》（*Nicomachean Ethics*）

《内陆帝国》（*Inland Empire* 法国、波兰、美国 / 2006）

《难以命名者》（*The Unnamable* 1953）

《鸟人》（*Birdman* 2014）

《南国野兽》（*Beasts of the Southern Wild* 美国 / 2012）

《奴隶游戏》（*Slave Play*）

《牛仔是我的证人》（*Cowboys Are My Weakness* 1992）

P

《普通嫌疑犯》(*The Usual Suspects* 美国、德国 / 1995)

《普通人》(*Ordinary People*)

Q

《七武士》(*The Seven Samurai* 日本 / 1954)

《穷街陋巷》(*Mean Streets* 美国 / 1973)

《敲打》(*The Knocking*)

《清道夫》(*Ray Donovan* 美国 / 2013—2020)

《裘力斯·凯撒的悲剧》(*The Tragedy of Julius Caesar*)

《亲密》(*Closer* 1997)

《权力》(*The Power* 2016)

《群鬼》(*Ghosts*)

《权力的游戏》(*Game of Thrones* 美国 / 2011—2019)

《七杀简史》(*A Brief History of Seven Killings* 2014)

《奇鸟行状录》(*The Wind-up Bird Chronicle* 1994)

《奇爱博士》(*Dr. Strangelove* 英国、美国 / 1964)

R

《人类清除计划》(*The Purge* 美国、法国 / 2013)

《人物志》(*The Study of the Character* 古希腊 / 约前 319 年)

《人性》(*Human Nature* 法国、美国 / 2001)

《日落大道》(*Sunset Blvd.* 美国 / 1953)

S

《诗学》(*Poetics* 古希腊 / 约前 335 年)

《神奇女侠》(*Wonder Woman* 美国 / 2017)

《三块广告牌》(*Three Billboards Outside Ebbing, Missouri* 美国 / 2017)

《谁害怕弗吉尼亚·沃尔夫》(*Who's Afraid of Virginia Woolf?* 1962)

《三个高个子女人》(*Three Tall Women* 1994)

《圣诞颂歌》(*A Christmas Carol* 1843)

《十二金刚》(*The Dirty Dozen* 英国、美国 / 1967)

《十月:震撼世界的十天》(*October: Ten Days That Shook The World* 苏联 / 1928)

《送奶工》（*Milkman* 2018）

《杀戮战场》（*The Killing Fields* 英国/1984）

《双城记》（*A Tale of Two Cities* 英国/1859）

《撒谎人》（*The Man Who Lies* 法国、意大利、捷克斯洛伐克/1968）

《深夜小狗神秘事件》（*The Curious Incident of the Dog in the Night-Time* 2003）

《狮子、女巫和魔衣橱》（*The Lion, the Witch, and the Wardrobe* 1950）

《世界是用玻璃做的》（*The World is Made of Glass* 1982）

《水手比利·巴德》（*Billy Budd, Sailor* 1924）

《上风狗/下风狗》（*Topdog/Underdog* 2001）

《双重人格》（*The Double*）

《失乐园》（*Paradise Lost* 1667）

《守望尘世》（*The Leftovers* 美国/2014—2017）

《索菲尔夫人》（*Mrs. Soffel* 美国/1984）

《水的颜色》（*The Color of Water* 1995）

《史蒂芬宇宙》（*Steven Universe* 美国/2013—2020）

《使女的故事》（*The Handmaid's Tale* 1985）

《世界之战》（*War of the Worlds* 美国/2005）

《死亡地带》（*The Dead Zone* 1979）

《审判》（*The Trial* 1925）

《索普拉诺家族》（*The Sopranos* 美国/1999—2007）

《时光倒流七十年》（*Somewhere In Time* 美国/1980）

《睡美人芭蕾舞剧》（*The Sleeping Beauty Ballet* 1890）

《神圣车行》（*Holy Motors* 法国、德国、比利时/2012）

《伞》（*Umbrella* 2012）

《鲨鱼》（*Shark* 2014）

《三面夏娃》（*The Three Faces of Eve* 美国/1957）

《双面女郎》（*Single White Female* 美国/1992）

《色·戒》（*Lust, Caution* 2007）

《生日聚会》（*The Birthday Party* 1957）

《奢华饰物》（*Gaudy Bauble* 2017）

《杀死伊芙》（*Killing Eve* 美国、英国/2018—2022）

《斯巴达克斯》（*Spartacus*）

《瑟尔玛与露易丝》（*Thelma And Louise*）

《势不可挡》（*Unstoppable: My Life So Far* 2017）

《送冰的人来了》（*The Iceman Cometh*）

《圣鹿之死》（*The Killing of a Sacred Deer* 爱尔兰、英国/2017）

《失去的周末》（*The Lost Weekend* 美国/1945）

《社交网络》（*The Social Network* 美国/2010）

《双重赔偿》（*Double Indemnity* 美国/1944）

《嗜血法医》（*Dexter* 美国/2006—2013）

《双峰》（*Twin Peaks* 美国/1990—2017）

《山羊或谁是西尔维娅？》（*The Goat, or Who is Sylvia?* 2000）

《宋飞正传》（*Seinfeld* 美国/1989—1998）

《生命中不能承受之轻》（*The Unbearable Lightness of Being* 1984）

T

《甜美的佐治亚·布朗》（*Sweet Georgia Brown*）

《堂吉诃德》（*Don Quixote* 西班牙/1605）

《唐人街》（*Chinatown* 美国/1974）

《兔八哥》（*Bugs Bunny*）

《推销员之死》（*Death of a Salesman* 美国/1951）

《铁皮鼓》（*The Tin Drum* 1959）

《土拨鼠之日》（*Groundhog Day* 美国/1993）

《头脑特工队》（*Inside Out* 美国/2015）

《台词落谁家》（*Whose Line Is It Anyway?* 美国/2013—）

《天才瑞普利》（*The Talented Mr. Ripley* 美国/1999）

《同情者》（*The Sympathizer* 2015）

《天秤座》（*Libra* 1988）

《提堂》（*Bring up the Bodies* 2012）

W

《无事生非》（*Much Ado About Nothing* 英国）

《威廉·麦斯特的学徒岁月》（*Wilhelm Meister's Apprenticeship*）

《无耻混蛋》（*Inglourious Basterds* 德国、美国/2009）

《威尼斯商人》（*The Merchant of Venice*）

《我们的小镇》（*Our Town* 1938）

《维京传奇》(Vikings 爱尔兰、加拿大/2013—2020)
《微妙的平衡》(A Delicate Balance 加拿大、英国、美国/1973)
《无名的裘德》(Jude the Obscure 1895)
《无人喜欢的人》(The Man Nobody Likes)
《危险关系》(Dangerous Liaisons 美国、英国/1988)
《万有引力之虹》(Gravity's Rainbow 1973)
《瓦解》(Things Fall Apart 1958)
《我的天才女友》(My Brilliant Friend 2011)
《我为玛丽狂》(There's Something About Mary 1998)

X

《续命之徒》(El Camino 美国/2019)
《戏谑》(Travesties 1975)
《小说写作笔记》(Notes on Writing a Novel)
《消消气》(Curb Your Enthusiasm 美国/2000—)
《小猪宝贝》(Babe 澳大利亚、美国/1995)
《香水》(Perfume 1985)
《星球大战》(Star Wars 美国/1977)
《肖申克的救赎》(The Shawshank Redemption 美国/1994)
《信徒》(The Believer 美国/2001)
《消失的爱人》(Gone Girl 美国/2014)
《小美人鱼》(The Little Mermaid)
《犀牛》(Rhinoceros 1959)
《邂逅》(The Encounter 2015)
《辛德勒的名单》(Schindler's List 美国/1993)
《血童》(Bloodchild 1984)

Y

《欲望号街车》(A Streetcar Named Desire 美国/1951)
《伊利亚特》(Iliad 古希腊)
《一个青年艺术家的画像》(A Portrait of an Artist as a Young)
《椅子》(The Chairs)
《与安德烈晚餐》(My Dinner with Andre 美国/1981)

《医院》（*Hospital* 美国 / 1970）

《英国病人》（*The English Patient*）

《一切尽失》（*All Is Lost* 美国 / 2013）

《银河护卫队》（*Guardians of the Galaxy* 美国 / 2014）

《隐形人》（*Invisible Man* 1952）

《愚人联盟》（*A Confederacy of Dunces* 1980）

《月亮虎》（*Moon Tiger* 1987）

《一个不必要的女人》（*An Unnecessary Woman* 2013）

《夜长梦多》（*The Big Sleep* 美国 / 1946）

《亿万》（*Billions* 美国 / 2016—）

《欲望都市》（*Sex and the City* 美国 / 1998—2010）

《荧光幕后》（*Network* 美国 / 1976）

《蝇王》（*Lord of the Flies* 1954）

《厌恶女人的人》（*The Misogynist*）

《银河追缉令》（*Galaxy Quest* 美国 / 1999）

《押沙龙，押沙龙！》（*Absalom, Absalom!* 1936)

《一条叫旺达的鱼》（*A Fish Called Wanda* 美国、英国 / 1988）

《勇敢的心》（*Braveheart* 美国 / 1995）

《一对白人女子坐在一起聊天》（*A Coupla White Chicks Sitting Around Talking*）

《一曲相思情未了》（*The Fabulous Baker Boys* 美国 / 1989）

《云图》（*Cloud Atlas* 2004）

《野战排》（*Platoon* 美国、英国 / 1986）

《一只死手》（*A Dead Hand* 2009）

《燕草露夫人》（*The Lady of Larkspur Lotion* 1941）

《异乡异客》（*Stranger in a Strange Land* 1961）

《愚人志》（*The Dunciad* 1728）

《一往无前》（*Headlong* 1999）

《一片新叶》（*A New Leaf* 美国 / 1971）

Z

《真爱》（*Beloved* 美国 / 1987）

《仲夏夜之梦》（*A Midsummer Night's Dream* 英国）

《在远处》（*In the Distance* 美国 / 2017）

《终结的感觉》（*A Sense of an Ending* 美国 / 2017）

《战舰波将金号》（*Battleship Potemkin* 苏联 / 1925）

《撞车》（*Crash* 美国、德国、澳大利亚 / 2004）

《罪与错》（*Crimes and Misdemeanors* 美国 /1989）

《战争与和平》（*War and Peace* 1955）

《指路牌疑案》（*An Instance of the Fingerpost* 1997）

《罪与罚》（*Crime and Punishment* 1867）

《纸牌屋》（*House of Cards* 美国 / 2013—2018）

《字谜》（*Anagrams* 1986）

《追风筝的人》（*The Kite Runner* 2003）

《指环王》（*The Lord of the Rings* 新西兰、美国 / 2001—2003）

《终结者》（*The Terminator* 英国、美国 / 1986）

《周末》（*Week End* 法国、意大利 / 1967）

《纵火犯》（*The Arsonists* 1953）

《在大马士革的 66 分钟》（*66 Minutes in Damascus* 2012）

《真爱不死》（*Santa Clarita Diet* 美国 / 2017—2019）

《在云端》（*Up in the Air* 美国 / 2009）

《长大》（*Big* 美国 / 1988）

《醉乡情断》（*Days of Wine and Roses* 美国 / 1962）

罗伯特·麦基 Robert McKee

生于1941年1月30日,剧作家。

凭借连续剧《起诉公民凯恩》获得英国电影和电视艺术学院奖(BAFTA)。

麦基多年来致力于在全世界讲授"故事的艺术"。他的学员中,已有超60人获奥斯卡金像奖,200多人获美国电视艾美奖,100多人获美国编剧工会奖,50多人获美国导演工会奖,另有多人获普利策奖与布克奖。作为项目顾问,麦基受聘于华纳兄弟、20世纪福克斯、索尼、CBS、MTV等影视公司,皮克斯动画工作室、迪士尼、派拉蒙、BBC、MNET也定期输送创意写作团队参与"故事"培训。邀请麦基开讲的机构还包括麦肯锡、微软、耐克、密歇根大学商学院、富国银行、BOLDT建筑事务所及美国NASA休斯顿总部等。

周铁东

译者,电影学者,《大众电影》《中国银幕》专栏作家,兼职教授。

中国电影集团公司译审,曾任北京新影联影业有限责任公司和中影海外推广有限公司总经理。从事电影进出口工作三十余年,拥有十年好莱坞影视工作经验,在《中国电影市场》、《人民日报》、美国《好莱坞报道》、欧洲《电影通讯》等国内外报刊发表文章600余篇,翻译和撰写文字数累计逾800万。译作《故事:材质、结构、风格和银幕剧作的原理》、著作《号脉电影——周铁东电影杂论》及《号脉电影》(增订版)亦广受业内外好评。

人物：文本、舞台、银幕角色与卡司设计的艺术

作者_[美]罗伯特·麦基　译者_周铁东

产品经理_殷梦奇　装帧设计_董歆昱　产品总监_应凡
技术编辑_顾逸飞　特约印制_刘淼　出品人_贺彦军

营销团队_魏洋 毛婷 郭敏 石敏 礼佳怡

果麦
www.guomai.cn

以 微 小 的 力 量 推 动 文 明

图书在版编目（CIP）数据

人物：文本、舞台、银幕角色与卡司设计的艺术 /（美）罗伯特·麦基著；周铁东译. -- 杭州：浙江文艺出版社，2022.9（2024.4重印）
ISBN 978-7-5339-6958-5

Ⅰ.①人… Ⅱ.①罗… ②周… Ⅲ.①文学创作－研究 Ⅳ.①G613.3

中国版本图书馆CIP数据核字(2022)第152866号

著作权合同登记号：图字11-2022-168号

CHARACTER: The Art of Role and Cast Design for Page, Stage, and Screen
by Robert McKee (Copyright notice exactly as Proprietor's edition)
Published by arrangement with Two Arts Inc
Simplified Chinese translation copyright © 2022
by GUOMAI Culture & Media Co., Ltd
ALL RIGHTS RESERVED

人物：文本、舞台、银幕角色与卡司设计的艺术
[美] 罗伯特·麦基 著
周铁东 译

责任编辑	陈 园 罗 艺
产品经理	殷梦奇
装帧设计	董歆昱

出版发行	浙江文艺出版社
地 址	杭州市体育场路347号 邮编 310006
经 销	浙江省新华书店集团有限公司
	果麦文化传媒股份有限公司
印 刷	天津丰富彩艺印刷有限公司
开 本	880毫米×1230毫米 1/32
字 数	320千字
印 张	16
印 数	36,001—41,000
版 次	2022年9月第1版
印 次	2024年4月第6次印刷
书 号	ISBN 978-7-5339-6958-5
定 价	98.00元

版权所有　侵权必究
如发现印装质量问题，影响阅读，请联系021-64386496调换。